2018 年博士科研启动基金项目（人文社科类）"纳西族哥巴文异体字群发生与发展研究"
（项目编号：DHBK2018097）研究成果

纳西族哥巴文字源考释

李晓兰　著

中国纺织出版社有限公司

图书在版编目（CIP）数据

纳西族哥巴文字源考释 / 李晓兰著.---北京：中国纺织出版社有限公司，2020.12

ISBN 978-7-5180-8209-4

Ⅰ.①纳… Ⅱ.①李… Ⅲ.①纳西族—文字—研究 Ⅳ.①H257.2

中国版本图书馆 CIP 数据核字（2020）第 222531 号

责任编辑：郭 婷　　责任校对：高 涵　　责任印制：储志伟

中国纺织出版社有限公司出版发行
地址：北京市朝阳区百子湾东里 A407 号楼　邮政编码：100124
销售电话：010—67004422　传真：010—87155801
http://www.c-textilep.com
中国纺织出版社天猫旗舰店
官方微博 http://weibo.com/2119887771
三河市宏盛印务有限公司印刷　各地新华书店经销
2020 年 12 月第 1 版第 1 次印刷
开本：787×1092　1/16　印张：13
字数：200 千字　定价：68.00 元

凡购本书，如有缺页、倒页、脱页，由本社图书营销中心调换

序

晓兰提出要我为她即将出版的《纳西族哥巴文字源考释》写序时，我的第一反应是拒绝。一来是因为给她的书写序我自认为还不够格；二来是因为自己对哥巴文的了解还只是皮毛，如果由我来写序怕尽说些外行话。所以建议她应该找学界有较高知名度的学者来写序，但晓兰还是坚持让我来写，最后实在不好推托，只能硬着头皮应承下来。其实晓兰这本书的序由恩师王元鹿先生来写最为合适，但先生两年多来一直卧病在床，已无法提笔写字，这也许是晓兰这本书的遗憾，也是我们作为弟子们的遗憾。

我第一次见晓兰是在 2011 年 9 月王老师的生日宴上，她给我的第一印象是淳朴、务实。之后差不多每年也就见一到两次的面，虽然接触不多，但不时能从王老师那儿听到关于晓兰的很多正面评价。当时王老师手头有几个大的项目，晓兰是课题组的骨干成员，主动承担了大量的科研任务，特别是在哥巴文数据库的制作和研究方面出力甚多，她高效而且高质量地完成了科研任务，得到了王老师的高度评价。而我正是从王老师的口中进一步加深了对晓兰的了解。王老师生病住院后，晓兰不时去医院探望、照顾王老师，也不时会给我打电话跟我沟通王老师的病情并跟我商量下一步我们应该怎么做。我虽忝为晓兰的师兄，但在照顾王老师方面却没有晓兰等师妹们做得多、做得好，想起来实在汗颜。

《纳西族哥巴文字源考释》一书是在晓兰的硕士学位论文的基础上修改而成的，一篇硕士论文稍作修改后能够达到出版的要求，晓兰在做学术时的用力之勤可见一斑，这实属不易。

哥巴文是纳西族使用的一种音节文字，相比纳西族更为人熟知的东巴文而言，哥巴文使用地域较小、使用人群较少，用其书写而成的文献亦较少，学术界关于哥巴文的研究还显得较为薄弱。关于哥巴文的字源，李霖灿、方国瑜、李静生、黄振华、毛远明、喻遂生、曹萱等学者已作了一些考证工作，但字源考证的数量有限，部分考证也存在进一步商榷的空间。

《纳西族哥巴文字源考释》一书在前辈时贤关于哥巴文字源研究的基础上，以《纳西标音文字简谱》《么些标音文字字典》《纳西语英语汉语语汇（上卷）》这三本字典所收录的哥巴文字符为主要研究对象，并结合《求取占卜经》和《迎请精如神》两本经书的哥巴文使用实例，综合运用形音义系联法、部件分析法、异体字排序法和民俗文化联系法等方法对 2733 个哥巴文字符的字源进行了考释。在此基础上，该书还深入探讨了哥巴文与汉字、东巴文、藏文等源文字之间的关系，从历史、地理、文化等方面揭示了哥巴文成为"拼盘文字"的必然性。总体来说，该书的研究难度较大，对于推动哥巴文的整理与研究、哥巴文与其他民族文字的关系研究以及普通文字学、比较文字学、文字史的研究具有积极意义。

通读全书，我认为该书的创新之处至少体现在以下几个方面：

（1）在综合相关工具书和经书用字的基础上，整理出了一份目前收字最多、最全的"哥巴文字形汇编"。这为哥巴文的进一步深入研究以及相关电子资料库的完善奠定了坚实的基础。

（2）在已有相关研究的基础上，对2733个哥巴文的字源进行了考释。考释结果以量化的方式清晰地呈现了哥巴文源文字的组成，以定量的结果客观地诠释了哥巴文作为"拼盘文字"的特点。

（3）以普通文字学和比较文字学的相关理论为指导，梳理了哥巴文与源文字之间的关系。这为民族文字间的关系研究提供了一个成功的案例。

（4）对哥巴文中 $gʌ^{31}bɑ^{31}ku^{33}tur^{55}tur^{33}$ 这一特殊现象的特点、形成原因、存在意义、命名等问题进行了专门探讨，研究结论推动了学界对相关现象的认识以及相关研究的深入。

当然，白璧微瑕，在所难免。书中关于哥巴文的个别字源考释似可作进一步的推敲。晓兰关于哥巴文的研究可以说只是开了一个头，相信她必能在哥巴文的研究之路上走得更远，必能提升哥巴文的研究高度，必能在民族文字、比较文字学的研究上得到更大的发展。

朱建军
上海外国语大学
2020年7月

目 录

第一章 绪论 ... 1
第一节 哥巴文与其他文字的关系研究和字源考释成果概述 ... 2
一、哥巴文与东巴文、汉字、藏文等其他文字的关系研究 ... 2
二、哥巴文字源考释的成果概述 ... 3
第二节 本书的研究内容、研究意义和研究方法 ... 4
一、研究内容和研究意义 ... 4
二、研究方法 ... 5
三、文中简称、合称界定 ... 6

第二章 哥巴文字汇编 ... 7
第一节 关于三书所收哥巴文字之概况及汇编体例 ... 7
一、关于方书、李书、洛克字典所收哥巴文字之概况 ... 7
二、关于三书所收哥巴文字形合并问题的探讨 ... 10
第二节 三书所收哥巴文字形汇编 ... 11
第三节 汇编过程中发现的问题和理想的哥巴文字典的设想 ... 33
一、三书存在的问题 ... 33
二、理想的哥巴文字典的标准 ... 35

第三章 哥巴文字源研究 ... 36
第一节 P—t' 组字源考订 ... 37
第二节 d—ndʑ 组字源考订 ... 63
第三节 tw—ȵ 组字源考订 ... 92
第四节 ɕ—ər 组字源考订 ... 113

第四章 哥巴文与源文字关系研究 ... 136
第一节 哥巴文与汉字的关系 ... 136
一、书写系统的研究 ... 137
二、符号体态的研究 ... 138
三、哥巴文引进汉字形音义的方式 ... 139
四、哥巴文对汉字结构方式的引进 ... 143
第二节 哥巴文与东巴文、藏文的关系 ... 147
一、哥巴文与东巴文的关系研究 ... 147

I

二、哥巴文与藏文的关系研究 149
　　三、小结 150
第五章　关于哥巴文中 gʌ³¹ba³¹ku³³tur⁵⁵tur³³ 的一些看法 152
　第一节　哥巴文 gʌ³¹ba³¹ku³³tur⁵⁵tur³³ 的特点、形成原因和存在意义之浅见 152
　　一、类型学方面 157
　　二、发生学方面 157
　　三、功用 158
　第二节　关于哥巴文中 gʌ³¹ba³¹ku³³tur⁵⁵tur³³ 命名为"字缀"的探讨 158
　　一、关于各位学者对哥巴文中 gʌ³¹ba³¹ku³³tur⁵⁵tur³³ 的命名的梳理 159
　　二、把哥巴文中 gʌ³¹ba³¹ku³³tur⁵⁵tur³³ 命名为"字缀"的可行性研究 161
　　三、小结 163
附录 164
参考文献 199

第一章 绪 论

哥巴文是纳西族四种文字系统之一,纳西语称为 gə²¹bɑ²¹the³³ɣɯ³³。关于"哥巴" gə²¹bɑ²¹ 的释义,方国瑜先生认为 bɑ²¹ 即"呼唤",gə²¹ 即"发作",意即看字发音[1];李霖灿先生认为 gə²¹bɑ²¹ 是"徒弟"或"门徒"的意思[2]。持第一种观点的学者较少。之后,和即仁先生、姜竹仪先生所著《纳西语简志》[3],郭大烈先生、和志武先生所著《纳西族史》[4],周有光先生所著《世界文字发展史》[5]皆认同李说。gə²¹bɑ²¹意为"弟子",间接说明"这种文字为后世东巴弟子们所创制使用"。[6]

从文字发生学角度来说,哥巴文的创制是为了弥补东巴文的不足。东巴文字符数目较少,不能把口语逐字记录下来,其记录语言中的词约 40%[7],不及一半的词能得到文字符号的记录。另外,图像文字笔画多,逐字书写有困难,于是标音文字应运而生。

但是关于哥巴文的创始人具体是谁,目前学界存在两种观点:一种观点认为哥巴文为木琮所造,持此观点的代表人物是方国瑜先生。据《木氏宦谱》阿琮传说:"生才七岁,不学而识文字,及长,旁通百蛮各家之书,以为神通之说,且制本方文字。"方国瑜先生认为"则谓'制本方文字',当是标音字。"[8]另一种观点认为哥巴文由和文裕东巴所造,持此观点的代表人物是李霖灿先生。他在《么些标音文字字典》的序言中指出"我们由现在各方面的人证物证推断出音字的创始人是巨甸乡巴甸村的大'多巴'和文裕。"[9]并在《么些族文字的发生与演变》一文中作进一步解释:"和文裕同音字的关系是很密切的,现在丽江、鲁甸几个大东巴都还记得和文裕为了音字往来各处,和他的父亲一辈人争吵的话,大半都是不赞同他的主张,有的甚至威吓说你这样乱干乱造不得!所以和文裕在音字发生史上可以有两个地位,假如他之前音字已经发达,那他就是个集大成的人,假如那时音字尚未发生,那他可能是个'始作俑者'。总之,至少现在通用的音字一大部分是经他手创写出来的,他可以给音字作一界标,他以上可以叫做音字发生阶段,到他以后就可以叫做演变阶段了。"[10]和文裕为哥巴文做出重要贡献成为学界共识。

---

[1] 方国瑜编撰,和志武参订《纳西象形文字谱》,云南人民出版社,2005,第 38 页。
[2] 李霖灿编著,和才读音,张琨记音《么些标音文字字典》,台湾文史哲出版社,1972,第 1 页。
[3] 和即仁、姜竹仪《纳西语简志》,民族出版社,1985,第 134 页。
[4] 郭大烈、和志武《纳西族史》,四川民族出版社,1999,第 519 页。
[5] 周有光《世界文字发展史》,上海教育出版社,2003,第 339 页。
[6] 郭大烈、和志武《纳西族史》,四川民族出版社,1999,第 519 页。
[7] 王元鹿《普通文字学概论》,贵州人民出版社,1996,第 113 页。
[8] 方国瑜编撰,和志武参订《纳西象形文字谱》,云南人民出版社,2005,第 45 页。
[9] 李霖灿编著,和才读音,张琨记音《么些标音文字字典》,台湾文史哲出版社,1972,序言第 2 页。
[10] 李霖灿《么些族文字的发生与演变》,载《么些研究论文集》,台北故宫博物院,1984,第 80 页。

哥巴文产生以后，并没有大范围地普及开来，其分布区域较小，主要有丽江县的南山、鲁甸、坝区、塔城及维西县的部分地区。而且哥巴文的使用人群仅限于东巴，主要用于东巴书写经典，或用来直接书写经文，或在东巴经中用来标音。但用哥巴文书写的经书的数量也极其有限，目前发现的只有几百本。到目前为止，对哥巴文书写的经书作过较为系统整理的，并且也是我们能见这类经文数量最多的是《纳西东巴古籍译注全集》（100 卷），由丽江东巴文化研究所译注、编撰，云南人民出版社出版。它实际上主要是东巴文经书，偶有哥巴文经书，例如：《超度死者·卢神启程·向神求威灵》《大祭风·迎请卢神》《大祭风·迎请莫毕精如神·卷首》《大祭风·迎请莫毕精如神·卷中》《大祭风·超度董族的吊死者·卷首》及经书《大祭风·送神》计六部。另有一些哥巴文书写的经文散见于《么些经典译注九种》《纳西族〈祭风经—迎请洛神〉研究》《求取占卜经》等书。

自法国的巴克教授将哥巴文收入字典并公之于世后，对于哥巴文的研究随之拉开帷幕。新中国成立前和成立初期，对于哥巴文的系统研究较少，主要集中于对哥巴文经书的收集、整理和字典、字谱的编纂，以及对哥巴文创制时间的讨论。20 世纪 80 年代后，不少学者在哥巴文已有文献的基础上对哥巴文展开系统性研究，探索哥巴文的性质，考释哥巴文的字源，取得了丰硕的成果。

第一节　哥巴文与其他文字的关系研究和字源考释成果概述

一、哥巴文与东巴文、汉字、藏文等其他文字的关系研究

纳西族的哥巴文是一种典型的"拼盘文字"，它与东巴文、汉字、藏文、傈僳竹书等文字系统存在千丝万缕的联系，它们之间的关系是研究哥巴文发生、发展、传播的重要切入点。但是自二十世纪初哥巴文被发现到二十世纪末这一大段时间里，对哥巴文与其他文字系统之间的关系进行深入探讨的文章几乎看不到。最早进行系统研究的是王元鹿先生的《东巴文与哥巴文、玛丽玛莎文、达巴文的关系之初步研究》（2006）[1]一文。该文从文字理据角度分析了哥巴文与东巴文的关系，得出"东巴文是哥巴文的主要来源"的结论。同年，高慧宜女士《傈僳族竹书文字研究》[2]的第三节专门讨论了竹书借用纳西族哥巴文的现象。之后刘红好女士以此为基础系统讨论了傈僳竹书与哥巴文这两种文字造字机制的异同。张纯德先生、李昆先生所著的《彝学探微》（2007）对彝文与纳西哥巴文进行细致比较[3]。黄思贤先生、余淑芬女士的《从同义比较看纳西族多文种间的关系与发展》一文讨论了纳西族四种文字系统间的关系。[4]同年，李子涵女

---

[1] 王元鹿《东巴文与哥巴文、玛丽玛莎文、达巴文的关系之初步研究》，载《中国文字研究》第七辑，2006，第 216 页。
[2] 高慧宜《傈僳族竹书文字研究》，华东师范大学博士学位论文，2005，第 103 页。
[3] 张纯德、李昆《彝学探微》，云南大学出版社，2007，第 87 页。
[4] 黄思贤、余淑芬《从同义比较看纳西族多文种间的关系与发展》，载《中国文字研究》第一辑，2008，第 220 页。

士在《纳西族四种文字比较研究》(2008)一文中采用同义比较的方法,对哥巴文与东巴文、汉字、藏文之间的关系进行系统研究,得出"东巴文、汉字与藏文都是哥巴文的重要来源"的结论[①]。

以上从文字学角度出发的研究成果对探索哥巴文和其他文字之间的关系有重要意义,但就目前的研究程度和研究范围来看,对哥巴文和其他文字系统的比较研究尚且不够深入,研究角度相对单一,研究范畴还存在进一步拓展的空间。

二、哥巴文字源考释的成果概述

哥巴文是典型的"拼盘文字",其字源纷繁复杂。这种文字现象的出现有其历史原因和主观原因。第一,历史原因。纳西族是一个人口少、地域小的民族,一直处于汉族、藏族等民族的包围之中,其生存环境是一个多民族多文化的格局。文字是承载文化的一种重要载体,这种多民族多文化交融的环境使得哥巴文在创制之初很容易受到本民族现有文字及其他民族文字的影响。第二,主观原因。哥巴文的创制和使用是不规范的,在这种文字的发生、发展过程中没有产生统一标准和共识性的约束力,纳西族东巴们在借字、造字用以记音的过程中充分发挥了主观能动性,造成哥巴文字系统内部读音相同的多个字符字源不同的现象。对哥巴文进行字源考释是哥巴文研究的重要内容,也有利于推动纳西族不同文字系统之间关系研究的发展。最早对哥巴文字符进行大批量考释的是李静生先生,他的《论纳西哥巴文的性质》(1991)一文以方国瑜《纳西标音文字简谱》为材料,追溯源流,剖析毫厘,考释出 111 个哥巴文字符。其中来源于东巴文的字符有 60 个,占考释字符数的一半以上。来自汉字的字符数为 14 个,约占 10%。[②]

黄振华先生在《纳西族哥巴文字源流考》(2000)一文中考释了 277 例近 400 个哥巴文字符的来源,认为"现在已知的 500~600 个哥巴字(包括异体字在内)便有半数以上可以判明出自借用汉字增损笔画而加以音读或训读,表明纳西族文化也是深受汉族文化影响的"。并以此为据得出结论"哥巴文的造字基础是汉字,而不是藏字和彝字"。[③]

曹萱女士的《纳西哥巴文造字研究》(2004)一文在前人研究的基础上,以方国瑜先生的《纳西标音文字简谱》收录的哥巴文为基础,同时参考李霖灿先生编著的《纳西族标音文字字典》中的部分字符,对包括异体字在内的 688 个哥巴文字符进行考证,体例规范,内容翔实。该文认定字源可考者 500 个。其中 165 个来源于东巴文,139 个来自汉字,51 个自造字,其余来自藏文等多种文字。[④]该文在考释字源的基础上分析了哥巴文构字方法、哥巴文造字思维等,得出若干有意义的结论。

另外,关于哥巴文字符的小批量考释散见于不同文章中,列举如下:

---

① 李子涵《纳西族四种文字比较研究》,华东师范大学硕士学位论文,2008,第 39 页。
② 李静生《论纳西哥巴文的性质》,载《东巴文化论》,云南人民出版社,1991,第 131-150 页。
③ 黄振华《纳西族哥巴文字源流考》,载《燕京学报》新 9 期,北京大学出版社,2000,第 237-277 页。
④ 曹萱《纳西哥巴文造字研究》,华东师范大学硕士学位论文,2004。

（1）和志武先生在《纳西族的古文字和东巴经类别》和《从象形文东巴经看纳西族社会历史发展》二文中考释出借自东巴文的哥巴文字符 20 个，来自汉字的哥巴文字符 42 个。①

（2）李霖灿先生在《与洛克博士论么些族形字音字之先后》（1954）、《论么些族"音字"之发生与汉文之关系》两文中考释出有 52 个哥巴文字符来源于东巴文。②

（3）方国瑜先生在《附说标音文字的构造》（1981）一文中共考释出 66 个哥巴文字符，其中借自东巴文的有 24 个，借自汉字的有 24 个，哥巴文自造字有 18 个。③

（4）和即仁先生、姜竹仪先生在其所著《纳西语简志》（1985）中着力分析了纳西语中的汉语借词。④

以上诸位学者在哥巴文字源考释方面所做的努力为后来研究者打下了坚实的基础，提供了范例，但仍存在一些值得思考的问题，例如，哥巴文字源考释的方法有哪些，考释哥巴文字源应该遵循什么标准，哥巴文字源考释成果应该如何规范地呈现出来等。

另外，通过对哥巴文字源考释成果的梳理，我们可以发现学界对哥巴文字源的认识发生了很大变化：从周有光先生在《世界文字发展史》中谈到的"哥巴字符，有的是东巴文的简化，有的是汉字的简化，大多数是自创的形体。成为音节字符以后，一概抛弃了原来的意义"⑤，到曹萱女士认为的"一共有 165 个字来自东巴文，占总数的 33%"⑥，又"哥巴文自创字笔画比较简单，数量不大，可考的共 51 个，占总数的 10.2%"。⑦从黄振华先生基于对近 400 个哥巴文字源考释提出的"哥巴文的造字基础是汉字"，到王元鹿先生明确提出"东巴文是哥巴文的主要来源"的观点。⑧人们对哥巴文字源的认识不断明确化，但是这个问题并没有完全解决，目前已明确字源的字符数目只占哥巴文总字数的一小部分，亟待进一步深入研究。

第二节　本书的研究内容、研究意义和研究方法

一、研究内容和研究意义

（一）研究内容

本书主要针对纳西族哥巴文的字源问题展开研究。研究的文字对象是以方国瑜、

---

① 和志武《纳西族的古文字和东巴经类别》，载《东巴文化论集》，云南人民出版社，1985，第 155-172 页。
② 李霖灿《与洛克博士论么些族象形字、音字之先后》、《论么些族音字之发生和汉文的关系》，载《么些研究论文集》，台湾故宫博物院，1984，第 35-60 页。
③ 方国瑜《附说标音文字的构造》，载《纳西象形文字谱》，云南人民出版社，2005，第 72-79 页。
④ 和即仁、姜竹仪编著《纳西语简志》，民族出版社，1985 年 10 月第 1 版。
⑤ 周有光《世界文字发展史》，上海教育出版社，2003，第 339 页。
⑥ 曹萱《纳西哥巴文造字研究》，华东师范大学硕士学位论文，2004，第 41 页。
⑦ 曹萱《纳西哥巴文造字研究》，华东师范大学硕士学位论文，2004，第 42 页。
⑧ 王元鹿《东巴文与哥巴文、玛丽玛莎文、达巴文的关系之初步研究》，载《中国文字研究》第七辑，2006，第 216 页。

和志武的《纳西标音文字简谱》，李霖灿编著、和才读音、张琨记音《纳西族象形标音文字字典》，洛克的《纳西语英语汉语语汇》（上卷）这三本字典所收录的哥巴文字符为基础。其中《纳西标音文字简谱》收有 251 个音节（不计声调），688 个哥巴文字符（包括异体字）；《么些标音文字字典》收有 241 个音节（不计声调），2425 个哥巴文字符（包括异体字）；《纳西语英语汉语语汇》（上卷）收有 223 个音节，789 个哥巴文字符。本书把这三本字典所收录的哥巴文字符加以汇编，结合《求取占卜经》和《迎请精如神》两本经书的哥巴文使用实例，以此为基础对每个哥巴文字符的字源进行考释，对已有的考释成果进行校、订。并通过分析哥巴文字源考释成果和字形演变过程深入探讨哥巴文与汉字、东巴文、藏文之间的文字关系。

（二）研究意义

本研究具有一定的学术价值和现实意义，主要表现为以下两方面：第一，文字学价值。纳西族所用的四种文字中，哥巴文的研究近年来有深化的趋势，但相较于东巴文而言，仍显单薄，本书的研究成果可对纳西族四种文字系统的研究增加有力的理据。第二，现实意义，哥巴文字源问题的解决，可以打通哥巴文系统研究的一个关节，在此基础上可以有理、有据地讨论哥巴文的发生、发展和性质等重要问题。

二、研究方法

哥巴文作为一种典型的拼盘文字，在整个文字的创制过程中，文字的理据性与任意性是同时存在的：一方面，理据性一直占据主导地位，它对任意性有着强大的制约力。所以我们在整个文字的考释过程中，常常能有据可查，有理可依。另一方面，我们也不能忽视任意性的重要性，任意性贯穿于整个哥巴文字的创制过程中，有力地支持了哥巴文字的变异性和多样性，众多的哥巴文异体字就是明证。结合哥巴文字的特点，参考傈僳竹书等其他文字字源的考释方法，本书将采用如下考释方法：

1. 形音义系联法

分属于存在借源关系的两种文字系统的两个字符若形音义有两项或者三项相同，那么基本上可以确定这两个字符之间存在假借关系。在已知哥巴文与东巴文、汉字、藏文有密切关系的基础上，形音义系联法是给哥巴文字符快速找到源字的常用方法。例如：《纳西族标音文字字典》在 p'o 这一音节下既收录 🖐、🖼，又收录 🖻、🖾，纳西语 p'o55 有"一只"义，而东巴文"一只"写作 🖼（方 p258-752，只也），汉字写作"只"，据此可推知，哥巴文字符 🖐、🖼 借自东巴文同义字 🖼，哥巴文字符 🖻、🖾 借自汉字同义字"只"。再如：《纳西族标音文字字典》在 to 这一音节下收录了字符 🖐，纳西语 to33 有"面偶"义，东巴文"面偶"写作 🖾（方 p341-1219，面偶也，从碗盛面偶），据此可推知，字符 🖐 当借东巴文同义字 🖾，是其变体。

2. 异体字排序法

这种字源考释方法适合异体字多的哥巴文字组，单看字组中的某一个字符很难找到其字源，但按照哥巴文字形演变规律把这组同源异体字排序则更易于追溯其源头。

例如：《纳西族标音文字字典》在 do 这一音节下收录 ☒、☒、☒，按照字形演变规律把这组同源异体字排序：☒—☒—☒，易于发现它们与东巴文同义字 ☒ 之间在形态上的关联性。再如：《纳西标音文字简谱》在 dzɯ 这一音节下收录了 ☒，单看这一个字符难以考释其字源，结合《纳西语英语汉语语汇》中收录的异体字 △、⋀⋀、⋀⋀，按照哥巴文字形演变规律进行排序：△—▲—⋀⋀—⋀⋀，易于发现该组字符与东巴文同义字 ☒ 之间存在借源关系及源字与借字之间逐步省简的关系。

    3．部件分析法

有的哥巴文字符是由两个或多于两个的部件组合而成，对于这种哥巴文字符考释其字源适合用部件分析法。例如：哥巴文字系统中有一类特殊的合体字，这种合体字是由同音独体字组合而成，哥巴文字符 ☒ da 是同音独体字 ☒ 与 ☒ 的合体；☒ no 是哥巴文同音独体字 ☒ 与 ☒ 的合体；☒ sɛ 是哥巴文同音独体字 ☒ 与 ☒ 的合体；☒ do 是 ☒ 与 ☒ 之合体等，这些字符在考释字源时适用部件分析法，只要考释出作为部件的独体字的字源，合体字的字源也就易解了。

    4．民俗文化联系法

这种方法适用于哥巴文自造象形字，例如《纳西族标音文字字典》在 mu 这一音节下收录的 ☒ 是哥巴文自造字，象用来舂米的碓头。再如：《纳西语英语汉语语汇》中收录的 ☒ 是哥巴文自造字，象麻布头巾貌。在纳西族，丧父的儿子需戴麻布头巾。

三、文中简称、合称界定

方书：方国瑜编撰的《纳西标音文字简谱》在本书首次出现时采用全名，下文中再次出现时为免于赘述简称为"方书"。

李书：李霖灿编著的《纳西族象形标音文字字典》在本书首次出现时采用全名，下文中再次出现时为免于赘述简称为"李书"。

洛克字典：洛克编著的《纳西语英语汉语语汇》在本书首次出现时采用全名，下文中再次出现时为免于赘述简称为"洛克字典"。

三书：本书把《纳西标音文字简谱》《纳西族象形标音文字字典》和《纳西语英语汉语语汇》合称为"三书"。

第二章　哥巴文字汇编

整理哥巴文字汇编对于考释哥巴文字源具有重要意义。第一，哥巴文字汇编有利于把一组异体字的不同字形汇集起来进行比较研究，易于发现字形演变发展的过程，例如：哥巴文 mu ꕤ、ꕥ，若仅依据方书收录的这两个字符，不易于考释其字源，查考李书可以发现 ꕦ 这一字形，由此可推知哥巴文字符 ꕤ 是借自东巴文 ꕧ（mu31，野杜鹃也），该组哥巴文字符的字源及字形演变过程可拟为：ꕧ（东巴文）—ꕦ（哥巴文）—ꕤ（哥巴文）—ꕥ（哥巴文，在 ꕤ 加字缀 ㇐）。据此可见，整理哥巴文字形汇编对于考释字源的重要性。第二，单一的哥巴文字典所收录的字例往往不够全面，字形汇编可以为我们考释字源提供新材料、新证据。例如：李书 ndʐwa 音下收录 ꕨ，与此相应的方书第 447 页第 186 组 dʐua，只收音不收字形。哥巴文字符 ꕨ 当源自东巴文中记录"点种"所用的工具，记录"点种"所用的工具的东巴文字符可参看方书第 235 页第 622 号字。① 此例中，李书没有收录其义，方书收此义却未收录字形，合二为一才能更好地考释哥巴文字符的字源。第三，整理哥巴文汇编利于展现哥巴文之全貌，例如：p'ur 音下仅洛克字典收录 ꕩ 这一字符，李书、方书均不收录，哥巴文字符 ꕩ 当源自东巴文表示"奶渣"的 933 号字符 ꕪ（方书第 291 页），借来表示"洁白"的意思。第四，建立完备的哥巴文数据库是学科建设的当务之急，整理哥巴文字符能够为完善现有的资料库奠定基础。

第一节　关于三书所收哥巴文字之概况及汇编体例

一、关于方书、李书、洛克字典所收哥巴文字之概况

（一）三书的版本

方国瑜、和志武的《纳西标音文字简谱》，该书 1936 年 7 月成书，付梓于 1981 年 4 月，现有 2005 年 12 月第 3 版。本书采用的是第三版。

李霖灿编著，和才读音，张琨记音的《么些标音文字字典》1945 年由国立中央博物院筹备处印行，现有三个版本，除四川省南溪县李庄的石印本外，还有 1972 年由台湾文史哲出版社出版的《么些象形文字字典》和《么些标音文字字典》的合刊本；2001 年，云南民族出版社《纳西族象形标音文字字典》。本书采用的是 2001 年版《纳西族标音文字字典》，据其序所言得知："《么些象形文字字典》和《么些标音文字字典》出版时，决定合成一卷，易名为《纳西族象形标音文字字典》，文字内容无任何变动，只是作了一些技术性编辑处理。"② 而实际上，据笔者考查，两种版本所收哥巴文字符在

---

① 方国瑜编撰，和志武参订《纳西象形文字谱》，云南人民出版社，2005，第 235 页第 622 号字。
② 李霖灿编著，和才读音，张琨记音《纳西族象形标音文字字典》，云南民族出版社，2001，序言第 7 页。

形态上存在一些差异。因此，本书在处理其字符时也参照了 1945 年版的《么些标音文字字典》。

洛克的《纳西语英语百科辞典》是洛克东巴文化研究的集大成之作，这部书分上下两卷，分别于 1963 年和 1972 年由意大利罗马东方艺术研究所出版，上卷 511 页，下卷 582 页。上卷于 2004 年由和匠宇译，郭大烈、和力民校，更名为《纳西语英语汉语语汇》第一卷，由云南教育出版社出版。该译本对东巴文字采用扫描的形式，保留了原书的英文翻译，并在英语释文后增加了汉语翻译。本书把这一中译本作为研究资料的一部分。

（二）体例

方国瑜、和志武的《纳西标音文字简谱》和李霖灿先生《么些标音文字字典》的编排体例基本相同，皆按读音单独排列。洛克的《纳西语英语百科辞典》所收录的哥巴文是作为附字编排在相应的东巴文之下的，并不是单独列出的。

（三）来源

方国瑜、和志武的《纳西标音文字简谱》"兹根据三位东巴经师所写的材料，并参照其他字书辑录之，异体甚多，只摘录较普遍的形体，不求其全，故称简谱"。①

李霖灿先生《么些标音文字字典》所用材料较方书更为丰富，可以分为五个部分：丽江城镇附近，以长水乡东巴和泗泉所刻印的音字形字对照表为材料；在南山一带搜集到一本加被威灵经；在巨甸乡搜集到的一册祭风占卜经；在鲁甸的打来杵地方，收到了一本以形字为纲的音字汇编，此书中于一个形字之下列举有各式各样的音字写法；此外，有一些零乱散布在形字经典中的单体音字，东巴们用来辅助形字之不足的，也都收集在该字典中。

而洛克的《纳西语英语百科辞典》是基于他"多年居住于云南所翻译的象形文本资料所编纂的"。②李晓亮在其论文《洛克<纳西语英语百科辞典>研究》中通过对洛克生平的梳理更详细地讲到："洛克的这本词典是根据自己在丽江考察 27 年收集的经书 8000 余本和 14 年的潜心研究经书的基础上编纂而成的。"③

由此可见，以上三本字典所收哥巴文字符都不是针对一本经书或一位东巴所作，而是一个综合的体系。

（四）语音

方国瑜、和志武的《纳西标音文字简谱》"读音以丽江大研镇为准（浊音无清浊和鼻浊之分）"。④

李霖灿先生《么些标音文字字典》是"把各处所见到的音字依照它的读音按着国际音标声母和韵母配合的次序排列起来，在每一个音节下列举它在经典中常见的解释

---

① 方国瑜编撰，和志武参订《纳西象形文字谱》，云南人民出版社，2005，第 367 页。
② 洛克著，和匠宇译《纳西语汉语英语语汇》，昆明：云南教育出版社，2004，第 26 页。
③ 李晓亮《洛克<纳西语英语百科辞典>研究》，西南大学硕士学位论文，2011，第 17 页。
④ 方国瑜编撰，和志武参订《纳西象形文字谱》，云南人民出版社，2005，第 368 页。

和由它组成的各种词的含义。"①所得材料虽然来自丽江城镇、南山、巨甸乡、鲁甸等多地，而实际上该书是以丽江县的鲁甸区读音作为标准。

关于语音，洛克在《辞典》前言中指出"辞典所选择的方言是金沙江河谷中丽江北部和西部村子中所说的纳西语"。②当属于纳西族西部方言。并解释了如此选择的原因："辞典中所使用的方言是丽江地区居民所说的方言，但不是丽江城里的方言，因为城里人发不出纳西语的某些复合音，而且丽江城居民的语言中已掺杂了汉语，就像生活在西藏与丽江交界地区的纳西族说话时掺杂了藏语一样。"③

洛克在《辞典》引言中提到："纳西象形文词汇共有 276 个复合音。某些音，如 ner214 和 biu，没有专门的符号，只能凭记忆在文本中读出。纳西口语中的复合音比纳西书面语中的要多，但因为没有专门表示它们的符号，所以本语汇中把它们省略了。语汇中没有以 i、j、q、f、u 和 x 开头的词，大多数词以字母 d、g、k、m、n、s 和 t 开头，特别以 d 和 n 最多。"④另外，语汇中并没给出纳西语的国际音标，但是有一个与罗马字母相应的对照表。

综合看来，这三本字典所选择的方言各不相同，并且在注音系统方面也存在较大的差异。方书计 32 个声母，21 个韵母。李书有 67 个声母，11 个韵母。洛克采用严式音标来标音，我们根据李晓亮所制定的《音节对照表》可知，洛克《辞典》中计 57 个声母，37 个韵母。且三者的声调也不尽相同：洛克《辞典》用数字 1、2、3 和 4 标在词的左上方。第一声为降调，第二声为平调，第三声为短的升调，第四声表示由低升到高。这三本字典声调的对应调值如下：

《简谱》21——《字典》11——《辞典》1
《简谱》33——《字典》33——《辞典》2
《简谱》55——《字典》55——《辞典》3
《简谱》24——《字典》13——《辞典》4

由于"东巴们在读经书时，早已养成了随时变换字音的声调以求迎合经文情节的本领"⑤，所以，方国瑜、和志武的《纳西标音文字简谱》中并没有把字形按照声调进一步加以区分，而是把同种发音的字形罗列在一起。李霖灿的《纳西标音文字字典》和洛克的《纳西语汉语英语语汇》在这方面做了较细的工作，把声调已经凝固的字形放到专条后面，声调尚未确定的字符放到总条例之后，表示可以任读某种声调，任作一项解释。

基于以上情况，故具体到某一个具体字符的拟音情况三书也就存在不一致的地方。例如：🗡，方书拟音为 bv，李书拟音为 bur，洛克字典拟音为 2bber；🗡，方书拟音为 ə，李书拟音为 ʔɛ，洛克字典拟音为 2ä。当然，三书在拟音方面并非全异，也有相同

---

① 李霖灿编著，和才读音，张琨记音的《么些标音文字字典》1945 年由国立中央博物院筹备处印行，序言第 3 页。
② 洛克著，和匠宇译《纳西语汉语英语语汇》，昆明：云南教育出版社，2004，第 27 页。
③ 同上。
④ 洛克著，和匠宇译《纳西语汉语英语语汇》，昆明：云南教育出版社，2004，第 26 页。
⑤ 李霖灿《纳西族标音文字字典》，云南民族出版社，2001，第 430 页。

者，例如：[字符]，三书拟音皆为 bi，表示"日"义；[字符]，三书皆拟音为 ba，表示"花"义。但这种全同者所占比例极小，据本书附录所收 789 组字符中，三书拟音全同者仅有 96 例，约占总数的 12.2%。这为我们整理哥巴文字汇编增加了许多困难。

（五）字数

方国瑜先生的《纳西标音文字简谱》2005 年 12 月第 3 版中收 251 个音节（不计声调），其中 45 组是只有音没有字形的，有音有字形者 206 组计 688 字。每个音节有 1 到 10 个同音异体字。文字编排次序，以读音为主，先声母，后韵母；各音节之下所举词汇，附记象形文字简谱号码，方便对照参考，同时也为哥巴文字符考释提供了重要线索。

李霖灿先生的《么些标音文字字典》（1945 年版）中共收 244 个音（不计声调），收字符 2425 个（曹萱统计为 2464 个[①]；卓婷统计为 2334 个[②]，该数字当直接源自《纳西象形标音文字字典》2001 版的序言[③]；2425 是据 1972 年版书中所见，且计入补遗的字符）。书后附有依照字形笔画排列的索引和常用音字简表，方便查阅。其索引把标音字形分为黑点、弯钩、斜道、竖道、圆圈、不规则弯曲线、横平、卷扭、两点、人字形、十字、三点、三角形、方框和其他 15 类。常用音字简表共收 347 个字符，其中包括异体字 104 个，17 个字有分音调的趋势。《纳西象形标音文字字典》中也保留了这些基本内容。

洛克编著的《纳西语汉语英语语汇》第一卷引言中把哥巴文定名为纳西哥巴文标音符号，但在正文部分并未出现这一名称，借用标音符的名称代替并附在与之读音相同的东巴文下。故该辞典中虽收录哥巴文，但并不算作正式条目，且与东巴文相比形式有别：东巴文条目都加方框，哥巴文不加方框。因哥巴文部分声调异体众多，《语汇》中共收录的哥巴文字符有 789 个，其中包括异体。若把读音相同的哥巴文看成一组，共有 223 组。

二、关于三书所收哥巴文字形合并问题的探讨

（一）三书字形合并存在的难点

现有的哥巴文字源考释工作之所以集中以方国瑜先生《纳西标音文字简谱》所收 688 个哥巴文字符为对象，主要是由于各种哥巴文字典、字谱、字表、字汇等所采用的语音系统不同，每字之下字义搜集不尽相同，进行字形汇编有难度。

（二）三书字形合并注意的事项及汇编体例

三书字形汇编的关键是语音的辨识。在这一方面，李晓亮先生做出了有益的探索，其《洛克<纳西语英语百科辞典>研究》一文中基于麦沛德、米可、和学光等人通过实地调查发表的《洛克的纳西语英语百科辞典拼音系统对照国际音标》一文把洛克音标

[①] 曹萱《纳西哥巴文造字研究》，华东师范大学硕士学位论文，2004 年。
[②] 卓婷《纳西哥巴文字符体系研究》，西南大学硕士学位论文，2009 年。
[③] 李霖灿编著，和才读音，张琨记音《纳西族象形标音文字字典》，云南民族出版社，2001，序言第 4 页。

中的所有音节转写成国际音标,制订了《音节对照表》。该《音节对照表》计收录253个音节,并参照《哥巴文字表》归纳出《字典》、《简谱》和《辞典》的《声母对照表》和《韵母对照表》,这为我们进行哥巴文字汇编提供了很大的助力。

编 例

（1）其排列顺序是：凡来自《字典》的音字均排在首位,只在其他字书中出现的音字,则在音字前加①、②、③、④,按顺序补充在后面。其中①表示此字或这些字引自方书；②表示此字或这些字引自《求取占卜经》；③表示此字或这些字引自《迎请精如神》；④表示此字或这些字引自洛克的《辞典》。

（2）本字汇的音字读音均按和才先生的读音标音。和芳是丽江县大研镇中和村人；和才是丽江县鲁甸乡新主下村人。他俩所操的纳西语均属西部方言中的丽江坝土语,但两人的读音仍有一些差异。因此,凡是他俩的读音有明显的出入,且有对应规律的一些音节,在和才读音后面用圆括号（）注上和芳的读音,以供广大读者和同行参考。

（3）凡李书版本间差别一律加以说明,凡其他书籍如和即仁先生所编《哥巴文字汇》引李书而有出入者亦一并加以说明。

（4）他书与李书字形重复者暂不加以删减。同形两读者分别罗列于两种读音之后。

（5）该哥巴文字汇编在李霖灿《纳西标音文字字典》、《么些标音文字字典》,方国瑜《纳西标音文字简谱》,洛克《纳西语英语百科辞典》,和即仁《求取占卜经译注》的基础上编成,并参考了李晓亮先生的《音节对照表》。

（6）某些字符之后加（）表示李书1945版、2001版两个版本的差别。

（7）字符之后加注所在字典的页码,便于核对。经书页码不标注。方书由于同一组字符所在页码相同,故仅在一组字符后加注一个页码；洛克字典中哥巴文字符附着在东巴文后出现,同组字符页码不一定相同,故分别标注。

（8）文字编排次序,以读音为主,先声母,后韵母。

第二节　三书所收哥巴文字形汇编

p

1. pi ①四、≈（p369）③𓇋

2. pɑ 九、β、13、12、β、12、13（7）
①β、呈（p370- pɑ）②13、13③13④呈（p36）、β（p36）、3（p36）

3. pɛ（pe）ʋ（1）
①ʋ（ẏ）、ʋ（山）、四（p370- pe）④ɫ（p19）、3（p19）、ɫ（p40）、3（p40）

4. pɯ 圭、兄、早、早、兂、ヲ、歹、扌（寸）、武、白、出、乙、𠃍（出）、乙、土（15）
①𓇋、开、井（p372- pɯ）②另、𠁼③ⅢⅡ④开（p27）、𠃌（p483）

5. po

第一组：工（1）

①工（p371-pu）②归③而、内

第二组：日、(巳)、丛、吊、保、你、臣、呆（8）

保（p371- po）④保（p24）

注：第一组和芳读音为pu，第二组读音为po。

6. pu (pv) 九（1）

①文、义3、中（p371-pv）②十3③风

7. pur (pər) 写、驾、空、写、写、写、巳、写、宝、宝、写、身、空、ぞ、ぞ、乭、フO、学、乭、ठ（20）

①写、写、火（p372- pər）③写、写、写④用（p22）、用（p22）、雪（p483）

8. py (o)、(四)、'o'、'今（4）

①(o)、戽、ooo（p369- py）②フ口④ooo（p43）、(o)（p43）、月（p43）

p'

9. p'a

　　33　川（1）

　　31　买、买、乇、史、业、业（6）

①买、买、命（p374- p'a）②买（不分声调）④乇（p481）、乇（p481）、ナ（p481）、买（p481）、只（p482）

10. p'æ (pha) 业、口（2）

①风（凡）、品、み（p374- p'æ）②早（原读phər）、口④马（p482）、米（p482）

11. p'ε (phe) 半、里、空、丸、右、よ、丑、早、自（9）

①早、早、早（p374- p'e）②웊④宇（p40）

12. p'i 皿、皿、卜、亲、灸、共、弓、多、厾、写、灵、美、无、久、弘、乇、丐、戋、糸、长、亏、岁、金、る、买（25）

①皿、今（p373- p'i）④皿（p41）、列（p485）、弓（p485）、皿（p485）

13. p'u

　　55　卄、芏、竺、卤（当、凼、凼）（4）

　　33　卒（下）（1）

卄、而（p376- p'u）②米④辛（p335）

14. p'o 只、鼎、只、爪、O)、写、享、乇、日、灵、完、中、晶、瓜、上、乗、系、永、半、华、欣、可、幽、千（24）

①鼎、乗、爪（p375- p'u）④吊（p488）、而（p488）、弓（p488）、亦（p488）

15. p'u (phv) 只、昌、豆、夕、贤、合、念、白、屿、足、止（11）

①只、只、凡、ヨ（p375- p'v）③早、占（原读phər）④只（p487）、负（p487）、

第二章 哥巴文字汇编

只 (p487)

16. p'ur (phər) 〔字〕、〔字〕、〔字〕、〔字〕、〔字〕（〔字〕、〔字〕）(5)

① 〔字〕、〔字〕、〔字〕（〔字〕）、〔字〕(p375-p'ər) ②〔字〕、〔字〕③〔字〕④〔字〕(p484)、〔字〕(p484)、〔字〕(p484)、〔字〕(p484)、〔字〕(p484)

17. p'y 〔字〕（〔字〕）(1)

①〔字〕、〔字〕、〔字〕、〔字〕(p373-p'y) ②〔字〕④〔字〕(p486)

18. p'iə ①〔字〕(p376)(1)

b

19. ba 〔字〕、〔字〕(23)

①〔字〕(p379-ba) ③〔字〕、〔字〕④〔字〕(p16)、〔字〕(p16)、〔字〕(p16)

20. bæ (ba) 〔字〕、〔字〕(2)

①〔字〕(p378-bæ) ②〔字〕

21. bɛ (be) 〔字〕、〔字〕、〔字〕、〔字〕、〔字〕、〔字〕、〔字〕、〔字〕、〔字〕、〔字〕、〔字〕、〔字〕、〔字〕、〔字〕、〔字〕、〔字〕（〔字〕）、〔字〕、〔字〕、〔字〕、〔字〕、〔字〕、〔字〕、〔字〕、〔字〕、〔字〕、〔字〕、〔字〕、〔字〕、〔字〕、〔字〕、〔字〕、〔字〕、〔字〕(35)

①〔字〕、〔字〕、〔字〕、〔字〕、〔字〕(p377-be) ②〔字〕③〔字〕、〔字〕、〔字〕、〔字〕④〔字〕(p18)、〔字〕(p19)、〔字〕(p19)、〔字〕(p19)、〔字〕(p19)

22. bi

　　55　任用下列 33、31 二组之音字

　　33　〔字〕(1)

　　31　〔字〕、〔字〕、〔字〕、〔字〕、〔字〕(〔字〕)、〔字〕(6)

①〔字〕、〔字〕、〔字〕、〔字〕、〔字〕(p376-bi) ③〔字〕、〔字〕④〔字〕(p29)、〔字〕(p30)、〔字〕(p30)（不分声调）

23. bʌ (bə) 〔字〕、〔字〕(2)

①〔字〕、〔字〕(〔字〕)、〔字〕、〔字〕(p381-bə) ②〔字〕、〔字〕、〔字〕③〔字〕、〔字〕、〔字〕④〔字〕(p31)、〔字〕(p31)

注：和即仁转写〔字〕为〔字〕，〔字〕为〔字〕，字形更加规整。

24. bɯ 〔字〕、〔字〕、〔字〕、〔字〕、〔字〕、〔字〕、〔字〕、〔字〕(〔字〕)、〔字〕、〔字〕(〔字〕)、〔字〕(11)

①〔字〕、〔字〕、〔字〕、〔字〕、〔字〕(p382-bɯ) ②〔字〕③〔字〕、〔字〕、〔字〕、〔字〕④〔字〕(p27)

注：和即仁先生在引李书时无〔字〕，另加入〔字〕。

25. bo (bu) 〔字〕、〔字〕、〔字〕、〔字〕、〔字〕、〔字〕、〔字〕、〔字〕、〔字〕、〔字〕、〔字〕、〔字〕、〔字〕、〔字〕、〔字〕(15)

①〔字〕(〔字〕)、〔字〕(〔字〕)(p379-bu) ②〔字〕、〔字〕③〔字〕④〔字〕(p47)、〔字〕(p47)

26. bu (bv) 〔字〕、〔字〕、〔字〕、〔字〕、〔字〕、〔字〕、〔字〕、〔字〕、〔字〕、〔字〕、〔字〕、〔字〕、〔字〕、〔字〕、〔字〕、〔字〕、〔字〕、〔字〕、〔字〕、〔字〕(20)

①乙、乀（己）（p380-bv）②彡③九、ㄚ、乙④巨（p18）、甴（p24）、乙（p25）、父（p494）

27. bur（bər）严、双、才、皿、瓜、皿（6）

①亨、卷（巻）（p381-bər）②Ⅱ③冖④严（p23）、仉（p47）、严（p339）

28. by 凡（冃）、丙（2）

①山、丙（p377-by）③亡、沰④刀（p34）

29. biə ①亏、⺃

mb

30. mba 尢、弃、尧、売、夷、趴（彡）、耒、火、九、袁、怣（央）、尧、布（禸）、袁、似（木）、楚、梵、圧、圧、赤、爽（㽍）、長、未、九、出（25）

①尢、売、去、庄、土（p379-ba）②袁③尧④戎（p331）、売（p331）、庄（p331）、石（p331）、乩（p334）

31. mbæ（mba）亏（1）

①亏、亐、一（吅）、生、耳（甲）（p378-bæ）③毛④冂（p332）、亏（p332）、㔾（p332）

32. mbɛ（mbe）昷、罕、罕、圼、小、毛、㝉、み、罕（9）

①昷、買、圉（p377-be）②圼③圼④匠（p337）

33. mbi 冬（1）

①米、匡（p376-bi）

34. mbɯ ⺕、聿、ㄇ、毛、乇、丑、虫、今、个、㓚、丸、ㄿ（12）

①ㄚ、ㅌ（ㄹ）、刔（p382-bɯ）④ㄚ（p335）、ㅌ（p335）

注：和即仁先生不收⺕，变为ㅌ。

35. mbo（mbu）平（于）、弟（开）、本、品、乂、平（6）

①于、开、禾、开（p379-bu）

36. mbu（mbv）岳、亚、众、乏、开、丘、飞、冇、㐅、乀（10）

①岳、㝉、严（p380-bv）④㐅（p45）、刃（p335）

注：和即仁先生多收ㄚ。

37. mbur（mbər）

33 乙、肀（者）、邑、乚（4）

31 卩、小、㞢、九、𠂉、下、𠂉、牛（8）

ㄚ、ㄚ、ㄚ（p381-bər）②卩③孔、犭④卩（p339）、㔾（p339）、下（p339）

38. mby 外、肍、㝌、㕚、仆、小、斗（7）

①㝌、外、犭（p377-by）②今③ㄚ、彳、氕④角（p34）、㝌（p344）、舀（p344）、㝌（p344）、水（p344）

39. mbiə ②尼

m

40. ma 〔8个字形〕（8）
①〔字形〕（p384-ma）②〔字形〕③〔字形〕④〔字形〕（p324）、〔字形〕（p324）

41. mæ (ma) 〔字形〕（下）、〔字形〕（6）
①〔字形〕（p383-mæ）②〔字形〕③〔字形〕④〔字形〕（p326）

42. me (me) 〔字形〕（四）、〔字形〕（四）、〔字形〕（8）
①〔字形〕（p383-me）②〔字形〕③〔字形〕④〔字形〕（p327）、〔字形〕（p328）、〔字形〕（p328）、〔字形〕（p328）、〔字形〕（p328）

43. mi 〔字形〕（8）
①〔字形〕（p382-mi）②〔字形〕③〔字形〕④〔字形〕（p347）、〔字形〕（p347）、〔字形〕（p347）、〔字形〕（p347）、〔字形〕（p347）、〔字形〕（p347）

44. mʌ (mə) 〔字形〕（1）
①〔字形〕（p385-mə）②〔字形〕③〔字形〕④〔字形〕（p371）

注：和即仁书中不收〔字形〕。

45. mu (mɯ)
55 〔字形〕（2）
31 〔字形〕（计）、〔字形〕（乃）、〔字形〕（口）、〔字形〕（9）
31 〔字形〕（1）
①〔字形〕（里）、〔字形〕、〔字形〕（四）（p386-mɯ）②〔字形〕③〔字形〕④〔字形〕（p355）、〔字形〕（p355）、〔字形〕（p375）、〔字形〕（p375）

46. mo (mu)
55 〔字形〕（2）
33 〔字形〕（1）
31 〔字形〕、〔字形〕（文）、〔字形〕（黑）、〔字形〕、〔字形〕、〔字形〕、〔字形〕、〔字形〕（17）
①〔字形〕、〔字形〕、〔字形〕、〔字形〕（p385-mu）②〔字形〕、〔字形〕④〔字形〕（p355）、〔字形〕（p355）、〔字形〕（p379）、〔字形〕（p379）、〔字形〕（p379）、〔字形〕（p379）、〔字形〕（p379）、〔字形〕（p379）

47. my 〔字形〕（2）

48. mv ②〔字形〕③〔字形〕

f

49. fu (fv)
55 〔字形〕（10）
33 〔字形〕（4）
31 〔字形〕（1）
①〔字形〕、〔字形〕、〔字形〕、〔字形〕、〔字形〕（西）（p388-fv）②〔字形〕③〔字形〕④〔字形〕（p147）、〔字形〕（p147）、〔字形〕（p148）、〔字形〕（p148）、〔字形〕（p148）、〔字形〕（p148）

50. fɑ ① [symbol]（幽）（p388）③ [symbol]

v

51. vu [symbols]、[symbol]（亚）、[symbol]（亚）、[symbol]（11）
① [symbol]（p476-v）

pj

52. pjʌ (piə) [symbols]（6）
① [symbol]、[symbol]（p373- piə）④ [symbol]（p41）

mj

53. mjʌ (miə) [symbols]、[symbol]（3）、[symbol]（m）（7）
① [symbol]（[symbol]）、[symbol]（[symbol]）、[symbol]（[symbol]）（p387- miə）② [symbol] ③ [symbol] ④ [symbol]（p355）、[symbol]（p355）、[symbol]（p355）

t

54. tɑ [symbols]（[symbol]）、[symbol]（[symbol]）、[symbols]（[symbol]）、[symbol]（[symbol]）（12）
① [symbol]（[symbol]）、[symbols]（p390- tɑ）② [symbol] ③ [symbol] ④ [symbol]（p103）、[symbol]（p103）、[symbol]（p103）

55. tɛ (te) [symbols]（[symbol]）、[symbol]（5）
① [symbol]（[symbol]）、[symbols]（p389- te）

56. ti [symbol]（1）
① [symbols]（p389- ti）② [symbol] ③ [symbol] ④ [symbol]（p118）

57. to [symbols]（16）
① [symbol]、[symbol]、[symbol]（p391-to）② [symbol]、[symbol] ③ [symbol]、[symbol]、[symbol]、[symbol] ④ [symbol]（p109）、[symbol]（p109）

58. tu (tv) [symbols]（[symbol]）、[symbols]（17）
① [symbol]、[symbol]、[symbol]（[symbol]）、[symbol]（[symbol]）（p391- tv）② [symbol]、[symbol] ③ [symbol]、[symbol] ④ [symbol]（p121）、[symbol]（p121）、[symbol]（p122）、[symbol]（p122）

59. ty [symbols]（[symbol]）、[symbols]（[symbol]）、[symbol]（[symbol]）、[symbols]（19）
① [symbol]（[symbol]）、[symbol]（[symbol]）、[symbol]（p389- ty）③ [symbol]、[symbol] ④ [symbol]（p118）、[symbol]（p118）、[symbol]（118）

ƭ

60. ƭɑ [symbols]（[symbol]）、[symbol]（[symbol]）、[symbols]（[symbol]）、[symbol]、[symbol]（18）
① [symbol]、[symbol]（[symbol]）、[symbol]、[symbol]（p393- ƭɑ）② [symbol] ③ [symbol] ④ [symbol]（p554）、[symbol]（p554）、[symbol]（p554）、

第二章 哥巴文字汇编

61. tʼɛ (the\方 tʼe) 勺、虫、宀、宀、宀、馬、閂（閂）、禸（8）
①勹（夕）、日（月）、目（目）、日（曰）(p393-tʼe) ②凧、口 ③目 ④彳(p556)、
冂(p556)

62. tʼi 巨、彐、𠂊（匚）、匸、匡（匡）、刉、古（7）
①巨（匸）(p393-tʼi) ④羊 (p558)

63. tʼo 亽、乙（乙）、丅、兀、不、閗（鼠）、韦、弔、克、文、阝、茓（12）
①人（人）、入（入）、合（合）、伙（伙）、咋 (p394-tʼo) ②亻 ③人 ④丿(p575)、
丷(p575)、勽(p575)、伙(p575)、八(p575)、业(p575)、里(p575)

64. tʼu (thv) 非、馬、且、止、五、旦、馬、走、旦、馬、具、品、阯、
且、此（曰）、品、呈、S、氺（氺）、ዲ、乙（乙）、昌（鹍）、马、耳、彐、
殳、叠、厸（29）
①止（虎）、且（足）、且（昆）、皿 (p394-tʼv) ②目 ③叩、韭、旧、盀、人
④月 (p554)、目(p606)、且(p606)、爲(p606)、止(p606)、彡(p606)、昌
(p607)、卢(p607)

65. tʼy 跑（跑）、尻、勽（3）
注：方书中第393页第62组tʼy收有此音，但不收字形。

d

66. da 臣（巴）、号、冃（宂）、宀、卢（卢）、号、邡、九、且、号、晨、伞、忐、
ю、尸（巴）(15)
①𧘇、呼（虫）、丷、兯、半（半）、𠂇（舟）(p397-da) ②𪣻、𪣻 ③𥂁、朿、
𧘇、⺆、合、匕 ④号 (p68)、豆 (p68)、丂 (p68)、弓 (p69)、刍 (p69)

67. di 卓、卓、尚（尚）、氵、余（仝）（5）

68. do 且、乂、8、θ（囧）、晶、会、兑、兑、岜、乙（10）
①且、𨂠、牙（舛）、哭、罒 (p397-do) ②乂、8 ③卤、日 ④𠂇 (p69)、由 (p69)、
又 (p122)

69. du (dv) 反、走、刀、刁（刁）、王、呈（呈）、匝（匝）、友、玊（丑）、
㔾（匜）、呈、丘（白）、豆、义、庚（15）
①反、丘（亞）、巨（巨）、𢦓、常 (p398-dv) ②支 ③支、弎、犮 ④王 (p77)、
𠂤 (p77)、反 (p77)、反 (p80)、友 (p121)

70. dy 二、三、三、𡆾、凵、岂、三、⺁（巨）（8）
①二、𡆧 (p396-dy)

nd

71. nda 夵、千、古、尺、凵、凶、丣、巴、冶（9）
①丂 (p397-da) ④古 (p393)、冶 (p393)、合 (p393)、古 (p393)、合 (p393)

72. ndɛ (de) [symbols] (14)
① [symbols] (p396-de) ④ [symbol] (p82)、[symbol] (p82)

73. ndi [symbols] (8)
① [symbols] (p396-di) ④ [symbol] (p398)、[symbol] (p398)、[symbol] (p398)、[symbol] (p398)、[symbol] (p401)、[symbol] (p415)、[symbol] (p415)、[symbol] (p415)、[symbol] (p415)

74. ndo [symbols] (9)
① [symbols] (p397-do) ④ [symbol] (69)、[symbol] (p402)、[symbol] (p402)

75. ndu [symbols] (9)
① [symbols] (p398-dy) ④ [symbol] (p409)、[symbol] (p409)、[symbol] (p416)、[symbol] (p416)、[symbol] (p416)

76. ndy [symbol] (1)
① [symbols] (p396-dy) ④ [symbol] (p415)、[symbol] (p415)

n

77. na [symbols] (14)
① [symbols] (p401-na) ④ [symbol] (p387)、[symbol] (p387)、[symbol] (p387)、[symbol] (p388)

78. ne (方 ne) [symbols] (10)
① [symbols] (p400-ne) ④ [symbol] (p392)、[symbol] (p392)、[symbol] (p392)、[symbol] (p392)

79. nʌr (方 næ) [symbol] (1)
① [symbol] (p401-næ) ④ [symbol] (p392)

80. nɯ [symbols] (6)
① [symbols] (p403-nɯ) ④ [symbol] (p444)、[symbol] (p444)、[symbol] (p444)

81. no [symbols] (9)
① [symbols] (p401-no) ④ [symbol] (p447)、[symbol] (p447)、[symbol] (p447)

82. nu (方 nv) [symbols] (4)
① [symbol] (p402-nv) ④ [symbol] (p450)、[symbol] (p450)、[symbol] (p450)

83. nur [symbol] (1)
① [symbols] (p401-no) ④ [symbol] (p447)

l

84. la [symbols] (9)
① [symbols] (p405-la) ④ [symbol] (p282)、[symbol] (p282)、[symbol] (p282)、[symbol] (p283)

85. lɛ (方 le) [symbols] (7)
① [symbols] (p404-le) ④ [symbol] (p295)、[symbol] (p295)、[symbol] (p295)、[symbol] (p295)、[symbol] (p295)、[symbol] (p611)、[symbol] (p611)

86. li [symbols] (7)
① [symbols] (p403-li) ④ [symbol] (p302)、[symbol] (p302)、[symbol] (p302)、[symbol] (p302)

第二章 哥巴文字汇编

87. lo 〔图形〕(18)
① 〔图形〕(p406-lo) ④ 〔图形〕(p309)、〔图形〕(p310)、〔图形〕(p310)、〔图形〕(p310)

88. ly 〔图形〕(7)
① 〔图形〕(p404-ly) ④ 〔图形〕(p316)、〔图形〕(p316)、〔图形〕(p316)、〔图形〕(p316)

ts

89. tsɑ 〔图形〕(8)
① 〔图形〕(p455-tsɑ)

90. tse 〔图形〕(4)
① 〔图形〕(p454-tse) ④ 〔图形〕(p89)、〔图形〕(p89)、〔图形〕(p89)、〔图形〕(p91)、〔图形〕(p91)

91. tsi 〔图形〕(4)
① 〔图形〕(p454-tsi) ④ 〔图形〕(p94)、〔图形〕(p96)、〔图形〕(p96)

92. tsʌ 〔图形〕(6)
① 〔图形〕(p456-tsər) ④ 〔图形〕(p610)

93. tsɯ 〔图形〕(16)
① 〔图形〕(p453-tsɿ) ④ 〔图形〕(p95)、〔图形〕(p101)、〔图形〕(p133)、〔图形〕(p134)、〔图形〕(p134)、〔图形〕(p134)

94. tso 〔图形〕(5)
① 〔图形〕(p455-tso) ④ 〔图形〕(p99)、〔图形〕(p99)

ts'

95. ts'ɑ 〔图形〕(7)
① 〔图形〕(p458-ts'ɑ) ④ 〔图形〕(p582)、〔图形〕(p582)

96. ts'ɛ 〔图形〕(16)
① 〔图形〕(p457-ts'i)、〔图形〕(p458-ts'e) ④ 〔图形〕(p583)、〔图形〕(p583)、〔图形〕(p584)、〔图形〕(p584)、〔图形〕(p584)、〔图形〕(p584)、〔图形〕(p583)、〔图形〕(p588)

97. ts'ʌ 〔图形〕(2)
① 〔图形〕(p459-ts'ər) ④ 〔图形〕(p129)、〔图形〕(p583)、〔图形〕(p588)

98. ts'ɯ
　　55 〔图形〕(5)
　　33 〔图形〕(10)
　　31 〔图形〕(8)
① 〔图形〕(p456-ts'ɿ) ④ 〔图形〕(p134)、〔图形〕(p134)、〔图形〕(p594)、

文（p594）、芳（p594）、爻（p594）、ク（p595）、凸（p595）、乙（p605）
99. ts'o
   33 ⊙﹃、⊙卅（2）
   33 万、人（2）
   55（31）丆、丅、仒、下、大、夲、昇、歺、弓（9）
① 丆、万、品（p459-ts'o）④ 乙（p588）、白（p588）
注：第一、二组新版旧版都确实是标注33调值，但旧版第三组标注31调值。
100. ts'y 吾、豕、身、耳、頁、瓦、死、鸟、勒（9）
① 吾、𠁽（p457-ts'y）④ 頁（p605）、万（p605）

ȡ

101. ȡɛ 朱、朱、朱、束、亍、卅（6）
① 赤、赤（p462-ȡe）④ 未（p129）
102. ȡi 尸、尸、丮、皂、ㄋ（5）
① 丁、龙（p461-ȡi）④ 丁（p135）、弋（p135）、彡（p135）、斤（p422）、斤（p422）、巨（p422）
103. ȡʌ 卅（1）
① 芸、竺（p463-ȡər）
104. ȡy ① 丞（p461）
105. ȡɯ 主、土、乏、凸、乙、夂、厒、吕（8）
① 主、土、夬、失、禾、㐃、厒、人（p460-ȡŋ）④ △（p142）、爪（p142）、爪（p142）、人（p142）、Ω（p142）
106. ȡo 仝（1）
① 仝（p463-ȡo）④ 仝（p141）、仝（p407）

nȡ

107. nȡa 向（1）
注：方书中第463页第218组ȡa，只收音不收字形。
108. nȡʌ 罕、芸、⼭、朱、㔾、丱、夨、无、屁、屮（11）
① 芸、竺（p463-ȡər）④ 芸（p420）、哥（p420）、芸（p420）、芸（p420）
109. nȡɯ 夬、米、兴、失、斗、s6、久、仝、仝、吞、吞、昜（12）
① 夬、失、禾、㐃、人 ④ 大（p420）、又（p423）、又（p423）、尢（p423）、戈（p423）
110. nȡo 罕、罕、臼、罕、卬、同、且、凰、急（9）
① 凰、罕（p463-ȡo）④ 用（p407）、芈（p407）

s

111. sa 亚、⼩⼩、中、亘、⼭、匜、粢、歩（8）

第二章　哥巴文字汇编

①❀、❀（p467-sɑ）④❀（p513）、❀（p513）

112. sɛ 〜、ろ（2）

①〜、ろ（p465-se）④-ろ（p516）、❀（p516）、〜（p516）、ろ（p516）、〜（p516）、ろ（p520）

113. si 穷、宎、宲、宎、免、宴、穹、叁、丸、尾、尾、hω、hωr、门、冂、历、阝、冋、❀（19）

①❀、内、里（p465-si）④❀（p520）、❀（p523）、❀（p523）、宁（p523）、南（p523）、ㄗ（p523）

114. sʌ 业、丛、丛、芇、丛（5）

①业、业（p468-sər）④丛（p520）

115. sɯ

　55　石、龙、亚、三、岱、宁、兀（7）
　33　乑、苔、所、才、木、F、哥、于、冇、开、丁、下、乂、禾、斤、大（16）
　31　年、车、可、山、业、岁、岩、荟、宗、下（10）

①下、下、市、乎、牟、牟、苷、山（p464-sɿ）④↓（p405）、❀（p506）、里（p506）、业（p506）、广（p506）、井（p506）、卅（p530）、尸（p530）、F（p531）、乙（p532）

116. so 廾、可、升、扗、Ŧ、乂、β、友、方、丈、厯、兆、几、方、厶、百（16）

①半、可、盯（p467-so）④❀（p527）、引（p527）

117. sy 目、目、臣、阝、彐、彖、宫、豕、雹、宠、车（11）

①目、目（p465-sy）④自（p546）、❀（p546）、夕（p546）、白（p546）、❀（p547）

Z

118. zɑ ❀、二、小、亦、个（5）

①❀（p471-zɑ）④❀（p643）、❀（p644）、❀（p644）

119. ze 厂、户、罢、马、气、气、凸、灵、气、手、吉、玄、甲、❀、兴、鸟、关、卷（18）

①尸（p470-ze）④「（p645）、赤（p645）、森（p645）

120. zi 关、❀（2）

①方书 p470 页第 230 组 zi，只收音不收字形。④乔（p648）

注：❀该字形当源自"紧紧的栓"一义，取象为绳子。此义方书收李书不收。

121. zʌ 肖、正、鸟（邑）、邑、丈、彐、谷、舌、❀、宫、足、正、幺（13）

①冋、凵（p471-zər）④邑（p549）

注：2001 版中的❀这一字符在 1945 版中写作邑。

122. zɯ ❀、笘、罙、方、壴、夫、幺、邑、❀、元、素、兴、巛、邑、牵、❀（16）

①呈、苎、壹、享、气、从、中（p469-zɿ）④❀（p549）、❀（p549）、邑（p549）、❀（p549）、坐（p549）、室（p551）、兰（p551）、兰（p551）

123. zo 个、个、分、亭、专、承、丘（7）
①公、本、冬（p471- zo）④合（p553）、个（p655）、合（p655）

124. zy ∽、∽、灬、甲、尸、乡、幺、尸（8）
①ʒ（p470- zy）

t

125. tæ (ta) 甸、匀、内、凸、上、末、悦、另、东、工、石、吕、之（13）
①甸（甸）、闩（闩）（p390-tæ）④闩（p107）
注：和即仁先生不收内这一字形。

126. tʌ (tə) 夕（夕）（1）
注：方书中第392页第58组 tə 收有此音，但未收字形。

127. tʌr (tər) 尺、云、ß、今、凸、弓、美、凶、务（务）、此、岁、芳、出、亳、云、学、泉、灵、乒（19）
①尺（尺）、之（之）、之、九、比（p392-tər）②ʒ、H③九、学④几（p107）、此（p107）、之（p107）

128. tuɯ (tuɯ) 专、弓（己）、予（予）、乞、冬、岁、古、吉（9）
①专、夕、幸（p392-tuɯ）④予（p117）
注：和即仁另收有专、夕、峉、歨，并未指明出处。

129. tur (tuər，方书 tər) 斗、℘、∞、仆、ɤ、七、∂、⻏（8）
①∞、ɭ（ɾ）（p392-tər）②Ƞ④ʔ（p108）、几（p108）
注：和即仁先生不收仆这一字形。

tʼ

130. tʼæ (tʼha\方 tʼæ) 亭、辛、亲、亨、ʅ（ʅ）、ㄨ（6）
①毛（毛）、手、幸（p393-tʼæ）④辛（p556）

131. tʼu (tʼhu) 吅、ᘪ（ᗝ）、车（车）、虫（甘）、吣、片（6）
①吅、ᘪ（ᘪ）（p395-tʼu）②ᘪ③吅④口（p609）、尚（p609）、ʒ（p609）、𝓼（p609）

d

132. dæ (da\方 dæ) 太、弓、冗（3）
①九、Ψ（Ψ）、弓（弓）、弓（弓）（p396-dæ）②弓、斗、ꟻ、吕④弓（p68）、早（p68）、弓（p82）、大（p396）

133. dʌr (dər) 早、月（2）
①早、之、弓、卒（p399- dər）④8（p69）、乎（p70）、ʒ（p399）、彡（p401）、彡（p401）、ⅱ（p401）
注：和即仁先生另收有吕、呂、弓、乎四个字形，未讲明出处。

第二章 哥巴文字汇编

134. ɖɯ（dɯ）夕、左、戈、匆、凨（日）、禾（示）、弋、不、夕、朵、勺、朱、丹（13）
①左、夾、式（式）、夕、午（千）（p399-dɯ）②戈 ③丁 ④ホ（p73）、方（p73）、才（p73）、夕（p73）、屮（p73）、方（p73）、次（p73）

135. ɖo（du）宊、为、穴（宀）、羊、宊、宔（曾）、毐、朩、木、大（天）、荨、忽、玄、共、亦（灵）、亦（六）、筝（筝）、亲、亦、之、书（21）
①一、本、𦣝、𠄣、土、旦（旦）（p398-du）②才、旦、此 ④ダ（p72）、土（p407）、一（p409）、帚（p409）

136. ɖɯr（dɯər\方 dər）甾、迢、仓、忽、径、丂、𦥑（𦣻）、来（8）
①巡（甾）、𦥑（甾）、广（𦣻）（p399-dər）④豆（p101）、玌（p110）、辵（p110）、豆（p110）、豆（p399）、𧾷（p401）

137. də ②𤣥、𤣥（《简谱》p397-75）

nɖ

138. nɖæ 太、大、夲、乔、太、业（6）
①太（p396-dæ）④太（p396）、尹（p396）

tw

139. ʈwɑ（tuɑ）呼（1）

tʂ

140. tʂæ 彬、亚、从（3）
①彬、夊（p454-tsæ）④彬（p580）

141. tʂʌ 乔、长、吕（3）
①长、吕（p442-tʂə）④吕（p93）、友（p101）

142. tʂʌr 史、史、层、皇、启、专（6）
①史、史（p443-tʂər）④史（p52）

143. tʂɯ 止、此、正、此、止、业、望、友、冬、尺、追、乡（12）
①此、占、冬（p441-tʂɯ）④冬（p82）、岀（p91）、止（p91）、凸（p91）、占（p91）

144. tʂo 丁、玊、此、异、吕、圦、尺、此、业、兮、吊、圭、吕（13）
①甲、甲（p442-tʂu）④甲（p60）、甲（p60）

145. tʂu 干、㔾、乇、吕、土、甫、乙、支、圣、山、元、无、主、从、为、生、泉、亞、序、羌、乙、余（22）

tʂ'

146. tʂ'æ 朱、圣（2）
①圣、正（p458-tʂ'æ）④手（p580）、止（p581）、乙（p581）

147. tʂʌ ☐、☐、☐、☐、☐、☐、☐、☐（8）
①☐、☐（p444-tʂʼə）④☐（p57）、☐（p57）、☐（p57）

148. tʂʌr ☐、☐、☐、☐、☐、☐、☐、☐、☐、☐、☐、☐、☐、☐（14）
①☐、☐、☐、☐、☐（p445-tʂʼər）④☐（p53）、☐（p53）、☐（p53）、☐（p53）

149. tʂɯ ☐（1）
①☐、☐、☐（p443-tʂʼ)）④☐（p55）

150. tʂo ☐、☐、☐、☐、☐、☐、☐、☐、☐、☐、☐、☐（12）
①☐、☐、☐（p444-tʂʼu）④☐（p61）、☐（p61）

151. tʂu ☐、☐、☐、☐、☐、☐、☐、☐、☐、☐、☐、☐（12）
①☐、☐（p456-tʂʼ)）④☐（p593）、☐（p593）、☐（p594）、☐（p595）、☐（p595）、☐（p595）、☐（p595）

152. tʂur ☐、☐、☐、☐、☐、☐、☐、☐（8）
①☐、☐、☐（p445-tʂʼər）④☐（p53）

dʑ

153. dʑæ ☐（1）
④☐（p129）

154. dʑɯ ☐、☐、☐、☐、☐、☐、☐、☐、☐（9）
①☐、☐、☐、☐、☐（p446-dʑ)）④☐（p130）、☐（p130）、☐（p131）、☐（p131）、☐（p131）、☐（p131）、☐（p131）、☐（p131）

155. dʑo ☐、☐、☐、☐、☐（5）
①☐、☐、☐、☐（p446-dʑu）④☐（p132）、☐（p132）

156. dʑu ☐、☐、☐、☐、☐（5）

ndʑ

157. ndʑæ
33 ☐、☐、☐、☐、☐、☐、☐、☐、☐（9）
31 ☐、☐、☐、☐（4）
①☐、☐、☐、☐、☐（p462-dʑæ）④☐（p403）、☐（p403）、☐（p404）、☐（p418）、☐（p418）、☐（p418）、☐（p418）

158. ndʑʌr ☐（1）
①☐、☐（p447-dʑər）④☐（p404）、☐（p405）

159. ndʑɯ ☐、☐、☐（3）
①☐（p446-dʑ)）④☐（p406）

160. ndʑo ☐、☐、☐、☐、☐（5）
④☐（p141）、☐（p141）

注：☐在1945版中左边一竖不出头。

第二章 哥巴文字汇编

161. ndʑur [symbols] (9)
①[symbol]（p447-dʑər）④[symbol]（p405）

ʂ

162. ʂæ [symbols] (16)
①[symbols]（p466-ʂæ）④[symbol]（p510）、[symbol]（p510）

163. ʂʌ [symbols] (18)
①[symbols]（p449-ʂə）

164. ʂʌr [symbols] (14)
①[symbols]（p449-ʂər）④[symbol]（p495）、[symbol]（p495）、[symbol]（p495）、[symbol]（p495）

165. ʂɯ
    55 [symbol] (1)
    33 [symbols] (12)
    31 [symbol] (1)
①[symbols]（p448-ʂŋ）④[symbol]（p497）、[symbol]（p497）、[symbol]（p497）、[symbol]（p497）、[symbol]（p497）、[symbol]（p497）、[symbol]（p497）、[symbol]（p497）

166. ʂo [symbols] (9)
①[symbols]（p448-ʂu）④[symbol]（p503）、[symbol]（p503）、[symbol]（p503）

167. ʂu [symbols] (16)
①[symbols]（p464-ʂɿ）④[symbol]（p532）、[symbol]（p532）、[symbol]（p532）、[symbol]（p532）

168. ʂur [symbols] (3)
①[symbol]（p449-ʂər）④[symbol]（p495）、[symbol]（p495）

z

169. zæ [symbols] (7)
①[symbol]（p470-zæ）④[symbol]（p643）

170. zʌr [symbols] (10)
①[symbols]（p452-zər）④[symbol]（p646）、[symbol]（p646）

171. zɯ [symbols] (13)
①[symbols]（p450-zŋ）④[symbol]（p647）、[symbol]（p647）、[symbol]（p647）、[symbol]（p648）、[symbol]（p648）、[symbol]（p651）

172. zo [symbols] (7)
①[symbols]（p451-zu）④[symbol]（p652）、[symbol]（p652）

173. zu [symbol] (1)
①[symbol]（p469-zɿ）④[symbol]（p549）

174. zur ▢（1）
①▢（p452- zər）

175. zə ① ▢（p451）

r

176. rʌr（方 lər）▢、▢、▢、▢、▢、▢、▢、▢、▢、▢、▢、▢、▢、▢、▢、▢、▢、▢、▢、▢（20）
①▢、▢、▢、▢（p408-lər）④▢（p299）、▢（p300）、▢（p300）、▢（p300）

177. ru ▢、▢、▢、▢、▢、▢、▢、▢（8）
①▢、▢、▢（p409-lɯ）④▢（p302）、▢（p303）、▢（p303）、▢（p303）、▢（p303）、▢（p306）

178. ro（方 lu）▢、▢、▢、▢、▢、▢、▢（7）
①▢、▢（p407-lu）④▢（p314）、▢（p314）、▢（p314）

179. ru
    55 ▢、▢、▢、▢、▢（5）
    33 ▢、▢、▢、▢、▢、▢、▢、▢（8）
    31 ［音字用中平调 33 的那八个］
①▢、▢、▢、▢、▢（p407-lv）④▢（p317）、▢（p317）、▢（p319）、▢（p319）、▢（p319）、▢（p319）、▢（p319）、▢（p319）、▢（p319）

180. rur ▢、▢、▢、▢、▢、▢、▢、▢（8）

tʂw

181. tʂwa ▢、▢、▢、▢、▢、▢、▢、▢（9）
①▢、▢、▢（p443- tʂua）④▢（p63）、▢（p63）、▢（p63）

tʂ'w

182. tʂ'wa ▢、▢（23）
①▢、▢、▢（p445- tʂ'ua）④▢（p64）、▢（p64）、▢（p64）、▢（p64）、▢（p64）

ndʐw

183. ndʐwa ▢（1）
①方书 p447 第 186 组 dʐua，只收音不收字形。

ʂw

184. ʂwa ▢、▢（2）
①▢、▢、▢（p450- ʂua）④▢（p505）、▢（p505）、▢（p505）

ʐw

185. ʐwa

55 [8个字形] (8)

33 [音字同高平调 55 的八个一样]

① 吴 [ʐwa31 常单用此音字] (1)

④ [4个字形] (p452- ʐua) ④ (p653)、(p653)、(p653)、(p653)

rw

186. rwa [14个字形] (14)

① [5个字形] (p406-lo) ④ (p310)、(p310)、(p310)、(p310)、(p310)、(p310)

tɕ

187. tɕi

55 [10个字形] (10)

33 [音字与高平调者同]

31 [4个字形] (4)

① [3个字形] (p429- tɕi) ④ (p185)、(p185)、(p185)、(p185)、(p185)

188. tɕʌ [14个字形] (14)
① [3个字形] (431- tɕə) ④ (p125)

189. tɕo [10个字形] (10)
① [4个字形] (430- tɕy) ④ (p84)、(p84)

tɕ'

190. tɕ'i [9个字形] (9)
① [5个字形] (433- tɕ'i) ④ (p468)、(p468)、(p560)、(p560)、(p560)、(p580)

191. tɕ'ʌ [12个字形] (12)
①方书第 434 页第 154 组 tɕ'ə, 只收音, 未收字形。④ (p560)

192. tɕ'o [14个字形] (14)
① (433- tɕ'y) ④ (p574)、(p574)、(p574)

dʑ

193. dʑi [12个字形] (12)
① [5个字形] (435- dʑi) ④ (p201)、(p201)、(p201)、(p422)、(p422)

194. dʑʌ [5个字形] (5)

① 叭、吭、昃（436-dʑə）④ ᄆ九（p209）、ᄆᄊ（p209）
195. dʑo 弓、豆、弓、豆、矛、牛、屮、寻、永、ᄂ、ᄂ、宮、宇、亘（14）
① 弓、豆（436-dʑy）④ 弓（p84）、弓（p209）

ndʑ

196. ndʑi 之、炙、毛、弄、玄、冬、又、ソ、乃、食、亠、卅、宀、ㄨ、
历、心、氷、呈（19）
① 彑、乙（435-dʑi）④ 彐（p439）、乇（p440）、弓（p440）、亡（p440）、乙（p440）
197. ndʑo 亠、囵、入、亠、凡、乃、矛、レ、号（9）
① 业、▬（436-dʑy）④ 宁（p441）、芜（p441）

ɲ

198. ɲi ⊙、凸、凵、出、凸、虔、呂、西（8）
① 酉、凸、⊙、彡、亠（p437-ɲi）④ ⊙（p30）、凸（p30）、凵（p30）、凸（p453）、
⊕（p456）、凸（p456）、ƍ（p457）、ƍ（p457）
199. ɲʌ 亞（1）
① A（p439-ɲə）
200. ɲo 烷、炢、弥、弓、毫、互、乂（7）
① 乂、ヲ（p438-ɲy）

ɕ

201. ɕi 玉、亟、玉、長、互、个、土、宀、ᄊ、ᄊ、长、立、岂、弓、ᄆ（15）
① 丘、ᄆ（p439-ɕi）④ 止（p244）、人（p244）、丘（p244）
202. ɕʌ 下、向、叺、不、廿（5）
① 不、下（p441-ɕə）
203. ɕo 山、山、豆、巾、巴、高、山（7）
① 山、山、Ø（p440-ɕy）④ 山（p257）、皿（p257）

k

204. ka 而、下、帀、ᄁ、下、爪、瓜、冃、爪、五、万（11）
① 帀、ヲ、帀、平（p410-ka）④ 帀（p164）、彐（p164）
205. kæ 朴、帛、朳、侃、朳、楠、丙、朳、不、向、术（12）
① 帀、廾、仃、而、大、介（p410-kæ）④ 帀（p163）、介（p163）、而（p163）、
冘（p163）、介（p443）
206. kɛ 方、乏、弓、巳、日、耳、长、乜、日（9）
① 方（432-tɕər）
207. kʌ（方 kə）弓、月、耳、日、耳、彡、卩、乌、苦（9）
① 弓、亼、耳、苦（p413-kə）④ 乌（p168）、ᄆ（p168）

第二章 哥巴文字汇编

208. kɯ [symbols] (9)
① [symbols] (p414-kɯ) ④ [symbol] (p176)、[symbol] (p176)、[symbol] (p176)

209. ko [symbols] (10)
① [symbols] (p411-ko); [symbols] (p412-ku) ④ [symbol] (p167)、[symbol] (p168)、[symbol] (p281)、[symbol] (p281)

210. ku（方 kv）[symbols] (9)
① [symbols] (p412-kv) ④ [symbol] (p178)、[symbol] (p178)、[symbol] (p178)

k'

211. k'a [symbols] (8)
① [symbols] (p416-k'a) ④ [symbol] (p242)、[symbol] (p242)

212. k'æ [symbol] (1)
① [symbols] (p415-k'æ) ④ [symbol] (p238)、[symbol] (p238)、[symbol] (p239)

213. k'ɛ [symbols] (9)
① [symbols] (434-tɕ'ər) ④ [symbol] (p557)、[symbol] (p557)

214. k'ʌ（方 k'ə）[symbols] (10)
① [symbols] (p417-k'ə) ④ [symbol] (p264)、[symbol] (p264)

215. k'ɯ [symbols] (21)
① [symbols] (p418-k'ɯ) ④ [symbol] (p269)、[symbol] (p269)、[symbol] (p269)

216. k'o [symbols] (17)
① [symbols] (p416-k'o); [symbols] (p417-k'u) ④ [symbol] (p262)、[symbol] (p263)、[symbol] (p263)、[symbol] (p263)、[symbol] (p264)、[symbol] (p264)、[symbol] (p264)、[symbol] (p264)、[symbol] (p264)、[symbol] (p274)、[symbol] (p274)

217. k'u [symbols] (15)
④ [symbol] (p276)、[symbol] (p276)、[symbol] (p276)、[symbol] (p277)、[symbol] (p277)、[symbol] (p277)

g

218. gʌ [symbols] (8)
① [symbols] (p421-gə) ④ [symbol] (p151)、[symbol] (p151)、[symbol] (p151)、[symbol] (p151)、[symbol] (p151)、[symbol] (p151)

219. gɯ [symbols] (7)
① [symbols] (p422-gɯ)

220. go [symbols] (16)
① [symbols] (p420-gu) ④ [symbol] (p194)、[symbol] (p194)、[symbol] (p194)、[symbol] (p194)

221. gu [symbols] (15)

① 久、亏 (p420-gu)；夕、夕、甸 (p420-gv) ④ ᚐ (p154)、㐱 (p154)；㔾 (p194)、
ㄕ (p194)、ㄗ (p194)、ㅂ (p194)、宀 (p195)、氘 (p195)、冋 (p195)

ŋg

222. ŋɑ（方 gɑ）中、巾、亇、㞢、孑、乎、夌、乇 (8)
① 旮 (p419-gɑ) ④ 旮 (p425)、亇 (p425)
223. ŋæ（方 gæ）篇、旅、朴、辶 (4)
① 篇、朩、画、辶、走 (p419-gæ) ④ 丈 (p428)、⚮ (p428)
224. ŋɛ 刁、刕、仌、朿 (4)
①（方书第 437 页第 160 组 dɚ 只收音，不收字形。）④ 冎 (p428)
225. ŋʌ 昱、亥、兴、泞、兕 (5)
226. ŋɯ 凸、岁、卌、氶、犮、癶、車、夹、古、凹、瓜 (11)
① 巛、㠭、㐅 (p422-gɯ) ④ 凵 (p431)、为 (p431)
227. ŋo 卢、户、严、丂、弖、妥、气、弗、朼、乇、玊、学、兀、父 (14)
① 罒 (p420-go)；久、丙、亏、户 (p420-gu) ④ 兀 (p433)、兀 (p433)、户 (p434)
228. ŋu 乌、烏、焉、為、玄、大、羊、夸、夯、方、玄、乇、夂、尺 (14)
① 夕、夕、甸、穴、丆 (p420-gv) ④ 刎 (p195)、乙 (p195)、戈 (p437)、囘 (p437)、笟 (p437)

ŋ

229. ŋʌ 又、丂、卩、加、凡、心 (6)
① 乂、亻 (p424-ŋə) ④ 弓 (p431)
230. ŋu 与、乒、乌、乌、乇、并、夕、大、乎、乚、与、剐、夯、乍 (14)
① 乌、夕、夕、乌 (p423-ŋv) ④ 与 (p434)、夯 (p434)、与 (p453)

h

231. hɑ 仃、开、开、纠、户、严、纩、七、丕 (9)
① 仃、仃 (p425-hɑ) ④ 仃 (p219)、仃 (p219)
232. hæ
55 [音字任用下面中平调 33 或低平调 31 的]
33 几、几、仨、屮 (4)
31 夲、未、耒、出、不、ᖱ、邔 (7)
① 夲、韦、韦 (p425-hæ)；几、几 (p427-hɚ) ④ 夯 (p213)、冂 (p217)、兀 (p217)
233. he 汃、凷、𣶒、丗、兴 (5)
① ∇、又、廿、平 (p424-he) ④ 凼 (p219)、ᄽ (p224)、午 (p224)、手 (p224)、
〤 (p224)、〤 (p224)

第二章 哥巴文字汇编

234. hɯ
   55 [符号]、[符号]、[符号]、[符号]、[符号]、[符号]（6）
   33 [符号]（1）
   ①[符号]、[符号]、[符号]、[符号]、[符号]、[符号]、[符号]（p428-hɯ）④[符号]（p249）、[符号]（p249）、[符号]（p249）、[符号]（p249）、[符号]（p249）、[符号]（p249）、[符号]（p249）
   31 [音字用高平调或中平调的]

235. ho [符号]、[符号]、[符号]、[符号]、[符号]、[符号]、[符号]、[符号]、[符号]、[符号]、[符号]、[符号]、[符号]、[符号]、[符号]、[符号]、[符号]、[符号]、[符号]、[符号]（20）
   ①[符号]、[符号]（p426-ho）；[符号]、[符号]、[符号]、[符号]（p426-hu）④[符号]（p229）、[符号]（p229）、[符号]（p229）、[符号]（p229）、[符号]（p229）、[符号]（p230）、[符号]（p230）、[符号]（p230）、[符号]（p237）、[符号]（p248）

236. hy [符号]、[符号]、[符号]、[符号]、[符号]、[符号]、[符号]、[符号]、[符号]、[符号]、[符号]、[符号]（14）
   ①[符号]、[符号]、[符号]（p424-hy）④[符号]（p232）、[符号]（p232）、[符号]（p232）

kw

237. kwa [符号]、[符号]、[符号]（3）
   ①[符号]、[符号]、[符号]（p414-kua）④[符号]（p164）

238. kwɛ [符号]、[符号]、[符号]、[符号]、[符号]、[符号]、[符号]、[符号]、[符号]、[符号]（10）
   ①[符号]、[符号]（p415-kuə）④[符号]（p184）、[符号]（p184）

k'w

239. k'wɑ
   55 [符号]、[符号]（2）
   33 [符号]、[符号]、[符号]、[符号]、[符号]、[符号]、[符号]、[符号]、[符号]、[符号]、[符号]、[符号]（12）
   31 [符号]、[符号]、[符号]、[符号]、[符号]（5）
   ①[符号]、[符号]、[符号]、[符号]、[符号]（p416-k'o）；[符号]、[符号]、[符号]（p418-k'uɑ）④[符号]（p232）、[符号]（p262）、[符号]（p263）、[符号]（p263）、[符号]（p263）、[符号]（p264）、[符号]（p264）、[符号]（p264）、[符号]（p264）、[符号]（p264）、[符号]（p278）、[符号]（p278）、[符号]（p279）、[符号]（p279）

hw

240. hwɑ [符号]、[符号]、[符号]、[符号]、[符号]、[符号]、[符号]、[符号]、[符号]、[符号]（10）
   ①[符号]（p428-huɑ）④[符号]（p233）、[符号]（p233）

ʔ

注：旧版李书中还补充了一组ʔa，表示"鸭、呵"之义。

241. ʔɛ [符号]、[符号]、[符号]（3）
   ①[符号]（p476-ə）④[符号]（p9）、[符号]（p9）、[符号]（p9）

j

242. ji ［多借用（i）字之音字］
① ⋊、牝、叉（p472-i）

243. jʌ 卢、虎、卢、左、庐、九、弋、井、吊、后、刘、气、乇、矢、𠂉、用、兕、虎、凡（19）
① 卡、卢（p479-iə）④ 户（p630）

w

244. wa 幺、孛、矛、昱、包、臼、次、扌、少、书、忄、尚、夕、束、纠、亚、𠂉、扌、𠂉、中（20）
① 羊（p480-ua）④ ¥（p616）、⨅（p616）、⚡（p616）

245. wæ ⋊（1）
① ⋈（p480-uæ）④ ⋊（p612）、⨝（p612）
注：方书中表示"左"与"右"之义的音字都是错误的。当纠正。

246. wə 区、卧、𠃊、立、丘、𠃊、纠、止、竖、纠、郑、舟、开、𠃊、𠃊、木、耳、乂（18）
① 区、亞（p480-uə）④ 区（p616）、𠃊（p616）

ɥ

247. ɥo Y、ㄎ、甲、小、ㄚ、丬、半、半、羊、Y、丬、甲、甲、ⱺ、厷、甾、丸、木、咠、丆、甩（22）
① Y、ㄎ、Y、甲（p473-y）④ ↑（p637）、Y（p637）、Ｈ（p637）、Ψ（p637）

【元音】

248. a 合、合、ᴀ、合、合、仒（6）
① ਊ（p474-a）④ 合（p7）

249. æ
33 而、而（2）
31 鬲、美、兵、鬻、丛、𡵉、嵌、𠂉、𠂉、长、业、岂、尚、夊、夊、而、夊、午、矢、太、天、夂、兯、夊、止、𠂉、𠂉、百、日、凹、正、夊、氕、夂、美、壬、夅、𡳁、信、盒、臥、中、兂、后、屋、兵、乑、亥、㔾（49）
① 𠃊、𠃊、乂（p473-æ）④ 夊（p3）、丆（p3）、夊（p145）

250. i
55［音字用下面中平调的］
33 朩、吊、𩇕、㧞、少、张、氷、拤、拤、挪、㧞、爫、飞、米、咚、扒、氶、乢、屮、玗、非、虳、问、杆、枮、㧞、书、米、火、吗、耴、牛、㧞、㧞、㑄、氷（36）
31 ⋊（1）

① ⟨字⟩、⟨字⟩、⟨字⟩（p472-i）④ ⟨字⟩（p620）、⟨字⟩（p620）、⟨字⟩（p620）、⟨字⟩（p620）、⟨字⟩（p621）、⟨字⟩（p621）、⟨字⟩（p621）、⟨字⟩（p621）、⟨字⟩（p621）、⟨字⟩（p621）、⟨字⟩（p621）

251. ɯ ⟨字⟩、⟨字⟩、⟨字⟩、⟨字⟩、⟨字⟩、⟨字⟩、⟨字⟩、⟨字⟩、⟨字⟩、⟨字⟩、⟨字⟩、⟨字⟩、⟨字⟩、⟨字⟩、⟨字⟩、⟨字⟩、⟨字⟩（18）

① ⟨字⟩、⟨字⟩、⟨字⟩、⟨字⟩、⟨字⟩（p429-Ɣɯ）④ ⟨字⟩（p155）、⟨字⟩（p155）、⟨字⟩（p155）

252. o

55 ⟨字⟩（1）

33 ⟨字⟩、⟨字⟩、⟨字⟩、⟨字⟩、⟨字⟩、⟨字⟩、⟨字⟩、⟨字⟩、⟨字⟩（9）

31 ⟨字⟩（1）

① ⟨字⟩、⟨字⟩、⟨字⟩、⟨字⟩、⟨字⟩、⟨字⟩（p475-o）对应声调 55、33 组；⟨字⟩、⟨字⟩（p475-u）对应声调 31 组。④ ⟨字⟩（p469）、⟨字⟩（p469）、⟨字⟩（p469）、⟨字⟩（p470）、⟨字⟩（p470）、⟨字⟩（p470）、⟨字⟩（p470）、⟨字⟩（p470）、⟨字⟩（p471）、⟨字⟩（p471）、⟨字⟩（p471）、⟨字⟩（p472）、⟨字⟩（p613）、⟨字⟩（p613）、⟨字⟩（p614）

253. ər ① ⟨字⟩（p478）

第三节　汇编过程中发现的问题和理想的哥巴文字典的设想

一、三书存在的问题

（一）《纳西标音文字简谱》

方国瑜先生的《纳西标音文字简谱》在收录哥巴文字符方面做出了一定的贡献，每个音节下所收释义条目，其中一部分标出相应的东巴文，为我们考释哥巴文字源提供了很好的线索，因为就目前研究结果可知，哥巴文大部分是借自东巴文。但也存在一些问题，整理如下：

1. 所收字符归属音节错误

（1）⟨字⟩（p480-249）归入 uæ 下，有误，当归入 i 下，表示"右"。

（2）⟨字⟩、⟨字⟩（p472-237）归入 i 下，有误，当归入 uæ 下，表示"左"。

（3）⟨字⟩（p469-229）归入 $zɿ^{33}$ 音下，有误，当归入 zi^{33}，表示"美艳"。

2. 所标相应东巴文错误

（1）p370-2，"$py^{33}ba^{31}$ 祭水壶 456"，"456"改为"1250"。

（2）p370-5，"$pɑ^{33}kə^{31}$ 巴格卜课 1267"，"1267"改为"1057"。

（3）p372-11，"$pɯ^{33}$ 调子 508"，"508"为"作牲品也，从偿物省"，故有误。

（4）p373-11，"$pɯ^{55}$ 钉子 919"，"919"改为"957"。

（5）p373-13，"$p'i^{55}$ 唾 655"，"655"改为"660"。

（6）p375-20，"$p'v^{31}$ 劫寨 949"，"949"改为"995"。

（7）p381-32，"$bər^{33}lər^{33}$ 木料 875"，"木料"改为"七层拦椿"。

（8）p385-41，"mu^{55} 老 514"，"老"改为"长老也"。

（9）p398-78，"dv^{31} 肚 736"，"肚"改为"胃"。

（10）p403-90，"li^{33} 法轮 1155"，"1155"改为"1255"。

（11）p407-97，"lv^{31} 吠 373"，"吠"改为"驴也"。

（12）p408-99，"lər^{31} 喊、叫 641、760"，其中，"641"为"塞也，tsɿ^{55}"，故"641"当改为"646"。

（13）p411-103，"ko^{33} 盛水 617、896"，其中，"896"为"勺取也，从勺取物"。

（14）p420-121，"gu^{33}mi^{31}tɑ^{55}zo^{33} 竹皮小匣 1013"，其中，"1013"为"天柱"，当改为"1031"。

（15）p426-133，"hɑ^{55} 夜 68"，"68"改为"69"。

（16）p429-141，"ɤɯ^{33} 牛 358、365"，其中，"365"为"犬也"。

（17）p429-141，"dʑi^{31}ɤɯ^{33} 水牛 366"，"366"改为"359"。

（18）p433-149，"tɕ'i^{55} 冷 599、1116"，其中"1116"为"lv^{55}，又 kɑ^{55}ɲi^{33}dzər^{31}to^{55}lv^{55}，缠也，藤缠树"。

（19）p440-166，"ɕi^{33}dzər^{31} 盗、匪 528"，"528"改为"529"。

（20）p440-167，"ɕy^{55}dy^{31} 香条 1136"，"1136"改为"1236"。

（21）p445-181，"tʂ'uɑ^{33} 米 927"，"927"改为"928"。

（22）p449-188，"ʂu^{55} 鸡冠 297"，"297"改为"287"。

（23）p449-190，"ʂər^{31} 牵 695"，"695"为"争吵"。

（24）p451-192，"zɿ^{33}t'ɯ^{31} 喝酒、订婚 652"，"652"为 pi^{33}li^{31}mu^{31}，吹笛也。

（25）p457-205，"tsʅ^{55}ɤɯ^{31} 板栗 210"，"210"为"椒树"，当改为"201"。

（26）p464-221，"ʂɿ^{31} 骰 1123"，"1123"改为"1129"。

（27）p464-221，"ʂɿ^{33}dv^{33} 想 722"，"722"改为"782"。

（二）《么些标音文字字典》

《么些标音文字字典》所存在的问题主要是版本之间的变动问题。据 2001 年版《纳西族标音文字字典》序言得知："《么些象形文字字典》和《么些标音文字字典》出版时，决定合成一卷，易名为《纳西族象形标音文字字典》，文字内容无任何变动，只是作了一些技术性编辑处理。"[①]而实际上，据笔者考察，两种版本所收哥巴文字符在形态上存在一些差异。例如：2001 年版《纳西族标音文字字典》中收录的 斤 (k'ɛ) 这个字形在 1945 版中写法不同：多加一点，貌似汉字"斥"；2001 版中收录的 人，1945 版中写作 匕 等。

（三）《纳西语汉语英语语汇》

《纳西语汉语英语语汇》所存在的问题是把每个哥巴文都标上了声调。哥巴文是有声调的，比如《么些标音文字字典》就把读音已经固定下来的哥巴文字符分调罗列，

---

① 李霖灿编著，和才读音，张琨记音《纳西族象形标音文字字典》，云南民族出版社，2001，序言第 7 页。

但是把每个哥巴文都标上声调是否恰当，还有待证明。

二、理想的哥巴文字典的标准

我们认为理想的哥巴文字典应该符合实际使用情况并能为哥巴文研究提供确切的资料。以上所述三种字典各有长短，取其所长，当为接下来整理哥巴文字符的标准之一。《纳西标音文字简谱》和《纳西语汉语英语语汇》都将某些哥巴文字符与相对应的东巴文联系在一起，《么些标音文字字典》这部分是缺失的；《纳西语汉语英语语汇》和《么些标音文字字典》在哥巴文字符声调的区分方面比《纳西标音文字简谱》更进一步；《么些标音文字字典》所收字符数远远超过《纳西标音文字简谱》和《纳西语汉语英语语汇》。在重新整理哥巴文字符时，最佳状态当是把现有的哥巴文字典及经书中的字符全部收录，并指明出处；声调已经固定下来的字符分别罗列于不同声调下；在哥巴文字符后标注与其相对应的东巴文字符；释义部分包含字符来源的说明并列举其在经书中的具体用例。

第三章　哥巴文字源研究

　　字源考释是一项比较复杂的工作，要充分考虑借字与源字之间在形、音、义三方面的关系。哥巴文字源考释尤其艰难，造成这种研究难度的原因可以归纳为以下五个方面：第一，哥巴文本身的性质特点决定了其字源考释的难度。哥巴文是一种拼盘文字，它在发生、发展过程中既受本民族东巴文的影响，又因地缘文化交融的关系，受汉字和藏文的影响，除此之外，还有一部分自造字。来源的复杂性增加了字源考释的难度。第二，哥巴文是一种不成熟的标音文字，虽有几本字典、字汇、字谱存世，但未经统一规范，不同东巴在使用时各有各法，甚至可以即兴造字。第三，哥巴文系统内部在使用过程中存在一定"随意性"，这与汉字经约定俗成的"规范性"不同，在哥巴文系统中部分音近字可以通用，还有较多的假借现象，这在一定程度上也增加了字源考释的难度。第四，现存的哥巴文字典、字谱、字汇大多以音为界，把读音相同的字符全部归拢在一处，这些字符从关系上来看彼此之间属于异体字关系，但同音下的这些异体字从字源角度来看往往可以分成几组，有的哥巴文字符甚至是由两个同音独体字组合而成的合体字，例如：哥巴文字符 $\text{弓}da$ 是同音独体字 弓 与 卜 的合体；$\text{※}no$ 是哥巴文同音独体字 ಲ 与 ○ 的合体；$-\text{Ʒ}-$ sɛ 是哥巴文同音独体字 $--$ 与 Ʒ 的合体；$\text{※}do$ 是 之 与 穴 之合体。第五，哥巴文系统中，不仅读音相近的部分字符可以通用，字义相同读音不同的有时也可以通用，例如：第 99 例中的 乙ts'o 与第 102 例中的 $\text{Ʒ}dzi$，二者读音不同，但因为都表示"人"义而通用字符。

　　本章结合哥巴文字系统以上特点来研究其字源问题。研究的文字对象是以方国瑜、和志武的《纳西标音文字简谱》；李霖灿编著，和才读音，张琨记音的《纳西族象形标音文字字典》及洛克的《纳西语英语汉语语汇》（上卷）这三本字典所收录的哥巴文字符为基础，并结合《求取占卜经》《迎请精如神》二经中哥巴文字符使用实例。其中《纳西标音文字简谱》收有 251 个音节（不计声调），688 个哥巴文字符（包括异体字）；《么些标音文字字典》收有 241 个音节（不计声调），2425 个哥巴文字符（包括异体字）；《纳西语英语汉语语汇》（上卷）收有 223 个音节，789 个哥巴文字符。本章在哥巴文字汇编的基础上，对每个哥巴文字源进行了考释，对已有的考释成果进行了校订。

编　例

　　（1）每个音节下哥巴文字符的排列顺序是：凡来自《字典》的音字均排在首位，①表示此字或这些字引自方书；②表示此字或这些字引自《求取占卜经》；③表示此字或这些字引自《迎请精如神》；④表示此字或这些字引自洛克的《辞典》。

　　（2）每个音节均按和才的读音来标记，凡是和芳与和才的读音有明显出入时，在和才读音后面用圆括号（）注上和芳的读音，以供参考。

　　（3）凡李书版本间差别一律加以说明，凡其他书籍如和即仁先生所编《哥巴文字汇》引李书而有出入者亦一并加以说明。

（4）"按"字之下为考释成果。鉴于每个音节下的哥巴文其字源具有多样性，考释成果分组进行，将同一音节下字源相同的字符归为一组。

（5）字源相同的一组哥巴文，先列一个或几个引字，后加来源说明，引字若为两个以上，则分析字形之间的关系，再辨析前人考释结果得失；若前人没有考释则考之；字源不能确定者，存疑。字源相同者罗列于后，并分析源字及同组哥巴文字符在形态方面演变关系。

（6）字符出处用（）标记在其后，例如❀（方 p199-439）是指❀这个字符见于方书第 199 页第 439 例。

第一节　P—t'组字源考订

p

1. pi ①▥、〰（p369）③早
按：
▥、〰：该组字符仅方书收录。关于▥的来源，李静生认为▥为东巴象形文𝒮之变体。曹萱认为二者字形上差距较大，▥当为东巴文 ⊞ pi³³li³¹ "笛子"的变形。我们以李说为是，原因如下：首先，从字形上说，东巴文"胶"写作𝒮，▥是𝒮的省简变体存在合理性；其次，从字音、字义上讲，▥读 pi³¹ 时有"胶"的意思，与东巴文相合。纳西语 pi³¹ 有"胶"义，东巴文"胶"写作𝒮（方 p297-971），据此可知：哥巴文字符〰源自东巴文同义字𝒮。

2. pa 九、ß、ß、ß、ß、ß、ß（7）
①ß、呈（p370-pa）②ß、ß③ß④呈（p36）、ß（p36）、ß（p36）
按：
ß：方书收录，李静生先生基于方书认为ß的字符与语词在语音、语意上均无联系。另外，曹萱女士关于ß字源的解释也应存疑。据李书第一页可知，纳西语 pa⁵⁵ 有"木头上砍成之缺刻马口"义，因此方书收录的ß，李书 2001 版中所收录的九、ß、ß、ß、ß、ß，《求取占卜经》收录的ß、ß，《迎请精如神》使用的ß及洛克字典收录的ß、ß皆当同源，疑为哥巴文自造字，象木头上砍成缺刻马口貌。其中，值得注意的字符是ß，省略了木边 |。

呈：方书收录，曹萱女士认为该字符源自汉字音近之字"吐"，此为一说。另外，纳西语 pa³³ 有蛙之义，东巴文"蛙"写作❀（方 p199-439，又写作❀、❀），据此可以推知哥巴文字符呈当由东巴文同义字❀借入后变化而来。另外，与之同源的是洛克字典所收的呈。

3. pε（pe）ʋ（1）
①ˇ（ˇ）、ʋ（凵）、▥（p370-pe）④ℓ（p19）、ß（p19）、ℓ（p40）、ß（p40）

按：

⊡：方书中的这一字符其他字典并不收取。黄振华先生认为⊡借用汉字"日"，其说不确。方国瑜先生、李静生先生、曹萱女士皆认为该字符源自东巴文 pe³³ ⊡。我们以后者为是，哥巴文字符⊡当取象于"闩"，由东巴文同义字 ⊟（方p304-1009）变化而来。

ᄂ：该字符仅方书收录，和即仁基于方书转写作 ᄂ，笔画由曲变直。其字源为藏文字母 ᄂ 加字缀点而成。

ᄂ：该字符由方书收录，另外，李书中所收的 ᄂ 及洛克字典中所收的 ᄂ、ᄂ 皆当与 ᄂ 字源相同。如曹萱女士所说，该字符是东巴文 ᄂpᄂ "雄、公"借用到哥巴文以后派生出来的。

4. pɯ 卦、兄、𠂤、𠃓、𠃋、ᄏ、𠂉、𠂇（𠂊）、戈、白、𠂤、之、𠂉（𠂊）、乙、土（15）

① 吊、开、井（p372- pɯ）② 另、𠂉 ③ ᄁ ④ 开（p27）、𠂉（p483）

按：

开：方书收录。首先，我们发现开这一字符在李书、《求取占卜经》和《迎请精如神》中并未收入，但在洛克字典中有相似字形开，表示"艾蒿"义，从这一意义上讲，李静生先生所认为的字符本身与语词在语音、意义上均无联系，字义随声调而异，字形可变的看法是对的。关于该组字符的字源目前有两种看法：第一种，黄振华先生认为开、井借汉字"井"；第二种，曹萱女士认为哥巴文字符开借汉字"开"。这两种看法都是把字形的近似度作为依据，都存在可能性。我们认为开、井二者虽字形有差，但不太可能是异源字，二者当同源。

吊：方书收录的这个字符，在其他字典经书中亦有收录：李书中的兄、𠂤、𠃓、𠃋，《求取占卜经》中的另，洛克字典中的𠂉。黄振华先生认为该字符借汉字"吊"，我们以为不妥。纳西语 pɯ⁵⁵ 有"生出来"之义，我们认为该组哥巴文字符疑由东巴文象形字 𠂤（方p201-447，ɕi³³，人也）省简变化而来。

白：李书收录。纳西语 tɕi³³kuə³¹pɯ⁵⁵（和p119-8）有"白瓜子"之义，该字符可能假借汉字"白"。

ᄏ、𠂉：李书收录的这两个字符字源当相同，是藏文字母 ᄏ 借入哥巴文后的派生字。

𠂇、戈：李书收录。这两个字符形态差别不大，字源当相同。存疑。

𠂤、𠂉：李书收录，二者字源当同，存疑。

卦、土、之、乙：李书收录，字源当同。存疑。

5. po（第一组和芳读音为 pu，第二组读音为 po）

第一组：工（1）

① 工（p371-pu）② 𠃓 ③ ᄁ、𠂉

第二组：日、（𠃋）、𠆢、另、保、你、臣、保（8）

① 保（p371- po）④ 保（p24）

按：

工：方书收录，另外，李书中收工，其他各家不收。曹萱女士认为该字符借汉字"工"，可为一说。

归：《求取占卜经》中使用该字符，另外，李书中的 日、日，《迎请精如神》中的囧，皆与归字源当同。纳西语 po[13] 有"钺"义，东巴文"钺"写作 ～（方 p321-1112，钺），据此推知：哥巴文字符归可能由东巴文同义字 ～ 变化而来，保留了钺两端所系绳带。

ℼ：该字符由《迎请精如神》使用，疑由藏文字母 ℼ 借入哥巴文后变化而来。

保：方书收录，字源如各家所言，借汉字音近字"保"。另外，李书中还收有保，这一字符更能反映汉字"保"初借入哥巴文时的形态，后又有保、保之变体。方书和洛克字典所收皆为保，其部件"口"变为圆圈，符合东巴们的书写习惯。该组哥巴文字符的字源及字形演变过程可拟为：保（汉字）—保（李书）—保（李书）—保（李书：省一横）—保（方书、洛克字典：方框变圆圈）。

丛、马：该组字符仅李书收录，字源不详。

6. pu（pv̩）扎（1）

①文、x3、乎（p371- pv̩）②扌③ǔ

按：

扎：李书收录。另外，方书收录的 文、x3、乎，《求取占卜经》中的扌，《迎请精如神》ǔ 等字符在形态上虽略有差别，但皆包含 x 这一部件，x 的字源不明，但是东巴文中有 ㄨ（ts'e[31]，十）、十（ɕi[33]，百）等符号，是否有关系，尚不可知。曹萱女士认为 x 字形可旋转，从方书所收字符 文、x3、乎 来看的确如此，但是具体到某一本经典，其用字是比较固定的，例如《求取占卜经》用扌，《迎请精如神》则习惯于用ǔ，李书中也仅收扎这一个字符。另外，仔细观察该组字符可以发现 ～ 在参与构字的过程中，其位置是多变的，可以在 x 的正上方，也可以放置于右侧或者右上方。

7. pur（pər）写、马、罕、马、写、写、巨、写、罕、巨、冯、甲、罕、˞、˂°、冕、ㄕ、业、ㄘ、ㄟ（20）

①写、马、ㄚㄚ（p372- pər）③写、马、写④冈（p22）、冈（p22）、罕（p483）

按：

ㄚㄚ：该字符仅方书收录。其字源当如各家所言为东巴象形文 ㄚㄚ pər[55] "虎纹"之省文。另外，李书中还收有 ˂，该字符亦当源自东巴文字符 ㄚㄚ（pər[55]，虎纹）。

写、马：方书收录的这两个字符如曹萱女士所说借汉字同义字"写"。与之同源的是李书所收录的写、马、罕、马、写、写，《迎请精如神》所用写、马、写及洛克字典所收录的冈、冈、罕。其中写与汉字"写"的形态最为接近。李书中的写、马 这两个字符与汉字"写"相比形态变化最大。

罕、˞：李书收录。和即仁先生基于李书所转写的这两个字符在形态方面极为相似。二者字源相同，存疑。

业：李书收录。和即仁先生写作业。纳西语 pər[31] 有"拔"的意思，该字符当为会意字：上部为草，借自东巴文"草"字 ↓（方 p154-228）；下部为手，合起来表示"拔草"

之义。

⺕：李书收录。我们认为⺕的字源存在两种可能性：第一种，⺕因与⺈差别不大，当是借自汉字同义字"写"，经省简变化而来。第二种，⺕借自藏文字母ヨ，同时受同组字形的影响，加上一个部件一。

8. py （O）、（皿）、'O`、'3'（4）

①（O）、⺕、OOO（p369-py）②JOL④OOO（p43）、(o)（p43）、月（p43）

按：

⺕：方书收录。纳西语 la³¹py³³ 有"手铐"义，东巴文"手镣"写作"🐕"，镣铐的形状为ΘΛ，曹萱女士认为哥巴文字符⺕可能是东巴文🐕之部件ΘΛ的变体。我们以曹说为是，另外，⺕中的I是字缀。

（O）：李书、方书、洛克字典皆收录。李书在该组字符下收录"烟斗头部"一义，据此推知字符（O）当为哥巴文根据仿拟机制创造的初造字，象烟斗头部之形。此外，李书中收录的（皿）、'O`、'3'，《求取占卜经》中的JOL，以及洛克字典中的(o)、月这些字符彼此之间仅存在笔画差异，字源皆当与（O）相同。

OOO：方书和洛克字典中皆收录该字符。其形似东巴文ooo（方p91-4，星也），但二者之间是否存在确切联系，暂无其他证据可以说明。

p'

9. p'a

33 JOL（1）

31 架、癸、命、奐、业、当（6）

①架、癸、命（p374-p'a）②架（不分声调）④舌（p481）、舌（p481）、亏（p481）、奏（p481）、架（p482）

按：

命：该字符仅方书收录。曹萱女士认为该字符是由借汉字"凸"的🐖p'æ派生而来，可备为一说。

架、癸：方书收录。这两个字符的字源以李静生先生、曹萱女士所说为是，借汉字"犬"。另外，李书中所收录的架、癸、奐，《求取占卜经》所用的架及洛克字典中收录的奏、架皆当与此同源。

JOL：仅李书收录。纳西语 p'a³³ 有"脸面"义，东巴文写作🙂（方p251-709，面也，从头省），据此推知：哥巴文字符JOL源自东巴文同义字🙂，是其省体，仅保留面部和耳朵的形状。

舌：李书收录。另外洛克字典还收录了舌、舌二字符，三者当同源。皆借自东巴文音近字舌（方p334-1186，白也）。该组哥巴文字符的字源及字形演变过程可拟为：舌（东巴文）—舌（哥巴文，直接借用东巴文）—舌（哥巴文，省略点）。

业、当：李书收录。字源不详。

10. p'æ（pha）业、广（2）

①囗（囗）、吕、㇕（p374- p'æ）②罕（原读 phər）、冋④吕（p482）、朵（p482）

按：

吕、囗、㇕：方书收录。纳西语 p'æ³³ 有"拴"意（方 p323-1123），东巴文"拴"写作囗。据此可以发现哥巴文字符囗、吕、㇕当借自东巴文同义字囗，三者是取自"拴"这一意象的不同方式或用具。另外，洛克字典中的吕当与方书中的吕同源，二者仅最后一笔的起点和走向不同。李书所收录的业、冋，《求取占卜经》所用的冋及洛克字典中的朵皆当与方书中的囗同源，借自东巴文囗，并加以省简变形而成。

罕：《求取占卜经》收录。据和即仁先生研究，该字符原读 phər，此处当为假借字。

11. p'ε（phe）罕、罕、罕、九、石、孝、罕、血（9）

①罕、罕、罕（p374- p'e）②罕④罕（p40）

按：

罕、罕、罕：方书收录。这三个字符的字源存在两种可能：第一种，如曹萱女士所说借用汉字"子"；第二种，直接借自东巴文中的罕（ɕi³³，人也）。该组哥巴文字符的字源及字形演变过程可拟为：罕（东巴文）—罕（哥巴文）—罕（哥巴文）；罕（东巴文）—罕（哥巴文）—罕（哥巴文）。与之同源的是李书收录的罕、罕，《求取占卜经》所用罕及洛克字典所收录的罕。

罕、罕：李书收录，二者当同源。纳西语 p'ɛ³¹tɕ'ɛ⁵⁵（李书 p4）有"草名"之义，这两个哥巴文字符的下部当借自东巴文同义字丰（方 p154-228，草也，象束草）。另外，李书所收录的罕、孝、血可能与之同源。

九、石：该组字符仅李书收录，字源不详。

12. p'i 皿、皿、上、亲、攵、天、令、彡、兑、彡、云、美、无、久、弘、玉、与、羔、糸、长、玄、兑、全、玉、兴（25）

①皿、今（p373- p'i）④皿（p41）、引（p485）、牙（p485）、皿（p485）

按：

今：方书收录。纳西语 p'i³¹ 有"腿"之义，该字符当由东巴文（p'i³¹，腿也，像腿肉，又作），变化省简而来。

皿：方书收录。曹萱女士认为该字符由音近的哥巴文 pi皿派生而来，可备为一说。李书中所收皿、皿，洛克字典中收录的皿、皿当与之同源。从字形上可见，后面四个字符底部两端出头，与哥巴文皿pi 稍有差别。

美：李书收录。纳西语 p'i³³ 有"一张羊皮"之义，据此推测哥巴文字符美借自汉字"羔"，是其省体。

天、令、彡、兑、彡、云、玉、与、玄、兑、兑：李书收录。另外，洛克字典所收引、牙当与之同源。字源存疑。

全、玉：李书所收录。字源不详。

13. p'ɯ

55 卄、关、兴、兴（兴、幽、幽）（4）

33 亞（亞）（1）

① 〼、⑪（p376- p'ɯ）②✱④╪（p335）

按：

〼：方书收录。其字源如李静生、曹萱所说，是东巴文✱p'ɯ[55]"断"的变体。李书中收录的〼，《求取占卜经》中的✱及洛克字典中收录的╪均当与之同源。仔细观察可以发现《求取占卜经》中的✱可以说是直接借用东巴文原形，弧形笔画和竖曲线基本保持原状；洛克字典中的╪笔画趋直，但方向保持原状。到方书、李书中的〼、〼，笔画已经成为直线，方向由竖转横。该组哥巴文字符的字源及字形演变过程可拟为：✱（东巴文）—✱（《求取占卜经》）—╪（洛克字典）—〼（方书）、〼（李书）。

⊡：李书收录，旧版中写作⊡。该字符由两部分组成：外曲线和内部点状物。外部曲线部分当借自东巴文音近字⊃（方 p318-1097，升也）；点状物表示升子中所盛之糠。该字符仿照东巴文的造字原理，如❀（方 p290-928，米也，从米在碗中）。

㞢、凷、凸：李书收录，旧版中写作：凷、凸、凸，这三个字符形态稍异，字源当同，其字源不详。

14. p'o 鼎、泉、爪、口、彐、爭、龟、囗、又、宂、中、鼠、凧、上、下、嬰、下、午、芈、伖、冋、幽、壬（24）

①鼎、泉、爪（p375- p'u）④嬰（p488）、而（p488）、彐（p488）、下（p488）

按：

鼎、泉、爪：方书收录。泉、爪二者字源以曹说为是：爪是藏文字母爪借用到哥巴文后的派生字；纳西语 p'u[31] 有"逃跑"义，哥巴文泉源自东巴文辵（方 p237 页-633 例，跑也）。另外，曹萱女士认为：鼎是泉和爪的结合，此观点不妥，明显可见的是泉的上部是圆圈，其中无点，而字符鼎的上部圈中带点。这一结论仅据方书所收字符得出，显然受到了材料的限制。李书中同时收录了鼎、爪、口三个字符，据此可推知：哥巴文字符鼎当是同组字符爪和口的结合体。李书中收录的爪、凧、伖、冋、鼠及洛克字典中收录的而均与方书中的爪同源，借自藏文字母爪，并加以变形。

彐、龟：李书收录。纳西语 p'u[55] 有"一只"义（方 p375），东巴文写作龟（方 p258-752，只也），据此可推知：彐、龟这两个哥巴文字符借自东巴文同音同义字龟，是其变体。

中：李书收录。该字符的字源存在两种可能性：第一种，中借汉字"中"，二者字形相似；第二种，中是由哥巴文同组字符中的彐经过省变而成。

口、口：李书收录。纳西语 p'u[55] 有"一只"义（方 p375），故此推知：口、口源自汉字同义字"只"，形体上稍作变化，上部由方趋向于圆。

嬰：李书收录。该字符在结构上比较复杂，仔细观察可以发现嬰由汉字"左""工""只"三字罗列并在右上加一字缀丨而成，这种结构方式在李书收录的哥巴文字符中具有典型性。

又：李书收录。该字符疑借汉字"又"，借字与源字之间在音、义上无关。

上、下：李书收录。这两个哥巴文字符疑分别借汉字"上""下"，借字与源字之间在音、义上无关。

幽：李书收录。字源不详。

〇、〇：洛克字典收录。二者形态微别，当同源。〇是在〇的基础上加字缀而成。字源不详。

15. p'u（phv）〇、〇、〇、〇、〇、〇、〇、〇、〇、〇、〇（11）
①〇、〇、〇、〇（p375-p'v）③〇、〇（原读 phər）④〇（p487）、〇（p487）、〇（p487）

按：

〇、〇、〇：方书收录。曹萱女士认为〇借自汉字"凸"，其说不确，二者无论音、义皆无关，字形上也有一定差异。仔细观察这组字符不难看出〇、〇是〇的变体，前者在〇上加缀饰〇，〇则在〇的基础上方变圆，圈变点并移动位置而成。故该组哥巴文字符的字形演变顺序可拟为：〇—〇—〇。另外，李书中收录的〇、〇、〇、〇，洛克字典中收录的〇、〇当与之同源。我们认为这组字符受哥巴文音近字〇p'o 的影响，借自汉字"只"。

〇：方书收录。纳西语 p'u 有"劫寨"之义，据此可推知：哥巴文字符〇当源自东巴文同义字〇（方 301-995），字符〇由东巴文〇省简而来，仅保留东巴文字符的中间部件。

〇：经书《迎请精如神》所用。〇此处当为假借用法，借哥巴文〇phər。

〇：李书收录。该字符由三部分组成：〇、〇、〇。其中部件〇是借自东巴文象形字〇（方 p354-1289，神也），因为纳西语 p'u^{33}la^{31} 有"神，菩萨"之义；部件〇借自藏文元音字母〇（u）在哥巴文中充当字缀；部件〇为借自藏文辅音字母〇（tɑ）在哥巴文中充当字缀。

〇：经书《迎请精如神》所用。另外，李书中收录〇，二者字符形态稍异，当同源，疑借哥巴文音近字〇p'ur，〇是〇的变体。

〇、〇、〇、〇、〇：李书收录。字源不详。

16. p'ur（phər）〇、〇、〇、〇、〇（〇、〇）（5）
①〇、〇、〇（〇）、〇（p375-p'ər）②〇、〇③〇④〇（p484）、〇（p484）、〇（p484）、〇（p484）、〇（p484）

按：

〇、〇：方书收录。如黄、曹所说，二者均借自汉字"占"。另外，李书中收录的〇、〇，洛克字典中收录的〇当与之同源。李书收录的〇虽与"占"字形差别较大，亦当由"占"变化而来。

〇、〇：方书收录。如李、曹所说，二者均为东巴象形文〇"乳汁"的省体。李书中收录的〇、〇及洛克字典中收录的〇、〇均与之同源。

〇：洛克字典所收的这一字符当源自东巴文表示"奶渣"的 933 号字符〇（方书 p291），借来表示"洁白"的意思。

〇：洛克字典收录。该字符当为藏文第十二个字母〇借入哥巴文后的变体。

〇、〇：《求取占卜经》收录。纳西语 p'ur^{31} 有"一种人"之义，东巴文"人"可以

写作 ♓ (ci^{33}，人也)，据此可以推知：这两个哥巴文字符当借自东巴文象形字 ♓，是其变体。

▽：《迎请精如神》使用。字源不详。

17. p'y ⋌（尺）（1）
① ⋋、∪、ψ、ψ（p373- p'y）② ⋋ ④ 丿（p486）

按：

⋋：方书收录。其字源当如李、曹所说，由东巴文象形字 ⋋ "呕吐" 变化省简而来。李书所收 ⋌ 当与之同源，⋋ 与 ⋌ 仅倾斜角度不同。《求取占卜经》所用哥巴文字符 ⋋ 亦当源自东巴文同义字 ⋋。

ψ、ψ：该组字符仅方书收录，曹萱女士认为 ψ 是哥巴文自创象形字，表示纳西语 p'y 的 "大竹箩" 之义，ψ 是它的变形。我们认为 ψ 和 ψ 的字源还存在其他可能性。纳西语 $p'y^{33}ba^{33}$ 有 "一种法器（似降魔杵，木制）" 义（李 p5），东巴文中 "降魔杵，木制" 写作 ⊥（$p'y^{33}by^{33}$），对比可见：哥巴文字符 ψ 与东巴文字符 ⊥ 相比字形差异较大。方书收录东巴文字符 ψ，读作 $mu^{55}k'æ^{33}ts'æ^{31}$，意为 "打鬼竹杖"，哥巴文字符 ψ 和东巴文字符 ψ 在字形、意义两方面皆接近，疑为其变体。另外，纳西语中 $p'y^{31}tsa^{55}$ 有 "做窝" 义，故此组哥巴文字符 ∪、ψ、ψ 也可能是哥巴文自造象形字，象窝貌。

丿：洛克字典收录。纳西语 $^2p'ö^2lü$ 有 "麻布头巾" 义（洛克字典 p486），哥巴文字符 丿 疑为自造字，象麻布头巾貌。

18. p'iə ① ℧（p376）（1）

按：

℧：该字符仅方书收录，李静生先生认为 ℧ 借自东巴文象形字 ℧，曹萱女士则认为 ℧ 借用东巴文 $p'Y^{33}$ ℧。此处，我们以李说为是。考释字源，据形系联是一条便捷的途径，但是也需仔细考察读音和意义的关联性。

b

19. ba 尿、尿、尿、屎、尚、尚、灬、牛、从、兴、彐、户、朵、⺍、彡、怠、长、艹、匕、凡、彖、久、户（23）
① 尿（p379- ba）③ 尿、尿 ④ 尿（p16）、亍（p16）、丫（p16）

按：

尿：方书收录。如黄、曹所言，该字符借汉字 "尿"。另外，李书中收录的 尿、尿、尿、屎、尚、尚、户，《迎请精如神》中的 尿、尿 及洛克字典中的 尿 皆当与之同源。其中，《迎请精如神》中的 尿 值得注意，该字符受汉字 "屎" 的影响，下形为 "米" 字。李书中的 户 则省略了下形，仅剩 "尸" 字并加字缀。

⺍：李书收录。纳西语 $la^{33}ba^{33}la^{33}zɯ^{31}$ 和 $jʌ^{31}ba^{31}$（李书 p6）皆有 "草名" 义，故此哥巴文字符 ⺍ 当借自东巴象形字 ↓（方 p154-228，草也）。

朵：李书收录。纳西语 ba^{31} 有 "朵" 义，哥巴文字符 朵 疑借汉字 "朵"，是其变体。

彐：李书收录。该字符为藏文字母 彐 借入哥巴文后的派生字。

✿：李书收录。该字符疑为哥巴文自造字，表示"花，开花"之义。

✿：洛克字典收录。该字符疑借汉字"了"后加点状字缀而成。

20. bæ（ba）✿、✿（2）

① ✿（p378- bæ）② ✿

按：

✿：方书收录，李书中亦收录✿。其字源当如曹所言，借汉字"五"。

✿：李书收录该字符，另外《求取占卜经》中亦有✿，二者形态上稍有差别，当同源。纳西语 bæ^{31} 有"扫谷板"之义，东巴文"扫谷板"写作 ✿（方 p278-860，扫谷板也），据此推知：哥巴文字符✿、✿借自东巴文同义字✿。借字与源字之间字形变化不大。

21. be（be）✿、✿、✿、✿、✿、✿、✿、✿、✿、✿、✿、✿、✿、✿、✿（✿）、✿、✿、✿、✿、✿、✿、✿、✿、✿、✿、✿、✿、✿、✿、✿、✿、✿、✿、✿（35）

① ✿、✿、✿、✿、✿（p377-be）② ✿ ③ ✿、✿、✿、✿ ④ ✿（p18）、✿（p19）、✿（p19）、✿（p19）、✿（p19）

按：

✿、✿、✿、✿、✿：方书收录。其字源当如曹所言，受东巴文象形字 ✿（be^{31}，荚）的影响。另外，李书中收录的 ✿、✿、✿、✿、✿、✿，《迎请精如神》中的 ✿、✿，洛克字典中的 ✿、✿、✿ 皆当与之同源。

✿、✿、✿、✿：李书收录，该组字符当同源，字源不详。

✿：李书收录，该字符是藏文字母 ✿ 借用到哥巴文后的派生字。与之同源的是《求取占卜经》中的 ✿ 及《迎请精如神》中的 ✿。

✿、✿、✿、✿：李书收录。纳西语 be^{31}k'o^{33}（方 p378-26）有"铁冠"之义，东巴文写作 ✿（方 p317-1089，铁冠），据此可推知：该组哥巴文字符 ✿、✿、✿、✿ 借东巴文同义字 ✿，经省简变形而来。

✿、✿：李书收录，二者同源，字源不详。

✿、✿、✿：李书收录。另外，洛克字典收录的 ✿ 亦当与之同源。四者当同源，字源不详。

✿：该字符仅洛克字典收录。字源不详。

22. bi

    55　任用下列 33、31 二组之音字

    33　✿（1）

    31　✿、✿、✿、✿、✿（✿）、✿（6）

①✿、✿、✿、✿、✿、✿（p376-bi）③✿、✿ ④✿（p29）、✿（p30）、✿（p30）（不分声调）

按：

✿：方书收录。其字源如李、曹所说，是从草从水的会意字。✿为草形，借自东巴文"草"✿（方 p154-228）；✿为哥巴文自造水系字。另外，李书中收录的 ✿、✿、✿，

《迎请精如神》所用的 ⿱、⿱ 及洛克字典所收录的 ⿱ 皆当与方书中的 ⿱ 同源。

⿱：方书收录。其字源如李、曹所言，上形 ⊥ 是借自东巴文"草" ↓（方 p154-228）后省简而来，下形借汉字"水"。李书中收录的 ⿱ 亦当与之同源。

⿱：该字符仅方书收录。黄振华先生认为 ⿱ 借汉字"网"，曹萱女士认为 ⿱ 是藏文字母 ヨ 借用到哥巴文后的派生字。字源存疑。

⿱：该字符仅方书收录，疑是东巴文 ⿱（p'ɯ⁵⁵，断也）的变体。

⿱：方书收录。该字符当是借自藏文字母 ⿱，另外，洛克字典中收录的 ⿱ 当与之同源。

⿱：方书收录。其字源如黄、曹所言，借汉字"斤"。

⿱：李书收录。纳西语 bi³¹ 有"搓绳子"之义。哥巴文字符 ⿱ 象两条绳子之形，当是东巴文 ⿱（方 p233-611，纺也，搓也，从人搓绳）省简人形后得来。另外，李书中 p55 第 681 号字 ⿱（线也，以 ⿱ 示线之形）；p110 第 1421 号字 ⿱，又写作 ⿱ 皆可为佐证。

⿱：李书收录，旧版中写作 ⿱。该字符疑借自东巴文 ↓（方 p154-228，草也）。

⿱：李书收录。该字符由两部分组成：⿱、⿱。⿱ 为藏文字母 ヨ 借入哥巴文后的派生字；⿱ 为字缀。

⿱：洛克字典收录。纳西语 bi³³ 有"森林"之义，据此推测该字符当借自汉字"木"。

23. bʌ (bə) ⿱、⿱（2）

①⿱、⿱（⿱）、⿱、⿱（p381-bə）②⿱、⿱、⿱ ③⿱、⿱、⿱ ④⿱（p31）、⿱（p31）

注：和即仁转写 ⿱ 为 ⿱，⿱ 为 ⿱，字形更加规整。

按：

⿱：方书收录。曹说借自汉字同义之字"庙"者当指 ⿱ 这一字形，方书中 ⿱、⿱、⿱ 这三个字符若说源自"庙"字则差距较大，或为其变体。李书中也收录 ⿱，当与 ⿱ 同源。

⿱：李书收录。纳西语 bʌ⁵⁵bʌ³¹ 有"乐器上之簧"的意思，故该字符疑为哥巴文自造字，象乐器之簧貌。

⿱：方书收录。和即仁在哥巴文字汇中转写作 ⿱，字形稍异。字源不详。

⿱：方书收录。另外《求取占卜经》中收录了 ⿱，洛克字典中收录了 ⿱。这三个字符形态稍异，当同源。字源不详。

⿱：方书收录。字源不详。

⿱：《求取占卜经》收录。另《迎请精如神》中亦收录 ⿱、⿱，这三个字符形态稍异，当同源。又，⿱ 是哥巴文构字过程中常用的字缀，故得知《求取占卜经》中的 ⿱ 亦当与之同源。疑为哥巴文自造字，象"一种木鬼"。也可能是受哥巴文音近字 ⿱、⿱、⿱ "bɯ"的影响，属于假借用法。

⿱：《迎请精如神》中收录。该字符当为藏文字母 Ƽ 借入哥巴文后的派生字。

⿱：洛克字典收录，字源不详。

24. bɯ ⿱、⿱、⿱、⿱、⿱、⿱、⿱、⿱（⿱）、⿱、⿱（⿱）、⿱（11）

① 〿、〿、〿、〿、〿（p382- bɯ）②〿③〿、〿、〿、〿④〿（p27）
注：和即仁先生在引李书时无〿，另加入〿。
按：

〿、〿：方书收录。纳西语 bɯ³¹ 有"裂口"之义，其字源当如曹所言，是东巴文象形字〿（p'ɯ，断）的旋转和变形。另，李书中收录〿，洛克字典中收录〿，均当与之同源。

〿、〿：方书收录。其字源如黄、曹所言，借汉字"栗"。另外，李书中收录的〿、〿、〿、〿、〿，《求取占卜经》中的〿，《迎请精如神》中的〿皆当与之同源。《迎请精如神》中还使用了〿、〿两个字符，亦当是"栗"的变体。李书中还收录〿，〿当由〿变化而来。

〿：方书收录。纳西语 bɯ³³kɯ⁵⁵（p382-33）有"腰带"之义，故其字源如曹所言，源自东巴文〿（bɯ³³，腰带）。

〿、〿、〿：该组字符仅李书收录。另李书中的〿旧版中写作〿，〿和即仁在字汇中转写作〿，这些字符皆当同源，纳西语 bɯ³¹ 有"多，半升"之义，故该组字符当为哥巴文自造字，象半升之形，内盛物，点示其多。

〿：《迎请精如神》中收录。字源不详。

25. bo（bu）〿、〿、〿、〿、〿、〿、〿、〿、〿、〿、〿、〿、〿、〿（15）

① 〿（丘）、〿（〿）（p379- bu）②〿、〿 ③〿 ④〿（p47）、〿（p47）
按：

〿：方书收录。和即仁先生在哥巴文字汇中写作〿。其字源如李、曹所言借汉字"丘"。另外，李书中收录的〿、〿、〿、〿、〿，《求取占卜经》中使用的〿，《迎请精如神》中使用的〿及洛克字典中收录的〿皆当与之同源。其中，离原形最接近的是《求取占卜经》中收录的〿，其他经书、字典中所收录的字形都是在源字的基础上加以变化而来。其中，李书中的〿是在"丘"的基础上省简笔画并以双线的形式表现出来，这种双线形式当是沿袭东巴文而来。

〿：方书收录，和即仁先生在字汇中写作〿。其字源当如木仕华先生和曹萱女士所言，是藏文字母〿借入哥巴文后的派生字。另外，洛克字典中收录的〿亦当与之同源。

〿：该字符仅李书收录，是藏文辅音字母〿借入哥巴文后的派生字。

〿、〿：仅李书收录。我们认为该组字符当为藏文字母〿借入哥巴文后的派生字。（见李书〿、〿，p151-2013、2014）。

〿、〿：仅李书收录。构造奇特，字源不详。

〿：李书收录。该字符疑为藏文字母〿借入哥巴文后的派生字。

26. bu（by）〿、〿、〿、〿、〿、〿、〿、〿、〿、〿、〿、〿、〿、〿、〿、〿、〿、〿、〿、〿（20）

① 〿、〿（〿）（p380- by）②〿 ③〿、〿、〿 ④〿（p18）、〿（p24）、〿（p25）、

✿（p494）

按：

✿、✿：方书收录，目前为止，关于该组字符的字源有两种看法：第一种，黄振华先生认为✿、✿借汉字"飞"；第二种，曹萱女士认为其字源当是借东巴文✿"勺"。我们认为这两种看法皆存在可商榷之处。纳西语 bu^{33} 有"肠"之义，东巴文象形字写作✿，又写作✿（方 p255-738）。据此可以推知：哥巴文字符✿、✿当由东巴文同音同义字✿省简而来。另外，李书中收录的✿、✿，《迎请精如神》中的✿、✿、✿，洛克字典中的✿、✿亦当与之同源。李书收录的✿、✿、✿、✿、✿、✿、✿、✿当是在✿的基础上加字缀而来。

官：该字符仅李书收录，假借汉字"官"。另外，洛克字典中收录的✿亦当借自汉字"官"，省略"宀"。

宓：该字符仅李书收录，纳西语 le^{33}bu^{33}（李书 p8）有"民家人"之义，据此推测：哥巴文字符宓借自汉字"家"并加以省简变形。

✿：该字符仅李书收录。疑借汉字"五"并加字缀而成。

✿、✿、✿：李书收录，仔细观察可以发现：这三个字符都包含✿这一符号。另外，洛克字典中也收录了✿。字源不详，待考证。

✿：该字符由李书收录，纳西语 dzi^{31}bu^{31}（李书 p8）有"潜水，潜水者"之义，与"水"相关，故该字符当为哥巴文自造水系字。

27. bur（bər）✿、✿、✿、✿、✿、✿（6）

①✿、✿（✿）（p381- bər）②✿③✿④✿（p23）、✿（p47）、✿（p339）

按：

✿：方书收录。如同曹萱女士所说该字符当借自汉字"言"，其字源及字形演变过程可拟为：言（汉字）—✿（哥巴文，省略"口"并加字缀✿）。

✿：方书收录，和即仁先生在字汇中转写作✿。纳西语 bər^{31} 表示"焚烧、水沸"之义。故该字符当取象于焚烧时冒出烟尘的样子，亦或者是水沸腾时冒出蒸汽的样子，当为哥巴文自造字。

✿、✿、✿、✿：李书收录。另外，《迎请精如神》中收录✿，洛克字典中收录✿、✿。这组哥巴文字符之间虽形态略有差异，当同源。待考证。

✿：李书收录。另外，洛克字典中收录了✿，二字当同源，皆为藏文字母✿借入哥巴文后的派生字。

✿：该字符仅李书收录。✿可能借自东巴文✿（李 p150-2001），借字与源字之间音义无关。

✿：《求取占卜经》所用。字源不详。

28. by ✿（✿）、✿（2）

①✿、✿（p377- by）③✿、✿④✿（p34）

按：

✿：方书所收。纳西语 by^{31} 有"面粉"义，东巴文写作✿（方 p290-929，面也，象面粉盛于器也），据此可推知：字符 [符] 当如曹萱女士所言借东巴文 [符] 并加以变化省简而成。

[符]：方书收录，另外，李说中也收录[符]。字源不详。

[符]：该字符仅李书收录，和即仁先生在哥巴文字汇中写作[符]，点状物排列更为整齐。字源不详。其点状物当受哥巴文同音字中"面粉"[符] 的影响。

[符]、[符]：《迎请精如神》中收录。其中，[符] 是藏文字母 ヨ 借入哥巴文后的派生字；[符] 除了受藏文字母 ヨ 的影响外还受汉字偏旁"氵"的影响。

[符]：仅洛克字典收录。该字符疑是藏文字母 m 借入哥巴文后的派生字。

29. biə ①[符]、[符]

按：

[符]：该字符仅方书收录。纳西语 biə^{31} 有"倒塌"义，东巴文"倾倒"写作[符]（方 p301-996，倾倒也，从寨倒貌），据此可推知：哥巴文字符[符] 当为东巴文同义字[符] 之变体。

[符]：该字符仅方书收录。纳西语 biə^{31} 有"倒塌"义，东巴文"倾倒"写作[符]（李 p120-1564），据此可推知：哥巴文字符[符] 借自东巴文同义字[符]，是其变体。

mb

30. mba [符]、[符]、[符]、[符]、[符]、[符]（[符]）、[符]、[符]、[符]、[符]、[符]（[符]）、[符]、[符]（[符]）、[符]、[符]、[符]、[符]、[符]、[符]（[符]）、[符]、[符]、[符]、[符]（25）

①[符]、[符]、[符]、[符]、[符]（p379-ba）②[符]③[符]④[符]（p331）、[符]（p331）、[符]（p331）、[符]（p331）、[符]（p334）

按：

[符]：方书收录。曹萱女士认为该字符是汉字"去"的变体，借字与源字之间音、义无关，我们认为此说值得商榷。纳西语 mba^{31} 有"阳光"之义，故此推知：哥巴文字符[符] 借自汉字"光"。另外，方书中的哥巴文字符[符]、[符] 是[符] 的变体。李书中收录的[符]、[符]、[符]、[符]、[符]、[符]、[符]、[符]，《求取占卜经》中的[符]，《迎请精如神》中的[符] 及洛克字典中的[符] 皆当与此同源。

[符]：方书收录。另外，李书中收录了[符]，这两个字符形态稍有差别，当同源。其字源如曹所言，为哥巴文自造象形字。纳西语 so^{31}mba^{31} 有"晨光"之义，故字符[符] 取晨光四射貌。

[符]、[符]：该组字符仅洛克字典收录。纳西语 po^{31}mba^{33} 有"净水貌"之义，与水相关，故该组字符当为哥巴文自造水系字。

[符]：该字符仅李书收录，假借自东巴文字符[符]（方 p333-1178，分也，物分开貌），仅取其形。

[符]、[符]、[符]、[符]、[符]：李书收录。另外，方书中的[符]，洛克字典中的[符] 皆当与之同源。字源不详。

[符]：李书收录，当与洛克字典中的[符] 同源。待考证。

[符]：该字符仅李书收录，字源待考证。

31. mbæ（mba）〇（1）

①〇、〇、〇（〇）、〇、〇（〇）（p378-bæ）③〇④〇（p332）、〇（p332）、〇（p332）

按：

〇：该字符仅方书收录。纳西语 bæ³³kv³¹ 有"扫帚"之义，东巴文写作〇（方书 p309-1042 例，bæ³³kv³¹，扫帚），据此可推知：哥巴文字符〇假借自东巴文字符〇，是其简体，并加上字缀〇。其字符变化过程可拟为：〇（东巴文）—〇（字形简化）—〇（简化字形加字缀〇）。

〇：李书中所收的这一字符当与方书中收录的〇、〇及洛克字典中的〇字源相同，该组字符是藏文辅音字母〇（tɑ）借入哥巴文后的派生字。

〇：李书旧版中写作〇，形态稍有变化。该字符当与洛克字典中的〇、〇同源。纳西语 bæ³³ 有"蜜蜂"义，东巴文写作〇（方 p195-416，蜜蜂也，尾有刺），据此推知：该组哥巴文字符源自东巴文同义字〇，是其省体，仅保留尾刺之形。

〇：《迎请精如神》中使用该字符，方书收录〇，二者虽形态微别，当同源。但是否如曹所言借汉字"牛"尚待进一步考证。

32. mbɛ（mbe）〇、〇、〇、〇、〇、〇、〇、〇（9）

①〇、〇、〇（p377-be）②〇③〇④〇（p337）

按：

〇、〇、〇：方书收录。曹萱女士认为这组哥巴文字符的构字字素来自汉字，可备为一说。另外，李书收录的〇、〇、〇、〇、〇、〇、〇，《求取占卜经》中的〇，《迎请精如神》中的〇及洛克字典中的〇当与之同源。

〇：李书收录。纳西语 mbɛ³³ 有"雪"义，东巴文写作〇（方 p98-17，雪，又写作〇），据此可推知：哥巴文字符〇源自东巴文同义字〇，是其省体。

〇：李书收录。纳西语 be³¹k'o³³（方 p378-26）有"铁冠"义，东巴文写作〇（方 p317-1089，铁冠也），据此可推知：哥巴文字符〇源自东巴文同义字〇，是其省体。

33. mbi 〇（1）

①〇、〇（p376-bi）

按：

〇：方书收录。其字源如曹所言，〇是东巴文〇（p'ɯ⁵⁵，断）的变体。

〇：方书收录。其字源如曹所言，〇是藏文字母Ƨ借用到哥巴文后的派生字。

〇：李书收录。纳西语 mbi³³ 有"尿"义，东巴文写作〇（方 p245-678，溺也，从人立而溺），据此可知：哥巴文字符〇当源自东巴文同义字〇，省略人形而来。

34. mbɯ 〇、〇、〇、〇、〇、〇、〇、〇、〇、〇、〇（12）

①〇、〇（〇）、〇（p382-bɯ）④〇（p335）、〇（p335）

按：

〇、〇：方书收录。和即仁先生在哥巴文字汇中把〇转写作〇，形态更为规整。他认为，"《字典》中的 ⿻ 原误作 ⿻，但其他三种字书均作 ⿻，故《字典》中的 ⿻ 已改作 ⿻。"①这里所说的"其他三种字书"是指《简谱》《求取占卜经》和《迎请精如神》，但是我们在洛克字典中发现哥巴文字符 ⿻ 和 ⿻ 是并存的，所以，我们保留李书所收字符，不随意做出更改。其字源当如曹所言，来自东巴文 ⿻（p'ɯ⁵⁵，断裂、分开）。另外，李书中收录的 ⿻、⿻、⿻ 亦是在 ⿻、⿻ 的基础上变化而来。

⿻：方书收录，其字源如曹萱女士所言，源自东巴文 ⿻（bɯ³³，腰带）。另外，李书中收录的 ⿻ 当与之同源。此处，二者皆为假借字，用来表示"妇女、缺口、栗树"等义。

⿻：该字符仅李书收录。纳西语 mbɯ³¹ 有"绝后"之义，东巴文写作 ⿻（方 p246-681，绝也，绝育也），据此可知：哥巴文字符 ⿻ 源自东巴文 ⿻，是其省体。

⿻：该字符仅李书收录。纳西古语 mbɯ³³ 有"妇女"之义（李书 p10），哥巴文字符 ⿻ 当是哥巴文自造字，强调女性特征。另外，李书中的 ⿻ 亦当为哥巴文自造字，造字原理与 ⿻ 相同。

⿻：该字符仅李书收录。纳西语 mbɯ³³mbɑ³¹ 有"女子下身"之义，哥巴文字符 ⿻ 疑源自东巴文 ⿻（李 p44-524，mbɯ³³，结婚之女子），是其省体。另外，李书中收录的 ⿻ 当为 ⿻ 的变体。

⿻、⿻：李书收录，这两个字符疑受哥巴文音近字 ⿻ mbu 的影响，二者都有"鬼名"之义。

35. mbo（mbu） ⿻（⿻）、⿻（⿻）、⿻、⿻、⿻、⿻（6）

① ⿻、⿻、⿻、⿻（p379-bu）

按：

⿻、⿻、⿻：方书收录。其字源如李静生先生所言，当直接取自东巴文音近义同的 ⿻（方 p334-1186 例），不过，笔划上稍有不同。仔细观察可知，⿻、⿻ 这两个哥巴文字符皆是在 ⿻ 的基础上加以变化而成。该组哥巴文字符的字源及字形变化轨迹可拟为：⿻（东巴文）—⿻（哥巴文）—⿻（在 ⿻ 上加一竖）、⿻（在 ⿻ 上加一撇）。另外，李书中收录的 ⿻、⿻ 这两个字符在旧版中分别写作 ⿻、⿻，字符形态稍有差别，亦当借东巴文音近义同字 ⿻。

⿻：该字符仅方书收录，当与哥巴文字符 bv ⿻ 同源，借自东巴文字符 ⿻（方 p336-1191，Yɯ³³，好也，又可写作 ⿻、⿻），是其省体。

⿻、⿻：仅李书收录。二者字源相同，当为藏文字母 ⿻ 借入哥巴文后的派生字。

⿻：该字符仅李书收录，字符 ⿻ 当为藏文字母 ⿻（u）借入哥巴文后的派生字。

⿻：该字符仅李书收录，字源待考证。

36. mbu（mbv） ⿻、⿻、⿻、⿻、⿻、⿻、⿻、⿻、⿻、⿻（10）

① ⿻、⿻、⿻（p380- bv）④⿻（p45）、⿻（p335）

---

① 和即仁《哥巴文字汇》，第 129 页。

按：

✦：该字符仅方书收录。当为哥巴文水系派生字，纳西语 by³¹ 表"冒出泉水，流眼泪"等意义，皆与水有关。另外李书中收录的✦亦当与之同源。

✦：该字符仅方书收录。字源不详，疑为假借哥巴文音近字✦bur。

✦：方书收录，另外，李书中收录了✦、✦、✦、✦、✦，洛克字典中收录了✦，这些字符虽然形体上略有不同，但不难看出其字源相同。该组哥巴文字符的字源当与上例中的✦bu 相同，借自东巴文中的✦（方 p336-1191）（音为ɣɯ³³，意为"好"，又可写作✦、✦）。

✦、✦、✦：李书收录。洛克字典中收录的✦当与之同源。字源不详。

✦：李书收录，纳西语 hy³³ly³³ 有"一种法仪"义，字符✦疑为哥巴文自造字，象法仪貌。

37. mbur（mbər）

33　✦、✦（✦）、✦、✦（4）

31　✦、✦、✦、✦、✦、✦、✦、✦（8）

①✦、✦、✦（p381-bər）②✦③✦、✦④✦（p339）、✦（p339）、✦（p339）

按：

✦、✦、✦：方书收录。✦、✦其字源当如方国瑜先生和曹萱女士所言是哥巴文自造字。字符✦之字源当与✦、✦相同。另外，李书中收录的✦、✦、✦，《求取占卜经》中的✦，洛克字典中的✦当与之同源，皆为哥巴文自造字，象"牦牛尾"状。李书中收录的✦、✦，《迎请精如神》中的✦、✦当是在✦的基础上加以变形而来，当与之同源。另，洛克字典中收录的✦亦当为哥巴文自造字，象牦牛之尾貌，用部分代表整体，表示"牦牛"义。

✦：李书收录。另外，洛克字典中收录了✦，这两个哥巴文字符仅笔画稍有差别，当同源。

✦：李书收录。纳西语 mbur³³ 有"引水木槽，发大水"之义，与"水"有关，故此字符✦当为哥巴文自造水系字。

✦：李书收录，旧版中写作✦。字源待考证。

✦、✦：李书收录。纳西语 bər³¹ 有"绳子"之义，东巴文写作✦（p321-1113，绳也，又写作✦），据此可以推知：哥巴文字符✦、✦源自东巴文同义字✦，是其变体。

✦：该字符仅李书收录，字源待考证。

38. mby　✦、✦、✦、✦、✦、✦、✦（7）

①✦、✦、✦（p377-by）②✦③✦、✦、✦④✦（p34）、✦（p344）、✦（p344）、✦（p344）、✦（p344）

按：

✦、✦：方书收录。纳西语 mby³³ 有"平分、分开"之义，故而其字源当如李、曹所言，借东巴文同义字✦（方 p333-1178，"分"）。另外，李书中收录的✦、✦、✦、〇〇、〇：《求取占卜经》中的〇，《迎请精如神》中的〇及洛克字典中的〇、〇皆当与之同源。李书中收录的〇构字方式值得注意，该字符分上、下两部分：上形〇是借东巴文〇后的变体；下形〇是哥巴文自造水系字。

〇：方书收录。另外，洛克字典中也收录有〇，该字符与方书中的〇区别仅在于点数的多少，二者当同源。其字源如曹萱女士所言，既受东巴文〇"分"的影响，又受东巴文象形字"面粉"〇（方p290-929，又写作〇）的影响。

〇：该字符仅洛克字典收录，纳西语mby³³有"平分、分开"之义，故而其字源当为借自东巴文同音同义字〇（方p333-1178，"分"）。

〇、〇：《迎请精如神》收录。这两个字符疑受哥巴文音近字〇bi的影响，〇借汉字"斤"。

〇：该字符仅李书收录。字源不详。

〇：该字符仅洛克字典收录，字源不详，与李书收录的哥巴文〇mbur 在字形上具有相似性。

39. mbiə ②〇

按：

〇：该字符在《求取占卜经》中使用，纳西语mbia³³有"倒塌"义，东巴文写作〇（方p301-996，倾倒也，从寨倒貌），据此可以推知：哥巴文字符〇当为东巴文同义字〇之变体。该字符与方书中收录的哥巴文字符〇biə字源相同。

m

40. mɑ 〇、〇、〇、〇、〇、〇、〇、〇（8）
①〇、〇、〇（p384-mɑ）②〇③〇④〇（p324）、〇（p324）

按：

〇：该字符仅李书收录。〇假借哥巴文音近字〇mæ（方书注音为ma）。李书中的〇、〇，方书中的〇，《求取占卜经》中的〇及洛克字典中的〇当是哥巴文字符〇的简体。李书中的〇是〇的变体。

〇：《迎请精如神》中收录。据和即仁先生所言，该字符原读mə，现读mɑ，是通假字。

〇：方书收录。另外洛克字典中亦收录〇，表示"油"之义，疑为哥巴文自造字。

〇：方书收录。另外李书中亦收〇，字源不详，待考证。

〇、〇、〇：李书收录，字源不详。

41. mæ（ma）〇、〇、〇、〇（〇）、〇、〇（6）
①〇、〇（p383-mæ）②〇③〇、〇、〇、〇、〇④〇（p326）

按：

〇、〇：方书收录。其字源如曹所言，借汉字"尾"的小篆之形。另外，李书中收录的〇、〇、〇、〇，《求取占卜经》中的〇，洛克字典中收录的〇均当与之同源。李书中的〇、〇，《迎请精如神》中的〇、〇、〇、〇、〇则是基于〇的变体。

42. mɛ（me） ⍿、罒（⍿）、⍿（⍿）、ඬ、分、反、ㄎ、ㄥ（⍿）（8）
①ⵢ、ⵜ、ඬ（ⵢ）（p383- me）②一③ヨ④♨（p327）、六（p328）、♨（p328）、ඬ（p328）、ɒ（p328）

按：

ⵜ：方书收录。pər⁵⁵me³³有"梳子"义（见李霖灿《么些标音文字字典》p13-38），东巴文"梳子"写作 ⵜ （方 p274-838，pər⁵⁵ 又 pər⁵⁵me³³，梳子，又写作 ⵜ、ⵜ、ⵜ），东巴文这组异体字之间存在繁简关系：ⵜ（细描梳背花纹）—ⵜ（简化梳背花纹）—ⵜ（只有梳背，没有花纹）—ⵜ（简化梳背）。故此，哥巴文字符 ⵜ 是由东巴文同义字 ⵜ 进一步简化而成，这也符合文字在使用过程中不断简化的主流趋势。另外，李书中收录的字符 罒，和即仁在字汇中转写作 ⵜ，该字符当与 ⵜ 同源。经书《迎请精如神》中的 ヨ 和洛克字典中的 ♨ 亦当与之同源，李书中的 ㄥ 可能与之同源。

ඬ：方书收录，和即仁在字汇中转写作 ⵜ，形态稍异。李书收录 ඬ，洛克字典中收录的 ɒ 皆当与之同源。洛克字典所收 六 当为 ɒ 的变体，李书中的 ㄎ、分 当是 ඬ 的变体。字源不详，待考证。

ⵢ：方书收录。另外，李书中收录有 ⍿、ⵢ，《求取占卜经》中收录了 一，洛克字典中收录了 ♨ 皆当与之同源。该组哥巴文字符可能借自东巴文 ⵢ（fv³³ 又 kv̩³³fv̩³³，方 p252-720，意为发也，毛也），两者之间仅字形相似。

反：李书收录。纳西语 mɛ⁵⁵ 有"求，教"之义，故该字符疑由汉字"文"增符而成。

ඬ：该字符仅洛克字典收录。表示"雌，母"之义，字源不详。东巴文有 ⵜ（李 p2-18，九宫，命宫也），二者可能存在一定联系。

43. mi ⵢ、ⵢ、ⵢ、ⵢ、ⵢ、ⵢ、ⵢ、ⵢ（8）
①ⵢ（ⵢ）、ⵢ（ⵢ）、ⵢ（ⵢ）（p382- mi）②ⵢ、ⵢ③ⵢ、ⵢ④ⵢ（p347）、ⵢ（p347）、ⵢ（p347）、ⵢ（p347）、ⵢ（p347）、ⵢ（p347）

按：

ⵢ、ⵢ：方书收录。纳西语 mi³³ 有"火"之义，故其字源当如李、曹所言是东巴文同义字 ⵢ 借入哥巴文后加字缀而成。李书中收录的 ⵢ、ⵢ、ⵢ、ⵢ、ⵢ、ⵢ，《迎请精如神》中使用的 ⵢ、ⵢ，洛克字典中收录的 ⵢ、ⵢ、ⵢ、ⵢ 皆与之同源。另外，洛克字典中收录的 ⵢ，李书收录的 ⵢ 则直接由东巴文同义字 ⵢ 简化而来，不加字缀。《求取占卜经》中的 ⵢ、ⵢ 则是在哥巴文 ⵢ 的基础上省简笔画而成。

ⵢ：该字符仅方书收录。和即仁先生在哥巴文字汇中转写作 ⵢ，形态稍异，其字源当如方、曹所言是哥巴文自造字，表示"女子"。

ⵢ：该字符仅李书收录。字源不详。

44. mʌ（mə） ⵢ（1）
①ⵢ（ⵢ）（p385- mə）②Ǝ③ⵢ、ⵢ、ⵢ、ⵢ④ⵢ（p371）

按：

ⵢ：方书收录，和即仁在字汇中转写作 ⵢ。该字符疑借自藏文字母 Ǝ（sæ），字形反转而成。另外，李书中收录的 ⵢ，《求取占卜经》中的 E，《迎请精如神》中的 ⵢ 及

洛克字典中的 ⿰ 均当与之同源。《迎请精如神》中的 ⿰ 当是在之前字形的基础上增加字缀 ⿰ 而成；⿰、⿰ 是 ⿰ 的变体。

45. mu（mu）

　　55 ⿰、⿰（2）

　　31 ⿰、⿰、⿰、⿰（⿰）、⿰（⿰）、⿰、⿰（⿰）、⿰、⿰（9）

　　31 ⿰（⿰）（1）

①⿰、⿰、⿰（⿰）、⿰、⿰、⿰（p386- mu）②⿰③⿰、⿰④⿰（p355）、⿰（p355）、⿰（p375）、⿰（p375）

按：

⿰：方书收录。其字源如李、曹所言，当源自东巴文 ⿰（gə[21]，上），反上为下。另，李书中收录的哥巴文 ⿰ 当由东巴文 ⿰ 直接变化而来，仍表示"上"义。

⿰、⿰：方书收录。纳西语 mu[33] 有"天"义，故如曹所言，该组字符借自汉字"天"。另外，李书中收录的 ⿰，《求取占卜经》中的 ⿰，洛克字典中的 ⿰ 皆当与之同源。李书中的 ⿰、⿰、⿰ 当是在 ⿰ 的基础上变化而来。

⿰、⿰、⿰：方书收录。曹萱女士认为哥巴文 ⿰、⿰ 借东巴文 ⿰ 并加以增变而成，我们认为哥巴文字符 ⿰ 直接借用了东巴文同形字 ⿰（方 p314-1071，1y[33]，矛也。）哥巴文 ⿰ 是哥巴文 ⿰ 的变体；哥巴文 ⿰ 又是哥巴文 ⿰ 的变形，其演变过程可拟为：⿰（东巴文）—⿰（哥巴文）—⿰（变体）—⿰（变体）。另外，李书中收录的 ⿰、⿰，《迎请精如神》中的 ⿰、⿰，洛克字典中收录的 ⿰、⿰、⿰ 皆当与之同源。

⿰：该字符由李书收录，和即仁在字汇中转写作 ⿰，第一笔由曲变直。该哥巴文字符可能借东巴文 ⿰（方 p105-56，又作 ⿰，意为"暮也，不也"）。

⿰：该字符由李书收录，和即仁在字汇中转写作 ⿰。纳西语 mu[33]tşu[31]（李 p14-41）有"碓"之义，据此我们认为该字符可能是哥巴文自造字，象用来舂米的圆锥形石头。

⿰：李书收录，旧版中写作 ⿰，该字符分左右两部分。纳西语 mu[33]ndza[33]（李 p14-41）有"下雨"义，与水相关，我们认为哥巴文字符 ⿰ 的左形为哥巴文自造水系字，右形为字缀。

⿰：该字符由李书收录。疑为藏文字母 ⿰ 借入哥巴文后的派生字。

46. mo（mu）

　　55 ⿰、⿰（2）

　　33 ⿰（1）

　　31 ⿰、⿰、⿰（⿰）、⿰（⿰）、⿰、⿰、⿰（⿰）、⿰、⿰、⿰、⿰（⿰）、⿰、⿰、⿰（⿰）、⿰、⿰、⿰（17）

①⿰、⿰、⿰、⿰（p385- mu）②⿰、⿰④⿰（p355）、⿰（p355）、⿰（p379）、⿰（p379）、⿰（p379）、⿰（p379）、⿰（p379）、⿰（p379）、⿰（p379）

按：

⿰、⿰：方书收录。纳西语 mo[31] 有"杜鹃树"之义，曹萱女士认为哥巴文 ⿰ 源自东巴文 ⿰（mu[31]，方 p153-224，野杜鹃也），这种观点是正确的。李书中收录的 ⿰、⿰、⿰、

♦、♦：《求取占卜经》中的♦，洛克字典中收录的♦、♦、♦、♦、♦、♦皆当与方书中的♦、♦同源。这组哥巴文字符的字源与字形演变过程可拟为♦（东巴文）—♦（哥巴文）—♦（哥巴文）—♦（哥巴文）—♦（哥巴文，♦加字缀一）。另外，洛克字典中的♦是在♦的基础上加字缀而成；李书中的♦与♦相比，笔画由直变曲；李书中的♦是在♦的基础上加字缀而成；李书中的♦是在♦的基础上增形而成；李书中的♦是在♦的基础上增加哥巴文自造水系字而成，纳西语 dʑi³¹mo³¹ 有"水兵"之义，kʼæ³³mo³¹（李p16-42）有"旧水道"之义，皆与水相关。

♦、♦：方书收录。其字源当如曹所言，借藏文字母♦。另外，李书中收录的♦、♦，洛克字典中收录的♦均当与之同源。

♦：方书收录。另外，李书中收录了♦，二者当同源，该组哥巴文字符疑为借汉字同形字"占"。

♦：见于《求取占卜经》，该字符疑为假借哥巴文音近字♦ma。

♦：李书收录，该字符由上下两部分组成，且上下形相同，字源不详。

♦：李书收录，该字符由上下两部分构成，上形疑借汉字"丩"，下形疑借汉字"又"，由两个借字组合成一个哥巴文字符。

♦：李书收录，该字符由上下两部分组成，且上下形相同，字源不详。

♦、♦、♦、♦、♦：该组字形由李书收录，字源不详，待考证。

♦：该字符由洛克字典收录，表示"簸箕"义，疑为哥巴文自造字，象簸箕之形。

47. my ♦、♦（2）

按：

♦、♦：据和即仁先生考证，凡 my 皆由 mby 音节变来，他认为音字中没有专门表示 my 的字符，因此，假借 mby 音下字符。

48. mv ②♦、♦③♦

按：

♦：该字符见于《求取占卜经》，字源不详。

♦：该字符见于《求取占卜经》，另外，《迎请精如神》使用哥巴文字符♦。二者当假借哥巴文音近字♦、♦mo。

f

49. fu（fv）

55 ♦、♦、♦、♦、♦、♦（♦）、♦（♦）、♦（♦）、♦、♦（10）

33 ♦、♦、♦、♦（4）

31 ♦（1）

① ♦（♦）、♦（♦）、♦（♦）、♦、♦、♦（♦）（p388-fv）②♦③♦④♦（p147）、♦（p147）、♦（p148）、♦（p148）、♦（p148）、♦（p148）

按：

第三章 哥巴文字源研究

△、○、○：方书收录。其字源当如李、曹所言为东巴文○之省体，演变过程可拟为：○（东巴文）—○（哥巴文）—△（哥巴文）—○（哥巴文）。其次，我们由汇编可知洛克字典中的○与东巴文源字○最为接近，仅笔画上稍变。李书中收录的○、○，《求取占卜经》中的○，《迎请精如神》中的○，洛克字典中的○皆为东巴文同义字○的省体。方书中的○是在△的基础上加字缀圈；李书中的○不仅在△的基础上加了字缀，而且笔画也由曲变直；洛克字典中的○是在△的笔画由曲变直的基础上加字缀而成。李书中的○也是在△的基础上变化而来。

○、○：方书收录。其字源当如曹所言，借东巴文同音同义字○"锯"。洛克字典中收录的○、○皆当与之同源。

○：李书收录。洛克字典中收录○，二者当同源。我们认为该字符当为哥巴文自造字，象"熟睡"状。

言：该字符由李书收录。疑由汉字"言"经省简变形而成。

○、○、○：该组字符由李书收录，字源相同，待考证。

○、○：该组字符由李书收录。字源待考证。

○：该字符由李书收录，构字特别。纳西语 $bo^{31}fu^{33}$ 有"枭"义，该字形疑借汉字"枭"并加以变形而成。

○：该字符由李书收录。纳西语 fu^{55} 有"补衣服"之义，与布相关，故而我们认为哥巴文○可能借自汉字"布"。

○：该字符由李书收录，旧版中写作○。字源不详。

○：该字符由李书收录，旧版中写作○。字源不详。

50. fa ①○（○）（p388）③○

按：

○：方书收录，和即仁在哥巴文字汇中转写作○，《迎请精如神》中所用的哥巴文字符○当是○的省体，二者字源相同。曹萱女士认为○源自东巴文"发酵"○（方p288-919，又作○），可备为一说。

v

51. vu 七、○、○、○、○、○、○、○、○（○）、○（○）、○（11）
①○（p476-v）

按：

七、○：该组字符由李书收录。纳西语 $vu^{55}zi^{33}$ 有"鸟；燕子"义，该组字符疑借汉字"七"，表示"鸟"义。哥巴文七、○与汉字"七"音义皆不同，仅字形相近。

○、○、○：该组字符由李书收录。纳西语 vu^{33} 有"舞"义，东巴文"舞"写作○（方p232-602），故哥巴文字符○、○、○当借东巴文同义字○，是其变体。其中，○、○与○相比又有繁化倾向。

○：该字符由李书收录，当为藏文字母○借入哥巴文后的派生字。

○：李书收录。另外，方书收录○，二者相同。其字源当如曹所言借汉字"气"，借字与源字之间无音义上的联系。

㊂：该字符由李书收录，和即仁在字汇中写作㊂。㊂与㊂笔画走势不同，前者棱角分明，后者较为圆润，二者同源。字源不详。

㊃：该字符由李书收录，旧版中写作㊃。疑借汉字"亚"，借字与源字之间仅字形相近，无音义上的联系。

pj

52. pjʌ（piə） ❖、❖、❖、❖、❖、❖（6）
①❖、❖（p373- piə）④❖（p41）

按：

❖：该字符由方书收录，曹萱女士认为该字符借东巴文 ❖（pʼɤ³³，"雄，公"），还需进一步考证。

❖：该字符由方书收录，李书中收录了相似的字符❖、❖，这三个哥巴文字符字源相同。另外，李书中收录的❖、❖其字源可能亦与之相同。

❖：该字符由洛克字典收录。纳西语 piə⁵⁵（李书注音为 pjʌ³³）有"贝"之义，故此该字符疑为哥巴文自造象形字，像"贝打开状"。

❖、❖：李书收录。这两个字符当同源，纳西语 pjʌ³³ 有"完成"之义，故该组哥巴文字符当借自东巴文同义字 ❖（李书 110-1423，完也，象线尽之形。又写作 ❖），哥巴文 ❖ 在东巴文 ❖ 的基础上增加字缀而成；哥巴文 ❖ 在哥巴文 ❖ 的基础上进一步省简而成。该组哥巴文字符的字源及字形演变过程可拟为：❖（东巴文）—❖（哥巴文）—❖（哥巴文）。

mj

53. mjʌ（miə） ❖、❖、❖、❖、❖、❖（❖）、❖（❖）（7）
①❖（❖）、❖（❖）、❖（❖）（p387- miə）②❖③❖④❖（p355）、❖（p355）、❖（p355）

按：

❖、❖、❖：方书收录。关于这三个字形的字源是存在争议的：李静生先生认为当借东巴象形文 ❖（又作 ❖）。黄振华先生和曹萱女士认为 ❖、❖ 借汉字"目"，曹萱又提出 ❖ 借东巴文 ❖（kʼɤ⁵⁵）之说。我们以李说为是，东巴文"目"❖，去眉竖置则为哥巴文 ❖，二者音、形、义皆密切相关。哥巴文 ❖、❖ 当为 ❖ 之变体。李书中收录的 ❖、❖、❖、❖、❖，《求取占卜经》中收录的 ❖，《迎请精如神》中的 ❖ 及洛克字典中的 ❖、❖、❖ 皆当与之同源。仔细观察这组同源的哥巴文字符，我们可以发现纳西东巴在书写哥巴文时多一横少一横往往具有任意性，例如 ❖、❖、❖ 与 ❖、❖ 这两组字符。

❖：该字符由李书收录，和即仁先生在字汇中转写作 ❖。纳西语 mjʌ³¹kwɑ³¹（李 p17-46）有"瞪眼"之义，故该字符疑借汉字"凸"，哥巴文 ❖ 与汉字"凸"形近。

第三章　哥巴文字源研究　59

【字符】：该字符仅李书收录，旧版中写作【字符】。疑为藏文字母【字符】借入哥巴文后的派生字。

t

54. ta　【字符】、【字符】、【字符】、【字符】、【字符】、【字符】（【字符】）、【字符】（【字符】）、【字符】、【字符】、【字符】、【字符】（【字符】）、【字符】（【字符】）（12）
①【字符】（【字符】）、【字符】、【字符】（p390-ta）②【字符】③【字符】④【字符】（p103）、【字符】（p103）、【字符】（p103）
按：

【字符】：方书收录。曹萱女士认为该字符是东巴文【字符】p'γ，"雄、公"的派生字，我们认为这种观点可备为一说，借字与源字之间音、义均无关联。另外，李书中收录的【字符】、【字符】、【字符】、【字符】、【字符】、【字符】，《求取占卜经》中的【字符】，《迎请精如神》中的【字符】，洛克字典中的【字符】、【字符】均当与哥巴文【字符】同源。李书中收录的【字符】、【字符】也是在同组哥巴文【字符】的基础上加字缀而成。李书中的【字符】当是哥巴文【字符】的变形。

【字符】、【字符】：方书收录，洛克字典中收录的【字符】当与之同源。纳西语 $kε^{33}ta^{31}$（李p18-47）有"小儿之围嘴"义。该组字符疑为哥巴文自造字，象小儿围嘴貌。

【字符】：该字符由李书收录。字源不详。李书中的【字符】，旧版中写作【字符】，哥巴文【字符】当是受同组字符【字符】与【字符】的影响，由二者组合而成。

55. tε（te）　【字符】、【字符】、【字符】、【字符】（【字符】）、【字符】（5）
①【字符】（【字符】）、【字符】、【字符】（p389-te）
按：

【字符】、【字符】：该组字符由方书收录。曹萱女士认为借汉字俗字"罒"，表示"网"义，纳西语 tε 下并无"网"义，故其字源仍需进一步考证。

【字符】：该字符由方书收录。字源不详。

【字符】、【字符】：该组字符由李书收录。纳西语 $ko^{31}ndʑi^{33}ko^{31}tε^{33}$（李p18-48）有"倒钩针缝"之义，该组字符疑为哥巴文自造字，象倒钩针貌。

【字符】、【字符】、【字符】：这组字符由李书收录，其中【字符】旧版中写作【字符】。字源不详。

56. ti　【字符】（1）
①【字符】、【字符】（p389-ti）②【字符】③【字符】④【字符】（p118）
按：

【字符】、【字符】：方书收录。另外，李书中收录的【字符】，《求取占卜经》中收录的【字符】，《迎请精如神》中收录的【字符】及洛克字典中收录的【字符】皆当与之同源，假借哥巴文音近字【字符】ty。

57. to　【字符】、【字符】、【字符】、【字符】、【字符】、【字符】、【字符】、【字符】、【字符】、【字符】、【字符】、【字符】、【字符】、【字符】、【字符】、【字符】（16）
①【字符】、【字符】、【字符】（p391-to）②【字符】、【字符】③【字符】、【字符】、【字符】、【字符】④【字符】（p109）、【字符】（p109）
按：

【字符】、【字符】：方书收录。其字源当如黄、曹所言借汉字"甲"，汉语中有"甲板"一词，纳西语 to^{33} 有"木板"义，二者关系密切。另外，李书中收录的【字符】、【字符】、【字符】、【字符】、【字符】、【字符】、【字符】、【字符】、【字符】、【字符】、【字符】，《求取占卜经》中收录的【字符】、【字符】，《迎请精如神》中的【字符】、【字符】、【字符】、【字符】及洛克字典中的【字符】、【字符】皆当与此同源。其中李书中的【字符】、《求取占卜经》中收录的□、洛克字典中的□保留了原形，其他字符皆在源字"甲"的基础上改变笔画或增加字缀而成。

□：该字符由方书收录。纳西语 to^{55} 有"上"义，故该哥巴文字符疑借汉字同义字"上"经增符而成，字符中的圈为哥巴文常见字缀。

□：该字符由李书收录。纳西语 to^{33} 有"面偶"义，故该字符当借东巴文同义字□（方 p341-1219，面偶也，从碗盛面偶），并加以省简而来。

□：该字符由李书收录。疑为哥巴文自造字。

□：该字符由李书收录。疑为哥巴文自造字，该字符的上下两笔画相对，用来表示"翻置、颠倒"义。

58. tu（tv） □、□、□、□、□、□、□、□（□）、□、□、□、□、□、□、□、□、□（17）

①□、□、□（□）、□（□）（p391-tv）②□、□③□、□④□（p121）、□（p121）、□（p122）、□（p122）

按：

□、□：方书收录。纳西语 tv^{31} 即数词"千"义，故其字源如李、曹所言，借汉字同义字"千"。另外，李书中收录的□，《求取占卜经》中的□，《迎请精如神》中的□、□及洛克字典中的□、□、□皆当与此同源。

□：该字符由方书收录。疑为哥巴文自造字，表示"抵、举"义。

□：方书收录，另外，李书中亦收□，疑为藏文字母□借入哥巴文后的派生字。《求取占卜经》中的□及洛克字典中的□皆为□的变体。

□、□：该字符由李书收录，疑借汉字"太"，笔画稍变。□为□之变体。

□、□：该字符由李书收录，字源不详，疑为哥巴文自造字。

□、□、□、□、□、□、□、□：李书收录。该组字符疑为汉字"千"的变体。

□：该字符由李书收录，字源不详。

□：该字符由李书收录，疑借哥巴文音近字□tæ 并加字缀而成。

59. ty □、□、□、□、□、□、□、□（□）、□、□、□、□（□）、□、□（□）、□、□、□、□、□（19）

①□（□）、□（□）、□（p389-ty）③□、□④□（p118）、□（p118）、□（118）

按：

□：方书收录，和即仁在字汇中转写作□。李书中收录的□、□、□、□、□、□，《迎请精如神》中的□，洛克字典中收录的□、□皆当与之同源。纳西语 ty^{33} 有"打、击"义，东巴文"打、击"写作□（方 p294-951，击也，从锤击物。又作□，从人）。

据此推知：哥巴文字符□、□、□、□、□、□等源自东巴文同义字□；哥巴文字符□仿照东巴文同义字□的造字方式，借汉字偏旁"亻"与□组合成字。部分字符是在□的基础上或加字缀或增减笔画而成：李书中的□，旧版中写作□，当与《迎请精如神》中的█字形相近，短横变长横。李书中的█则是在█的基础上曲线变直线，圆圈变黑点。

█：方书收录，和即仁在字汇中转写作█。李书中的█、█、█，《迎请精如神》中的█，洛克字典中的█皆当与之同源。该组字符疑借汉字"弓"，借字与源字之间音、义无关。

█：该字形仅李书收录。疑借汉字"六"，借字与源字之间无音义关系。李书中的█为█的变体。

█：该字符由李书收录。字源不详。

█：该字符由李书收录。分上下两部分，字源待考证。

█：该字符由李书收录。字源不详。

█、█：该字符由李书收录。字源不详。

t'

60. t'a █、█、█、█、█、█、█、█、█、█、█（█）、█（█）、█、█、█、█（█）、█、█（18）
①█、█（█）、█、█（p393-t'a）②█③█④█（p554）、█（p554）、█（p554）、█（p554）

按：

█、█：方书收录。曹萱女士认为█源自东巴文 t'a³¹ █ "瓶，█是█的变形，可备为一说。李书中 104 页第 1342 例所收东巴文象形字"酒罐"t'a³¹ 中有█这个字符，可为该说佐证。关于该组哥巴文字符的字源还有一种可能性，纳西语 t'a⁵⁵ 有"塔"义，东巴文"塔"写作█（方 p305-1019），李书中收录█（旧版中写作█）当是东巴文█"塔"借入哥巴文后最初的字形；而方书中收录的█，李书中收录的█，洛克字典中收录的█皆当为█之省体；方书中的█又是█的省体。

█、█：方书收录。李书中亦收录█、█、█、█、█，《求取占卜经》中收录█，《迎请精如神》中收录█，洛克字典中收录█、█。█和█是哥巴文构字过程中常用字缀，█这一部件的短横数目可变，这组字符中该部件从一横到四横都存在：█、█、█、█，短横的多少并不别义。另外，李书中还收录█、█当与之同源；█、█、█、█、█、█、█可能与之同源。

█：该字符由洛克字典收录。疑借东巴文█（李 p12-120，土也）之形。

61. t'ɛ (the\方 t'e) █、█、█、█、█、█、█（█）、█（8）
①█（█）、█（█）、█（█）、█（█）（p393-t'e）②█、█③█④█（p556）、█（p556）

按：

█：方书收录，该字符和即仁在字汇中写作█。李书中亦收录█、█，这些哥巴文字符当同源。字源待考证。

█、█：方书收录，纳西语 t'ɛ³³ 有"书、信、文"之义，故我们认为这两个字形当是

东巴文同义字 ▦（方 p311-1051，书也，又作 ▦、▦）之省文。方书中的 ▦，《迎请精如神》中的 ▦，李书中的 ▦、▦，洛克字典中的 ▦ 和《求取占卜经》中的 ▦ 皆为 ▦、▦ 之变体。《求取占卜经》中的 ▦ 是 ▦ 之变体。

▦：该字符由洛克字典收录，字源不详。

▦：该字符由李书收录。另有 ▦、▦、▦，这些字形虽形态稍异，但当同源。待考证。

62. tɕʰi ▦、▦、▦（▦）、▦、▦（▦）、▦、古（7）
①▦（▦）（p393-tɕʰi）④▦（p558）

按：

▦：方书收录，和即仁在字汇中转写作 ▦。李书中收录 ▦、▦、▦、▦、▦，这些字形当与方书中的 ▦ 同源。曹萱女士认为是藏文字母 ３ 借用到哥巴文后的派生文字，可为一说。

古：该字符由李书收录。疑受汉字"古"的影响。

▦：该字符由洛克字典收录，字源不详。

63. tʰo ▦、▦（▦）、▦、▦、▦、▦（▦）、▦、▦、▦、文、▦、▦（12）
①人（▦）、入（▦）、合（▦）、▦（▦）、▦（p394-tʰo）②人 ③人 ④▦（p575）、▦（p575）、▦（p575）、▦（p575）、▦（p575）、▦（p575）、▦（p575）

按：

人、入：方书收录，字形左右无别。另外，李书中收录的 ▦、▦，《求取占卜经》使用的 人，《迎请精如神》收录的 人，洛克字典收录的 ▦、▦ 均与之同源。仔细观察可以发现该组字符不仅左右无别，上下亦无别。另外，方书中收录的 合，洛克字典中的 ▦ 分别在 人、▦ 的基础上加字缀而成；方书中的 ▦、▦，李书中的 ▦，洛克字典中的 ▦、▦ 当是 合、▦ 的变体。这些哥巴文字符字源相同，但如李静生先生所言，暂时未发现其字符与语词的联系。

文：该字符由李书收录。纳西语 mo³¹ tʰo³³ 有"女鬼木牌"义，故该字符疑借汉字"女"。

▦：该字符由李书收录。纳西语 tʰo³³ 有"闪电"义，哥巴文字符 ▦ 从结构上来看分上下两部分：上形借东巴文 ▦（方 p333-1178，"分"），下形借东巴文 ▦（方 p99-19，"闪电"），是一个合体字。

▦、▦、▦：该组字符由李书收录，字源不详。

▦、▦、▦：该组字符由李书收录，字源不详。

▦：该字符由李书收录，和即仁在字汇中转写作 ▦。字源不详。

64. tʰu（thv） ▦、▦、▦、▦、▦、▦、▦、▦、▦、▦、▦、▦、▦、▦、▦（▦）、▦、▦、▦、▦（▦）、▦、▦（▦）、▦（▦）、▦、▦、▦、▦、▦（29）
①▦（▦）、▦（▦）、▦（▦）、▦（p394-tʰv）②▦ ③▦、▦、▦、▦、人 ④▦（p554）、▦（p606）、▦（p606）、▦（p606）、▦（p606）、▦（p606）、▦（p607）、▦（p607）

按：

◯、◯：方书收录，曹萱女士认为这两个哥巴文字符借汉字"且"，可为一说。另外，李书中亦收录◯、◯、◯、◯，《求取占卜经》中的◯，《迎请精如神》中的◯、◯，洛克字典中的◯、◯、◯、◯皆当与之同源。李书中的◯、◯、◯、◯当为其变体。

◯：方书收录。另外，李书中收录◯、◯、◯，洛克字典中收录的◯皆当与此同源。该组字符与哥巴文音近字◯ t'o 关系密切，疑为哥巴文自造字。《迎请精如神》中的◯可能与之同源，也可能借汉字"韭"，◯与"韭"无音义上的联系。

◯、◯、◯：李书收录。另外，洛克字典中收录了◯。这些字符左右无别，当同源。

◯、◯、◯：该组字符由李书收录。◯、◯从结构上看分上下两部分，由◯与◯组合而成。同理，李书中的◯由◯与◯组合而成。◯、◯和◯这三个字符李书均有收录，因此哥巴文◯、◯、◯是三个由同音单体字组成的合体字。又，李书中收录的◯当属◯之变体。◯与◯字源不详，待考证。

◯：该字符由李书收录，旧版中写作◯。字源不详，待考证。

◯、◯：该组字符由李书收录，字源不详。

◯、◯：该组字符由李书收录，字源不详。

◯：该字符由李书收录，字源不详。

◯：该字符由李书收录，字源不详。

◯：该字符由李书收录，疑借东巴文◯（方 p179-349，"雄，公"，又写作◯、◯）。

◯：该字符由洛克字典收录，当为藏文字母◯借入哥巴文后的派生字。

◯：该字符由《迎请精如神》使用，当为假借字，假借哥巴文音近字◯ t'o。

◯：该字符由洛克字典收录，疑为哥巴文自造字，表示"桶"义。

65. t'y ◯（◯）、◯、◯（3）

按：

方书中第 393 页第 62 组 t'y 与此对应，但方书仅收此音，其下不收录字符。

◯：该字符由李书收录，旧版中写作◯。该字形构字奇特，纳西语 t'y[55] 有"加被、赐予"义，◯可能是哥巴文自造字。

◯：该字符由李书收录，纳西语 t'y[55] 有"层层相叠"义，该字符疑借汉字同义字"层"并加以省简而来。

◯：该字符由李书收录，字源不详。

第二节　d—nd组字源考订

d

66. da ◯（◯）、◯、◯（◯）、◯、◯（◯）、◯、◯、◯、◯、◯、◯、◯、◯、◯、◯（◯）（15）
①◯、◯（◯）、◯、◯、◯（◯）、◯（◯）（p397- da）②◯、◯③◯、◯、

🗚、🗚、🗚、🗚④🗚（p68）、🗚（p68）、🗚（p68）、🗚（p69）、🗚（p69）

按：

🗚：该字符由方书收录。其字源当如黄、曹所言，借汉字"舟"。

🗚、🗚：方书收录。纳西语 da^{31} 有"织"义，故🗚之字源当如曹所言，是东巴文🗚（da^{31}，织）的省简。🗚又是🗚的变体。另外，李书中收录的🗚、🗚、🗚、🗚，《求取占卜经》中的🗚、🗚，《迎请精如神》中的🗚、🗚、🗚，洛克字典中的🗚、🗚皆当与此同源。仔细观察可知，该组哥巴文字符中的部分字符没有定向，左右无别，例如：🗚与🗚；🗚与🗚。

🗚、🗚、🗚、🗚、🗚、🗚、🗚：李书收录，其中，🗚旧版中写作🗚。该组哥巴文字符中的部分字符没有定向，左右无别，例如：🗚与🗚。该组字符中的🗚是哥巴文同音独体字🗚与🗚的合体。另外，洛克字典中收录的🗚、🗚皆当与此同源，该组字符疑假借自哥巴文音近字🗚、🗚（dæ）。

🗚：该字符由李书收录，字源不详。

🗚、🗚：该组字符由李书收录，字源不详。

🗚、🗚：该组字符由方书收录。其字源如曹所言，是藏文字母🗚借入哥巴文后的派生字，圈为哥巴文中常见字缀。

🗚：该字符由方书收录，当假借哥巴文音近字🗚dæ，字形稍变。

🗚：该字符由《迎请精如神》收录，当借东巴文🗚（方p179-349，"雄、公"，又写作🗚、🗚）。

🗚、🗚：该字符由《迎请精如神》收录。字源不详，疑为哥巴文自造字。

🗚：该字符由洛克字典收录。可能借汉字"工"，加字缀而成。

67. di 🗚、🗚、🗚（南）、🗚、🗚（🗚）（5）

按：

🗚、🗚、🗚：该组字符由李书收录，其中🗚旧版中写作🗚。该组字符字源当相同，疑为哥巴文自造字。

🗚、🗚：该组字符由李书收录，其中🗚旧版写作🗚。🗚、🗚二者字源相同，疑为哥巴文自造字。

68. do 🗚、🗚、🗚、🗚（🗚）、🗚、🗚、🗚、🗚、🗚、🗚（10）

①🗚、🗚、🗚（🗚）、🗚、🗚（p397-do）②🗚③🗚④🗚（p69）、🗚（p69）、🗚（p122）

按：

🗚：方书收录。纳西语 do^{31} 有"愚、傻"之义，其字源当如李、曹所言源自东巴文🗚"傻"。另外，洛克字典中收录的🗚当与之同源。

🗚：方书收录。李书中收录的🗚、🗚、🗚，《求取占卜经》中的🗚、🗚，《迎请精如神》中的🗚，洛克字典中的🗚、🗚皆当与之同源。其中，🗚当是🗚的省体，🗚是🗚的变体，🗚是🗚的变体，🗚是在🗚的基础上加字缀点而成，🗚是🗚的省体。曹萱女士认为🗚源自东巴文🗚du^{31}，此观点可信。

〓、〓：该组字符仅李书收录，二者当同源。纳西语 do⁵⁵ 有"跌倒"义，故该字符疑借东巴文同音同义字〓（李 p22-236），是其变体。李书中收录的〓当是〓的变体。

〓：该字符由李书收录。纳西语 sɛ³³do³³（李 p22-61）有"经塔"义，故该字符当借东巴文同义字〓（方 p305-1019，"塔"），取其上部。

兑、〓：该字符由仅李书收录，疑借汉字"兑"。借字与源字在读音和意义上均无联系。

〓：该字符由李书收录，和即仁在字汇中转写作〓，变横为点。纳西语 do³¹ 有"见"义，故该字符借自东巴文同义字〓（方 p258-754，见也，从目有所见，又写作〓、〓），〓象一只眼睛。另外，洛克字典中收录的〓当与之同源。

〓、〓、〓：该组字符由方书收录，〓是在〓的基础上加字缀而成，〓可能是其变体，字源不详。

69. du（dv）〓、〓、〓、刁（刁）、〓、〓（〓）、〓（〓）、〓、〓（五）、〓（匹）、〓、丘（臼）、豆、义、度（15）

①〓、丘（〓）、巨（巨）、〓、〓（p398-dv）②〓 ③〓、〓、〓 ④王（p77）、〓（p77）、〓（p77）、〓（p80）、〓（p121）

按：

〓：该字符由方书收录，当为哥巴文音近字兑 do 的变体。

巨：方书收录，纳西语 du⁵⁵ 有"大"义，故其字源当如前人所言，借汉字"巨"。方书中的〓，李书中的〓、〓、〓、〓、丘、豆、〓，洛克字典中的王、〓均当与之同源。该组哥巴文字符中的部分字符没有定向，左右无别，例如：〓与王。

〓：方书收录，另外，李书中收录〓、〓，《求取占卜经》中收录〓，《迎请精如神》中收录的〓、〓、〓，洛克字典中收录〓、〓、〓皆当与之同源。疑借汉字"支"并加哥巴文常见字缀〓、〓或省简笔画而来。

〓：该字符由李书收录，旧版中写作匹。当借汉字"匹"，纳西语 du⁵⁵ 有"马"义，"匹"作为量词修饰马，二者存在密切联系。

〓：该字符由方书收录。字源不详，疑为哥巴文自造字。

义、刁、度：该组字符由李书收录。当是在义的基础上加字缀而成。

70. dy 〓、〓、〓、〓、〓、〓、〓、〓（〓）（8）

①〓、〓（p396- dy）

按：

〓、〓：方书收录，纳西语 dy³¹ 有"地"义，其字源有争议：黄振华先生认为借八卦中的离卦而训读，曹萱女士认为是哥巴文自创字。但参考李书收录的字符，我们认为哥巴文〓与〓借离卦的可能性不大。李书中除收录〓、〓外，还收录〓、〓，我们认为这些字符可能如曹萱女士所说是哥巴文自造字，表示"地"义。另外，李书中收录的〓、〓分别是〓、〓的变体；〓是在〓的基础上增加字缀而成。

〓：该字符由李书收录，旧版中写作〓。字源不详，疑为藏文字母ヨ借入哥巴文后的派生字。

nd

71. nda 〼、手、ㅂ、尺、ㅂ、ㅇ、ㄕ、ㄣ、ㄣ（9）

①ㅂ（p397-da）④ㅂ（p393）、ㅂ（p393）、ㅂ（p393）、ㅂ（p393）、ㅂ（p393）

按：

ㅂ：方书收录。曹萱女士认为ㅂ源自东巴文〇（da，"阳光"）。纳西语 nda^{11}有"日落之光"义（李 p23），纳西语 da^{31}有"月光"义（方 p397），东巴文"日落"写作〇（bi^{33}gv^{31}，方 p104-48），"月光"写作〇（da^{31}，方 p103-42）。哥巴文字符ㅂ与东巴文字符〇的部件〇仅形体上略微接近，二者读音差别较大。与之相比，哥巴文字符ㅂ与东巴文同义字〇，读音相同，字形相近。据此我们认为哥巴文字符ㅂ当源自东巴文字符〇。另外李书收录的ㅂ、尺、ㅂ、ㅇ、ㄕ，洛克字典中收录的ㅂ、ㅂ、ㅂ、ㅂ、ㅂ皆当与之同源。

ㄣ：该字符由李书收录，当为哥巴文自造水系字。

手：该字符由李书收录，疑借汉字"干"，借字与源字在音、义上无关。

〼：该字符由李书收录，当是哥巴文音近字 ㅂ da 的变体。

72. ndε（de）杀、枣、朿、朵、余、冬、叅、冰、鼻、永、⼸、ㄣ、几、ㄕ（14）

①柔、枣（p396- de）④朿（p82）、朿（p82）

按：

柔、枣：方书收录。曹萱女士认为借汉字"条"，但李书 ndy 音下无"条"义，相对应的方书中 dy 音下亦无此义，故我们认为这种解释不妥。纳西语 ndε^{31}有"交合"义，柔、枣疑借汉字"交"经增形变化而来。另外，李书中收录的杀、枣、朿、朵、余、冬、叅、冰、鼻、永，洛克字典中的朿、朿皆为"交"之变体。其中，哥巴文余是哥巴文朵之省体。

⼸、ㄣ：该组字符由李书收录。字源不详。

ㄕ：该字符由李书收录，纳西语 ndε^{31}表示"交合"义，故哥巴文字符ㄕ借自东巴文同音同义字〇（李 p46-542，交合），并省简人形。

73. ndi ㄕ、乙、ㄌ、乙、ㄕ、ㄋ、ㄜ、乙、（ㄜ）（8）

①手（手）、手（手）（p396-di）④ㄒ（p398）、ㄣ（p398）、乙（p398）、乙（p398）、ㄣ（p401）、ㄥ（p415）、ㄣ（p415）、乙（p415）、ㄕ（p415）

按：

手、手：方书收录。黄振华先生认为二字符借汉字"手"，其实不然。纳西语 ndi^{31}有"蕨"之义，故其字源当如李、曹所言借东巴文象形字"蕨"手（方 p155-236，又作ㄣ、手）。哥巴文字符手是在东巴文同义字手的基础上稍变笔画而成；哥巴文字符手则是东巴文ㄣ与手的合体。另外，李书中的乙是手的省体；洛克字典中所收录的乙、ㄣ均与此同源，二者直接保留了东巴文的原形。

ㄕ：李书收录。洛克字典中收录了ㄣ、ㄣ当与之同源。该组哥巴文字符的字源存在两种可能性：第一种，该组字符可能是哥巴文自造字，象蕨初生貌；第二种，该组字符可能借由东巴文同义字 ƒ（方 p155-236，"蕨"）省简变化而来。洛克字典中的 字 则是在 ○ 的基础上增形而成。

石、ろ：该组字符由李书收录。纳西语 di³¹di³³ 有"紧紧地拴"之义，故哥巴文字符 石 当源自东巴文 ｒ（方 p323-1123，"拴"，又作 ）。哥巴文 ろ 又是 石 的省体。该组字符的演变过程可拟为：ｒ（东巴文）—石（哥巴文）—ろ（哥巴文）。

己、多、己、凡：该组字符由李书收录，可知 多 是在 己 的基础上加字缀而来。另洛克字典中收录 、 均当同源，疑为哥巴文自造字，象绳状。

弓、ㄅ：该组字符由洛克字典收录，当为哥巴文自造字，表示"蕨菜"义，象蕨菜初生蜷曲貌。

74. ndo 廿、廾、卅、卌、艹、屮、甘、乇、田（9）

① 巴、廿、廾（p397-do）④ 廿（69）、廾（p402）、艹（p402）

按：

巴、廿、廾：方书收录。另外，李书中收录了 廿、廾、卅、卌、甘，洛克字典中收录的 廿、廾、艹 皆当同源。字源不详。

屮、乇：该组字符由李书收录，字源不详。

艹：该字符由李书收录。疑借汉字"廿"加字缀 ⌒ 而成。

田：该字符由李书收录。疑借汉字"田"，借字与源字之间在读音、意义上均无关系。

75. ndu 尹、彡、彐、立、辶、巳、予、丁、气（9）

① 尹、帚、尸（p398-dv）④ 尸（p409）、支（p409）、彐（p416）、尸（p416）、丬（p416）

按：

尹：方书收录。另外方书中所收录的 帚、尸，李书中收录的 尹、彐、予，洛克字典中收录的 尸、彐、尸 均当与之同源。字源不详。

彡：该字符由李书收录。疑借汉字"了"，借字与源字之间在读音、意义上均无联系。李书中的 气、辶 是 彡 的变体。

立、巳：该组字符由李书收录。疑受哥巴文音近字 ㄓdu 的影响而成。

丁：该字符由李书收录，字源不详。

支：该字符由洛克字典收录。疑为哥巴文自造字，表示"翅膀"。

丬：该字符由洛克字典收录。疑为哥巴文自造字，表示"毒草"。

76. ndy ✕（1）

① 女、ㄨ（p396-dy）④ ✕（p415）、✕（p415）

按：

女、ㄨ：方书收录。纳西语 dy³¹ 有"地"之义，纳西族有天父地母的观念，故哥巴文字符 女 的字源当如李、曹所言，借汉字"女"。哥巴文字符 ㄨ 为 女 之变体。另外，李书中收录的 ✕，洛克字典中收录的 ✕、✕ 均当与此同源。该组哥巴文字符的字源及字形演变轨迹可拟为：女（汉字）—女（方）—义（方）、义（李）—义（洛克）—义（洛克）。

n

77. na 〔14个字符〕
① 〔p401-na〕 ④ 〔p387〕、〔p387〕、〔p387〕、〔p388〕

按：

：方书收录。纳西语 na³¹ 有"黑"义，故之字源当如西田龙雄所言借汉字"黑"并取其上部；、当是之变体。另外，李书中收录的、、、、、，洛克字典中收录的、、皆当与之同源；李书中的当是之变体。

：该字符由洛克字典收录。纳西语 na³¹ 有"黑"义，东巴文"黑"写作（方 p335-1187，黑也，借藏文），哥巴文字符当是通过东巴文借入藏文字母后的派生字。

、：该组字符由李书收录，字源不详。

：该字符由李书收录，字源不详。

78. nɛ（方 ne）〔10个字符〕
① 、、（p400-ne）④ 〔p392〕、〔p392〕、〔p392〕、〔p392〕

按：

、、：方书收录。曹萱女士认为借藏文字母后的派生字。另外，李书中收录的、、，洛克字典中收录的、、、皆当与之同源。李书中收录的当属之省体；李书中收录的是在的基础上增加字缀而成；是的变体；又是的省体；与方向相反，据哥巴文的造字习惯，当左右无别。李书中收录的与方向相反，当上下无别。

：该字符由李书收录。字源不详。

79. nʌr（方 næ）（1）
① 〔p401-næ〕 ④ 〔p392〕

按：

：方书收录，李书中写作。纳西语 nʌr³³ 有"躲起"义，曹萱女士认为该字符其遮蔽物来自汉字，而躲避的人形采用哥巴文"人"，可备为一说。还有一种可能是字符是一个哥巴文自造会意字。洛克字典中的当是其变体。

80. nɯ 〔6个字符〕
① 、、（p403-nɯ）④ 〔p444〕、〔p444〕、〔p444〕

按：

、、：方书收录，纳西语 nɯ³³ 有"心"义，故该组字符的字源如李、曹所言，由东巴文同义字省简变化而来。另外，李书中收录的、、，洛克字典中收录的、、皆当与之同源。李书中的当是之省体；李书中收录的是之变体。

：该字符由李书收录。字源不详。

第三章 哥巴文字源研究

81. no ◯、※、◯、◯、♂、◯、♂、◯、◯（9）
①※、※、◯、◯、◯、♂（p401-no）④◯（p447）、◯（p447）、♂（p447）
按：

◯、◯：方书收录。李静生先生认为该组字符本身与语词在音、义上均无联系，而曹萱女士认为◯是哥巴文◯nɯ的派生字，我们认为这两种观点都存在合理性。在纳西语中no有"家畜神；醒，觉"等义，而纳西语nɯ有"家畜；心"等义，二者音义关系密切。哥巴文系统内部又有音近字相通用的惯例，所以把哥巴文字符◯认作是哥巴文◯nɯ的派生字，且字符与语词在音、义上均无联系的观点是合理的。另外，方书收录的◯，李书中收录的◯，洛克字典中收录的◯这三个字符据哥巴文造字规律，在不表方位时字形上下当无别，故三者均当与方书收录的◯同源是哥巴文◯nɯ的派生字。方书和李书中皆收录※，该字符当是哥巴文同音独体字◯与◯的合体。方书中收录的◯和洛克字典中收录的◯虽点的数目不同，当同源，如曹所言是在◯的基础上同时受东巴文同义字的影响所致。方书收录的※是◯的增形。另外，李书中收录的♂、♂、♂及洛克字典中收录的♂皆是在◯的基础上增形所致；李书收录的※、◯、♂、◯则是其变体。

♂：该字符由方书收录。曹萱女士认为♂是◯lu的派生，需进一步考证。

82. nu（方nv）小、仏、少、乚（4）
①小（p402-nv）④小（p450）、尸（p450）、乚（p450）
按：

小：方书收录。曹萱女士认为借汉字"小"，但无音义上的联系。我们认为不然，纳西语nu³¹有"你"义，李书中收录的仏这一字符也说明哥巴文小当借汉字同义之字"你"并保留部分部件。另外，李书中收录的小、仏，洛克字典中收录的小皆当与此同源。李书中的少是小的变体；乚是少的省体。

尸：该字符由洛克字典收录。表示"黄豆"，字源不详。

乚：该字符由洛克字典收录。表示"黄豆"，字源不详。

83. nur ◯（1）
①◯、♂（p401-no）④◯（p447）
按：

◯：方书收录，同时李书中收录◯，二者同源，假借哥巴文◯nɯ。

♂：该字符由方书收录。另外，洛克字典中收录◯，二者同源。纳西语nur³³有"奶；植物所出之白汁"义，故二字符当是在东巴文同义字◯（方p290-930，乳也，又作◯）的基础上省简并加字缀而成。

1

84. la ✕、✕、✕、✕、✕（✕）、佳、社、✕、屮（9）
①✕、✕、ガ（p405-la）④✕（p282）、ガ（p282）、弓（p282）、✕（p283）
按：

□：方书收录。纳西语 la^{33} 有"虎"义，其字源当如方、曹所言是哥巴文自创字。另外，李书中收录的□，洛克字典中的□、□皆当与之同源。李书中的□、□、□、□当是□之变体。

□、□：方书收录。纳西语 la^{31} 有"手；树杈"义，疑为哥巴文自造字，象树杈貌。另外，李书中收录的□，洛克字典收录的□皆当与此同源。

□：该字符由李书收录。疑借哥巴文音近字□（lε，左弯右折之木片，一种法仪用品），是其变体。

□：该字符由洛克字典收录，疑借汉字"弓"，借字与源字之间在音、义上没有关联性。

□：该字符由李书收录。纳西语 la^{33}no^{31} 有"一种竹子"义，东巴文"竹子"写作□，又作□（方 p153-226），故哥巴文□是经东巴文同义字□省简并加缀□而成。

□：该字符由李书收录，字源不详。

85. lε（方 le）□、□、□、□、□、□、□（7）
① □、□、□、□、□（p404-le）④ □（p295）、□（p295）、□（p295）、□（p295）、□（p295）、□（p611）、□（p611）

按：

□、□、□：该组字符由方书收录。其字源可能如曹所言源自东巴文字符□（李书第 1214 号字，tʂʽʌ^{55}，污秽），借字与源字之间仅形态上相似，音义无关。该组字符的字源还有一种可能：□、□、□是哥巴文自造字，象使粮食脱粒的连枷貌。另外，李书中收录的□、□，洛克字典中收录的□、□皆当与之同源。

□：方书收录。李书中亦收录□、□、□，洛克字典中收录□、□、□皆当与之同源。洛克字典中的□当是在□的基础上增形而成。纳西语 lε^{55} 有"茶"义，其字源当如李静生先生所言，是东巴文"茶"□的省形。

□：该字符由李书收录。纳西语 gu^{33}ro^{31}ka^{33}lε^{31}（李 p28-78）有"左弯右折之木片（法仪用品）"义，东巴文写作□（方 p341-1217），李书中写作□（李 p133-1735），□源自东巴文同义字□。

□：该字符由李书收录。疑源自东巴文"乳"□（方 p290-930），是其省形。

□：该字符由方书收录。其字源当如曹所言借汉字"太"，字符与语词在音、义上无关。

□：该字符由洛克字典收录，表示"举"义，字源不详。

86. li □、□、□、□、□、□、□（7）
① □、□（p403-li）④ □（p302）、□（p302）、□（p302）、□（p302）

按：

□、□：方书收录。纳西语 li^{33} 有"法轮；用手摇转之小经筒"义，其字源当如李、曹所言，是东巴文同义字□（方 p347-1255，又写作□）之省文。洛克字典中收录的哥巴文字符□、□、□与东巴文同义字□、□相比在形态上最为接近；李书中收录的□、□、□、□、□、□当如曹所言，是对"转经筒"不同角度的省略和变化；洛克

字典中的 [字符] 则是在东巴文字符 [字符] 的基础上把两侧旋转蜷曲的线条变为竖长细线而成。

87. lo [字符]、[字符]、[字符]、[字符]、[字符]、[字符]、[字符]、[字符]、[字符]、[字符]、[字符]、[字符]、[字符]、[字符]、[字符]、[字符]（18）

① [字符]、[字符]、[字符]、[字符]（p406-lo）④ [字符]（p309）、[字符]（p310）、[字符]（p310）、[字符]（p310）

按：

[字符]、[字符]：方书收录。纳西语 lo31 有"谷；涧"义，与水相关，故此二字形当如李、曹所言是哥巴文自造水系字。另外，李书中收录的 [字符]、[字符]、[字符]、[字符]、[字符]、[字符]、[字符]、[字符]，洛克字典中收录的 [字符]、[字符]、[字符]、[字符] 皆当与之同源。方书中的 [字符] 当属 [字符] 之省体；[字符] 当是 [字符] 之变体；李书中的 [字符] 当是 [字符] 之变体。

[字符]：该字符仅李书收录。纳西语 lo55 py33 有"溜板"义，东巴文写作 [字符]（方 p328-1153），哥巴文 [字符] 当为东巴文同义字 [字符] 之变体。

[字符]：该字符由李书收录。纳西语 lo55 有"去"义，东巴文写作 [字符]（李 p21-215），[字符] 表示"去"的动作，哥巴文 [字符] 当受东巴文同义字的影响，为 [字符] 之复写。

[字符]、[字符]：该组字符由李书收录。纳西语 lo33 mæ31 有"百灵鸟"义，东巴文写作 [字符]（方 p170-313），故 [字符]、[字符] 这两个哥巴文字符当为东巴文同义字 [字符] 之变体。

[字符]、[字符]：该组字符由李书收录。纳西语 lo55 有"挂搭"义，东巴文写作 [字符]（李 p96-1213），故 [字符]、[字符] 这两个哥巴文字符疑为东巴文同义字 [字符] 之变体。

88. ly [字符]、[字符]、[字符]、[字符]、[字符]、[字符]、[字符]（7）

① [字符]、[字符]（p404-ly）④ [字符]（p316）、[字符]（p316）、[字符]（p316）、[字符]（p316）

按：

[字符]：方书收录。纳西语 ly33 有"矛"义，东巴文"矛"作 [字符]，又作 [字符]、[字符]、[字符]（方 p314-1071），故哥巴文字符 [字符] 当借东巴文同义字 [字符]。另外，李书中收录的 [字符]，洛克字典中收录的 [字符] 皆当与之同源。李书中的 [字符]、[字符] 当是哥巴文同组字符 [字符] 的变体；方书中的 [字符] 借自东巴文同义字 [字符]，是其变体；李书中的 [字符] 可能受哥巴文音近字 [字符] li 的影响而来；洛克字典中的 [字符] 当是借自哥巴文音近字 [字符] li；李书中的 [字符]、[字符] 当是在 [字符] 的基础上变化而来。

[字符]、[字符]：洛克字典收录。纳西语 ly55 ly33 有"摇动"义，[字符]、[字符] 这两个哥巴文字符象法轮转动貌，当借自哥巴文音近字 [字符]、[字符] li，同属东巴文象形字 [字符] 借入后的派生字。

[字符]：该字符仅李书收录，疑借汉字"辛"，借字与源字之间无音义方面的关联性。

ts

89. tsa [字符]、[字符]、[字符]、[字符]、[字符]、[字符]、[字符]、[字符]（8）

① [字符]（p455-tsa）

按：

[字符]：该字符由方书收录。纳西语 tsa55 p'a31（方 p455-202）有"筏"义，东巴文写作 [字符]（方 p328-1151，筏也，筏上有桨），哥巴文 [字符] 当为东巴文同义字 [字符] 之省变。

[字符]：该字符由李书收录。[字符] 由两部分组成：上形借汉字"下"；下形为哥巴文自造水

系字。李书中的 [字] 当为 [字] 之变体。

[字]：该字符由李书收录。当借汉字"五"。[字] 为 五之省体。

[字]：该字符由李书收录。纳西语 tsɑ⁵⁵ 有"小挖斧"义，东巴文同音同义字写作 [字]（李 p87-1085），故哥巴文 [字] 当为东巴文 [字] 之省体。

[字]：该字符由李书收录，字源不详。

[字]：该字符由李书收录，字源不详。

90. tsɛ [字]、[字]、[字]、[字]（4）

①[字]、[字]、[字]（p454- tsɛ）④[字]（p89）、[字]（p89）、[字]（p89）、[字]（p91）、[字]（p91）

按：

[字]：该字符由方书收录。其字源可能如曹所言，借汉字"石"。

[字]、[字]：方书收录，另外，李书中收录的 [字]、[字]、[字]，洛克字典中收录的 [字]、[字]、[字]、[字] 皆当同源。其中，[字] 是在 [字] 的基础上加字缀 [字] 而成，[字] 借自藏文元音字母 [字]（o）；[字] 是在 [字] 的基础上变曲线为折线再加字缀而成；[字]、[字]、[字] 是 [字] 的变体；[字] 是 [字] 的省体。字源难解，但李书还收录 [字]，纳西语 tsɛ⁵⁵ 有"打火链"义，tsɛ³³ 有"火链"义皆与火相关，东巴文"火"写作 [字]（李 p105-1357），哥巴文 [字] 当在东巴文 [字] 基础上省简并加字缀横。前面所列字形皆当与之同源。

[字]：该字符由洛克字典收录。疑为藏文字母 ョ 借入哥巴文后的派生字。

91. tsi [字]、[字]、[字]、[字]（4）

①[字]（p454- tsi）④[字]（p94）、[字]（p96）、[字]（p96）

按：

[字]：方书收录。另外，李书中收录 [字]，洛克字典中收录 [字]。这三个字符虽形态微别，皆当同源。曹萱女士认为借汉字"王"，借字与源字之间无音义上的联系。我们认为这组字符当是汉字"羔"的省形，详见 [字] 例。

[字]：该字符由李书收录。纳西语 ts'ɿ 有"山羊"义，据此可知哥巴文字符 [字] 当借汉字"羔"并加以省简变形而成。哥巴文 [字] 当是是 [字] 的省形。

[字]：该字符由李书收录。纳西语 ts'ɿ 有"山羊"义，故该字符当借汉字同义字"羊"。

[字]、[字]：该组字符由洛克字典收录，表示"山羊"，疑为哥巴文自造字，象羊角貌。

92. tsʌ [字]、[字]、[字]、[字]、[字]、[字]（6）

①[字]、[字]（p456- tsər）④[字]（p610）

按：

[字]：方书收录，其字源如李、曹所言借汉字"子"。另外，李书中收录 [字]、[字]、[字] 皆当与之同源，李书中的 [字]、[字] 当为"子"之变体。

[字]：方书收录。另外，洛克字典中收录 [字]，二者虽角度不同，当同源。其字源当如李、曹所言借汉字"子"。

[字]：该字符仅李书收录。字源不详，疑为哥巴文同音字 [字] 之变体。

93. tsu [字]、[字]、[字]、[字]、[字]、[字]、[字]、[字]、[字]、[字]、[字]、[字]、[字]、[字]、[字]

（16）

① 〇、〇、〇、〇、〇（p453- tsʅ）④ 〇（p95）、〇（p101）、〇（p133）、〇（p134）、〇（p134）、〇（p134）

按：

〇、〇：方书收录。纳西语 tsɯ⁵⁵（方书注音为 tsʅ⁵⁵）有"堵塞"义，哥巴文字符〇的字源当如曹所言借东巴文反义字〇（李 p62-753）。此外，据李书可知，在北地一带还有另一种写法〇（李 p120-1561），故哥巴文字符〇不是自创的，而是直接借自东巴文〇。另外，李书中收录的〇，洛克字典中收录的〇、〇皆当与之同源。

〇：该字符仅方书收录。纳西语 tsɯ³³ 有"拴束"义，东巴文同音同义字写作〇（李 p126-1637），哥巴文字符〇当为东巴文〇之变体。

〇、〇：方书收录，李书中收录的〇、〇、〇、〇、〇，洛克字典中的〇、〇，这组字符虽形态微别，当同源，疑借东巴文〇（李 p62-753），是其变体。

〇、〇：该组字符仅李书收录。纳西语 tsʅ⁵⁵tsʅ³³ 有"安装（锄头）"义，〇、〇当借汉字"安"。李书中的〇当为〇之变体。

〇：该字符仅李书收录。纳西语 tsɯ³³ 有"拴束"义，〇为哥巴文自造字，象绳貌，表"拴束"义。

〇：该字符仅李书收录。纳西语 tsɯ³¹ 有"椿子"义，东巴文写作〇，或写作〇（李 p95-1195），故哥巴文字符〇当借东巴文同义字〇，倒置并加字缀〇，〇借自藏文元音字母〇（o）。

〇：该字符仅李书收录，字源不详，疑受哥巴文音近字〇tsʌ 的影响而来。

〇、〇：该组字符仅李书收录，由两部分组成，上形皆为〇，第一个字符〇的下形〇为哥巴文常用字缀，第二个字符〇下形当受〇之影响。

〇：该字符仅李书收录。字源不详。

〇：该字符仅洛克字典收录，表示"束"义。字源不详，可能为自造字。

94．tso 〇、〇、〇、〇、〇（5）

① 〇（p455- tso）④ 〇（p99）、〇（p99）

按：

〇：方书收录。另外，李书中收录〇、〇，洛克字典中收录〇皆当同源。洛克字典中的〇当是在〇的基础上增形而成。字源不详。疑为哥巴文自造字。

〇：该字符仅李书收录。纳西语 tso³³ 有"一套（古语）"义，该字形当借东巴文"一"〇（方 p336-1194）并增形而成。

〇：该字符仅李书收录。字源不详。

〇：该字符仅李书收录。字源不详。

95．tsʼɑ 〇、〇、〇、〇、〇、〇、〇（7）

① 〇、〇、〇、〇、〇（p458- tsʼɑ）④ 〇（p582）、〇（p582）

按：

安、㚣、𡚦、㚴：方书收录。另外，李书中收录㚤、㚣，洛克字典中收录㚥、㚨。这些字符虽形态稍异，当同源。曹萱女士认为哥巴文字符㚴借汉字偏旁"夂"，我们认为不然。纳西语 ts'a³³za³¹tɕ'o³³mo³³（李 p31-88）有"女人名"义；ts'a³¹又有"亲戚"义，东巴文中"亲戚"从母族，皆与"女"有关，故我们认为该组字形当借汉字"女"并加以变形而来。此外，我们可以提供一个旁证：哥巴文借汉字"安"写作安、安tsɯ，其部件"女"字即与本组字符相合。

𠔾、平、丰：该组字符仅李书收录，三者形态微别，当同源。字源不详。

平：该字符仅方书收录，疑为哥巴文音近字 T tso 的派生字。

𠕌：该字符仅李书收录。𠕌由两部分组成：𠃍当为哥巴文构字过程中常见字缀；乂疑为哥巴文自造字符。

左：该字符仅李书收录。字源不详。

96. ts'ε 畐、畮、畔、畋、𠧢、罒、𠂆、曲、𠀠、𠀤、马、𠮷、韦、𠀎、本（16）

①畀（p457- ts'i）𫝀、𠀝、𠀤、𠀡（p458- ts'e）④𠃋（p583）、𠀤（p583）、𠀠（p584）、𠀎（p584）、𠀡（p584）、𠀤（p584）、𠀡（p583）、𠀠（p588）

按：

畐、畮、畔、畋、𠧢、𠂆、𠀠：该组字符由李书收录。另外，方书收录𠀡、𠀤，洛克字典收录𠀡、𠀤、𠀠。该组字符中的𠂇、𠂉为哥巴文造字过程中的常用字缀，在字符中的位置和方向不定，例如：畐、畮、畔。这些字缀也可与所结合的部件相互借用笔画，例如𠀡、𠀤、𠀤。纳西语 ts'ε³³（方书注音为 ts'e³³）有"盐"义，东巴文"盐"写作⊠（方 p136-133）。故该组哥巴文字符当借东巴文同义字⊠。畐、畮、畔、畋、𠧢、𠀡、𠀤、𠀤是在⊠的基础上增加字缀而成，𠧢是其变形，𠂆是其省形，曲、𠀠是在⊠的基础上繁化而成。

马、𠮷：李书收录。另外，洛克字典收录𠮷、𠀎、𠀡。其中，𠮷、𠀎、𠀡是在马的基础上加字缀𠂇或𠂉而成，故该组字符字源当同。纳西语 ts'ε³¹（方书注音为 ts'e³¹）表示"十"义，洛克字典中收录了东巴文"十"用来记录数字"十"，故哥巴文字符马当源自东巴文同义字"十"，并加字缀"口"而成；哥巴文𠮷是在东巴文"十"的基础上加字缀𠂉而成。

韦：该字符仅李书收录。当源自东巴文"解"𠂆（方 p322-1118）。

本：该字符仅李书收录。借汉字"本"。

𫝀：该字符仅方书收录。曹萱女士认为𫝀可能源自东巴文"编"𠃋，可为一说。

𠀝：该字符仅方书收录。纳西语 bu³³ts'e³³有"锄草皮"义，据此推知：哥巴文字符𠀝上形为"草"，借汉字"卄"；下形表示地皮。

𠀎：该字符仅方书收录，曹萱女士认为𠀎借汉字"升"，𠀎与"升"之间在音、义上没有联系，我们更倾向于把𠀎作为一个哥巴文自造字，因纳西语 ts'i³¹有"肩骨"义，𠀎象肩骨貌。

97. ts'ʌ 𣎳、※（2）

① ❋、❋、❋（p459- ts'ər） ④ ❋（p129）、❋（p583）、❋（p588）

按：

❋：方书收录，另外，李书中亦收录❋，纳西语 ts'ər³¹ 有"十"义，故其字源当如曹所言，借东巴文"十"义并加字缀点而成。方书收录的❋当是在❋的基础上加哥巴文常用字缀ナ而成。

❋：方书收录，洛克字典中亦收录❋、❋、❋，当与之同；李书收录的❋当是在❋的基础上加字缀ナ而成。关于其字源，曹萱女士认为❋是❋的变体，基于东巴文"十"写作メ，这种观点存在合理性，亦符合哥巴文造字时方向不别义的规律。我们认为关于该组字符的字源还存在另一种可能：洛克字典收录了东巴文"十"，用来标记数字"十"，"百"写作メ，故据此可知哥巴文❋当是在东巴文"十"的基础上直接加点字缀而成，并非是哥巴文❋的变体。这可能也是洛克字典中只收录❋，而不收❋的原因。

98. ts'ɯ

55　❋、❋、❋、❋、❋（5）

33　❋、❋、❋、❋、❋、❋、❋、❋、❋、❋（10）

31　❋、❋、❋、❋、❋、❋、❋、❋（8）

① ❋、❋、❋、❋、❋、❋（p456- ts'ŋ）　④ ❋（p134）、❋（p134）、❋（p594）、❋（p594）、❋（p594）、❋（p594）、❋（p595）、❋（p595）、❋（p605）

按：

❋、❋：方书收录，李书中亦收录❋、❋，洛克字典中收录❋、❋。纳西语 ts'ɯ³¹（方书注音为 ts'ŋ³¹）有"鬼"义，❋如曹所言为哥巴文自造字，受东巴文❋（ts'ŋ³³，"吊死鬼"）之影响，❋是在哥巴文自造字❋上加绳状，表示"鬼"。另外，李书收录的❋为❋之变体，李书收录的❋是在❋的基础上加绳状，洛克字典收录的❋为❋的变体。

❋、❋：方书收录，另外，洛克字典中收录❋，三者字形微别，当同源。疑为哥巴文自造字。

❋：李书收录，另外，方书中收录❋，洛克字典中收录❋。三者字形稍异，字源当同。纳西语 ts'ɯ³³（方书注音为 ts'ŋ³³）有"犁铧"义，故其字源当如曹所言，借东巴文同义字❋并加以省简而来。

❋：该字符仅李书收录。纳西语 ts'ɯ³¹ 有"细"义，故此推知哥巴文字符❋是借汉字近义字"小"并加字缀横。

❋、❋、❋、❋：李书收录，另外，洛克字典收录❋。该组字符虽形态微别，当同源，字源不详。

❋、❋、❋、❋：李书收录，另外，洛克字典收录❋。该组字符虽形态微别，当同源，字源不详。

99. ts'o

33　❋、❋（2）

33　❋、❋（2）

55（31）⊼、ㄣ、会、ㄈ、㐅、㐃、㐂、冇、㝉（9）
① ⊼、万、吕（p459- ts'o）④ 乙（p588）、白（p588）
注：第一、二组新版旧版都确实是标注 33 调值，但旧版第三组标注 31 调值。我们认为当依据旧版，因为方书中"人；象"（p459）等义皆为 31 调值。
按：

○○○、○○○：该组字符仅李书收录。纳西语 ts'o[33] 有"锉子"义，东巴文同音同义字写作 ⊞⊞（李 p96-1209，又写作 ⊞⊞），故哥巴文字符 ○○○、○○○ 当源自东巴文同义字 ⊞⊞，是其省体。

万、人：李书收录。方书中收录 万。万 与 万 二者仅笔画走势略微不同，当同源。纳西语 ts'o[33] 有"跳"义，东巴文写作 禹（方 p238-637，又作 禹），故哥巴文 万 的字源当如曹所言借东巴文 禹 并加以省简。另外，李书中收录的哥巴文字符 人 亦当是东巴文 禹 之省体。

乙：方书收录，另外，李书中收录 ⊼、ㄈ，洛克字典中收录 乙。此四字符虽形态微别，当同。纳西语 ts'o[31] 有"人"义，东巴文"人"写作 㝉，又省作 㝉（方 p201-447），故哥巴文 乙 当为东巴文 㝉 之变体。李书收录的 ⊼、会、㐅 当是在 乙 的基础上增加字缀而成。

㐂、㐃：该组字符由李书收录。纳西语 ts'o[31] 有"人"义，东巴文"人"写作 㝉（p201-447），故哥巴文 㐂 当源自东巴文 㝉，哥巴文 㐃 为 㐂 之变体，其字源和字形演变过程可拟作：㝉（东巴文）—㐂（哥巴文）—㐃（哥巴文）。

吕：该字符由方书收录。字源不详，纳西语 ts'o[33] ts'o[31] 有"凑合"义，吕 疑为哥巴文自造字符，表示"凑合"。

冇、㝉：该组字符由李书收录。字源不详。

白：该字符由洛克字典收录，表示"跳"义，可能假借自东巴文 白（方 p255-734，"胆"）。

100. ts'y 为、马、耳、目、直、瓜、马、马、勒（9）
① 为、PP（p457- ts'y）④ 臣（p605）、万（p605）
按：

为：方书收录，另外，李书收录的 为 当与之同源。纳西语 ts'y[55] 有"雷光，电光"义，东巴文写作 ⊞（方 p99-19，从电眼声），为、为 保留了电光闪烁貌，同时借用汉字"目"。李书收录的 马、耳、目、直、瓜、马，洛克字典收录的 臣、万 皆当为其变体。

勒：该字符由李书收录。纳西语 ts'y[33] 有"马疮"义，勒 由左右两部分组成，右形为借汉字"马"后的派生字，左形不识。

马：该字符由李书收录。纳西语 ts'y[33] 有"马疮"义，与马相关，故该字符当借汉字"马"。

PP：该字符由方书收录。字源不详，疑为哥巴文自造字，表示"发疟疾"义。

101. dze 赤、未、朿、朿、⇁、十（6）
① 赤、朿（p462-dze）④ 未（p129）

按：

⿻、⿻、⿻、⿻、⿻：李书收录。另外，方书收录⿻、⿻，洛克字典收录⿻。纳西语 dɯɛ³³ 有"麦子"义，东巴文"麦子"写作⿻（方 p157-246），该组哥巴文字符当源自东巴文同义字，曹萱女士所言其演变过程⿻—⿻有理，我们结合新增材料可补充如下：⿻（东巴文）—⿻（李）—⿻（李）、⿻（洛克）—⿻（方）—⿻（李）；⿻（东巴文）—⿻（李）—⿻（李）—⿻（方）。

⿻：该字符由李书收录。纳西语 dɯɛ³³ 有"麦子"义，⿻疑为哥巴文自造字，象麦芒之形。

102. dɯi ⿻、⿻、⿻、⿻、⿻（5）

①⿻、⿻（p461- dɯi）④⿻（p135）、⿻（p135）、⿻（p135）、⿻（p422）、⿻（p422）、⿻（p422）

按：

⿻、⿻：李书收录。另外，方书收录⿻，洛克字典收录⿻、⿻。在这组字符中，⿻虽与⿻、⿻、⿻等字符方向不同，但据哥巴文造字规律可知，左右不别义，故该组字符同源。纳西语 dɯi³³ 有"人（古语）"义，东巴文"人"写作⿻（方 p201-447），⿻、⿻、⿻、⿻皆当源自⿻，是其省体。

⿻：李书收录。另外，洛克字典收录⿻。⿻当是在⿻的基础上增形而成。⿻疑为哥巴文自造字。

⿻、⿻：该组字符由洛克字典收录。表示"飞"，字源不详。

⿻：该字符由洛克字典收录。表示"飞"，字源不详，可能为藏文字母 ヨ 借入哥巴文后的派生字。

⿻：该字符由方书收录。纳西语 dɯi³¹ 有"飞"义，故其字源当如曹萱女士所言，借汉字同义字"飞"并加以变形。

⿻：该字符由李书收录。哥巴文⿻当为藏文字母⿻借入哥巴文后的派生字。

103. dɯʌ ⿻（1）

①⿻、⿻（p463- dɯər）

按：

⿻：该字符由李书收录。纳西语 dɯʌ³³ 有"缠闹人"，东巴文"缠绕"写作⿻（李 p120-1563），故哥巴文字符⿻为东巴文同义字⿻的省体。

⿻：该字符由方书收录。⿻分上下两部分，上形⿻为草；下形⿻为哥巴文自造水系字。如曹所言该字符是从草从水的会意字。

⿻：该字符仅方书收录。上形⿻为草，源自东巴文"草"⿻（方 154-228）；下形⿻如李静生先生所言为⿻之省文。

104. dɯy ①⿻（p461）

按：

⿻：该字符仅方书收录。曹萱女士认为借汉字"飞"，我们认为⿻是哥巴文自造字符与哥巴文音近字⿻的合体。

105. ʥɯ 主、土、乙、冫、巳、攵、丙、八（8）

①主、土、夫、攵、禾、丞、丙、△、八（p460-ʥɯ）④△（p142）、ᴧᴧ（p142）、ᴧᴧᴧ（p142）、八（p142）、Ω（p142）

按：

主：李书收录。另外，方书亦收录主，二者形态相同。纳西语 ʥɯ³¹ 有"居住"义，东巴文"居住"写作⿱宀王。从形态上来看，哥巴文字符主与东巴文同义字⿱宀王差异较大，而与汉字"住"字形相近，故此字符主当源自汉字"住"，是其省体，省略"亻"。

土：李书收录。另外，方书收录土，二者形态相似。纳西语 ʥɯ³¹ 有"坐"义，东巴文"坐"写作⿱宀土，故此哥巴文字符土源自东巴文同义字⿱宀土，是其省体。

乙：该字符仅李书收录，当为哥巴文自造字符加字缀点而成。

冫：该字符仅李书收录，纳西语 ʥɯ³¹ 有"冰"义，东巴文"冰"可写作❀❀（李 p13-125，冰也，象冰箸之形，此种写法见于鲁甸一带），据此可推知：哥巴文字符冫当为东巴文同义字❀❀之省体。

丙：李书收录，另外，方书收录丙，二者为同一字符。字源不详。

△：方书收录，另外，洛克字典收录△、ᴧᴧ、ᴧᴧᴧ。纳西语 ʥɯ³¹ 有"冰"义，东巴文"冰"又可写作𝌀𝌀𝌀（李 p13-124，冰也，象冰冻时冰齿掀动大地之形，故上画一大地，下画冰齿三条，此种写法见于丽江一带），据此可推知：哥巴文字符△、ᴧᴧ、ᴧᴧᴧ 皆为东巴文同义字𝌀𝌀𝌀之省体。该组字符的字源及字形省简过程可拟为：𝌀𝌀𝌀（东巴文）—ᴧᴧᴧ（哥巴文）—ᴧᴧ（哥巴文）—△（哥巴文）。

禾、丞、八：方书收录，另外，洛克字典收录八、Ω。纳西语 ʥɯ³³ 有"吃"义，东巴文写作⌒（方 p260-764，吃也，口中有物）。据此可推知：哥巴文字符丞为东巴文同义字⌒之变体；哥巴文字符禾又在丞的基础上将圆圈变成点；哥巴文字符八、八在东巴文同义字⌒的基础上倒转方向并省略口中之物；Ω在八的基础上将曲线变成直线。该组哥巴文字符的字源与字形演变过程可拟为：⌒（东巴文）—丞（方）—禾（方）；⌒（东巴文）—八（方）、八（洛克）—Ω（洛克）。

巳、八：该组字符仅李书收录，二者虽笔画略异当同源。纳西语 ʥɯ³¹ 有"犏牛"义，其字源当如方国瑜先生所言为哥巴文自造字符。

夫、攵：该组字符仅方书收录，曹萱女士认为源自东巴文 ʥy³¹。纳西语 ʥɯ⁵⁵ʥɯ³³ 有"烦闷"义，与"头"相关，故我们认为该组字符当借自汉字"头"并加以变形。

106. ʥo 仝（1）

①仝（p463-ʥo）④仝（p141）、仝（p407）

按：

仝：李书收录，另外，方书收录仝，洛克字典收录仝、仝，这四者形态稍异，当为同一字符。纳西语 ʥo³³ 有"架子"义，东巴文"架子"写作⊓（方 p302-1001），据此推测哥巴文字符仝当源自东巴文同义字⊓，倒置后增形而成。

ndʑ

107. ndʑa 〇（1）

注：方书中第463页第218组 dʑa，只收音不收字形。

按：

〇：该字符仅李书收录。纳西语 ndʑa³³mi³¹ 有"闪电"义，东巴文"闪电"写作 〇（方 p99-19），故哥巴文字符 〇 当为东巴文同义字 〇 之省体并加点缀而成。

108. ndʑʌ 〇、〇、〇、〇、〇、〇、〇、〇、〇、〇（11）

①〇、〇（p463-dʑər）④〇（p420）、〇（p420）、〇（p420）、〇（p420）

按：

〇：李书收录。另外，方书收录 〇，二者形态稍异，当为同一字符。该字符由上下两部分组成：上形为"草"，下形为哥巴文自造水系字，故该字符如曹所言是从草从水的会意字。

〇、〇、〇、〇：该组字符由李书收录。另外，方书收录 〇，洛克字典收录 〇、〇。该组字符均由上下两部分组成，上形均为 〇，源自东巴文"草"字 〇（方 p154-228）。〇、〇、〇 这三个字符的下形为哥巴文自造水系字。〇 与 〇 下形左右相对，据哥巴文造字规律，其字源当同。〇 之下形 〇 一说为哥巴文自造水系字 〇 的省体，一说为哥巴文自造字符。〇 之下形 〇 据李静生先生考证为 〇 之省文。

〇：该字符仅李书收录，当源自东巴文"草" 〇（方 p154-228）。李书中的 〇 当为 〇 之变体。

〇：该字符仅洛克字典收录，上形为 〇，当受同音字 〇、〇 等字符之影响，源自东巴文"草"字，下形疑借东巴文"人" 〇（方 p201-447）。

〇：该字符仅洛克字典收录，由上中下三部分组成：上形为 〇，源自东巴文"草"字；下形为哥巴文自造水系字；中间部分字源不识。

109. ndʑɯ 〇、〇、〇、〇、〇、s6、〇、〇、〇、〇、〇、〇（12）

①〇、〇、〇、〇、〇 ④〇（p420）、〇（p423）、〇（p423）、〇（p423）、〇（p423）

按：

〇、〇、〇、〇、〇：李书收录，另外，方书收录 〇、〇，洛克字典收录 〇。该组字符虽形态稍异，当同源，为假借哥巴文音近字 〇、〇 dʑɯ，借入后笔画稍变。

〇、〇：该组字符仅李书收录，二者形态稍异，当同源，借哥巴文音近字 〇 dʑo 并加点字缀而成。

〇、〇、〇：该组字符由李书收录，另外，方书收录 〇、〇、〇，洛克字典收录 〇、〇、〇。纳西语 ndʑɯ³³ 有"吃"义，东巴文"吃"写作 〇（方 p260-764，吃也，口中有物），据此推测该组哥巴文字符皆借自东巴文同义字 〇。

〇：该字符仅洛克字典收录，表示"吃"义，字源不详。

〇：该字符仅李书收录。纳西语 ndʑɯ³¹ 有"犏牛"义，该字符疑为哥巴文自造字，象牛尾，表示"犏牛"。

sɿ：该字符仅李书收录。字源不详。

110. ndʑo ▢、▢、▢、▢、▢、▢、▢、▢、▢（9）
①▢、▢（p463-dʑo）④▢（p407）、▢（p407）

按：

▢、▢、▢、▢、▢：李书收录。另外，方书收录▢、▢，洛克字典收录▢。纳西语 dʑo³¹ 有"马槽"义，东巴文"马槽"写作▢（方 p303-1004）。▢、▢、▢、▢这四个哥巴文字符的下形当借东巴文"草"▢（方 p154-228），加上形表示"槽中有草"义。哥巴文字符▢、▢当为▢、▢省体；▢与▢方向相反，据哥巴文造字规律可知，上下不别义，故二者当同源。李书收录的▢、▢疑为▢之变体。

▢：该字符仅李书收录。字源不详，可能与▢同源。

▢：该字符仅李书收录。纳西语 ndʑo³³ 有"雹"义，东巴文"冰雹"写作▢（方 p98-16，雹也，字作▢，旁出▢，落地有声也），故哥巴文字符▢当为东巴文同义字▢之省体并增形而成。

▢：该字符仅洛克字典收录。纳西语 dʑo³¹ 有"桥"义，东巴文"桥"写作▢（方 p326-1139，桥也，从水上有桥），哥巴文字符▢是仿照东巴文同义字▢的结构所造的会意字，上形借自东巴文"分"▢（李 p121-1583）；下形为哥巴文自造水系字。

S

111. sa ▢、▢、▢、▢、▢、▢、▢、▢（8）
①▢、▢（p467- sa）④▢（p513）、▢（p513）

按：

▢：李书收录，另外，方书收录▢。纳西语 sa⁵⁵ 有"气"的意思，故▢和▢这两个哥巴文字符借东巴文同义字▢（方 p100-25，sa⁵⁵），并经倒转和变形而成。

▢：该字符仅李书收录。纳西语 sa³³la³¹ 有"线拐"义，该字符当为哥巴文自造象形字，象线拐貌。

▢：李书收录，另外，方书收录▢，二者为同一字符。其字源当如曹所言借东巴文"草"▢（方 p154-228，又作▢）。

▢：该字符仅洛克字典收录，由上下两部分组成：上形借自东巴文"草"▢（方 p154-228）；下形为哥巴文自造水系字。

▢：该字符仅洛克字典收录，纳西语 sa³¹ 有"撒；散乱"义，字符▢疑为哥巴文自造字，象线散之形。

▢：该字符仅李书收录。纳西语 sa⁵⁵ 有"溢散"义，东巴文写作▢（李 p120-1566），哥巴文字符▢当源自东巴文同义字▢。

▢：该字符仅李书收录。纳西语 sa³¹ 有"披散"义，疑为哥巴文自造字符，象人披散头发貌。

▢：该字符仅李书收录，字源不详。

112. sɛ ▢、▢（2）

第三章　哥巴文字源研究

①~~、𝟑（p465-se）④-𝟑-（p516）、𝟑̃（p516）、~~（p516）、𝟑（p516）、~~（p516）、𝟑（p520）

按：

~~：方书收录，李书中亦收录~~，洛克字典收录~~，这三者字形一致，纳西语 se³¹ 有"神名（阴神）"义，故其字源当如李、曹所言受乾、坤二卦的影响产生。

𝟑：方书收录，李书中收录𝟑，洛克字典中收录𝟑、𝟑，这四者之间的差异属于同一字符由不同人手写造成的差异。纳西语 se³³ 有"完"义，关于哥巴文𝟑的字源，李、曹认为借汉字"了"。我们认为关于𝟑的字源还有一种可能：东坝子和若喀地区东巴文"完"写作今，或写作𝟑（李 p110-1423，完也，象线尽之形，见于中甸县东坝及若喀地域），故此我们认为哥巴文字符𝟑当直接借自东巴文同义字𝟑。

-𝟑-：该字符仅洛克字典收录，是哥巴文同组字符--与𝟑的合体。

𝟑̃：该字符仅洛克字典收录。𝟑̃表示"阴神"义，由两部分组成：上形为哥巴文常用字缀⌒，借自藏文元音字母∨（o）；下形为哥巴文自造水系字𝟑。

113. si 穹、宆、宆、宆、宆、宆、宆、宆、九、尾、尾、hʋ、hʋ、㕞、㕞、尻、尻、冏、巿（19）

①甹、巿、里（p465- si）④里（p520）、里（p523）、㐬（p523）、亨（p523）、南（p523）、丁（p523）

按：

穹、宆、宆、宆、宆、宆、宆、宆：该组字符由李书收录。另外，方书收录甹、巿，洛克字典收录㐬、亨、南。纳西语 si³³ 有"穷苦；穷人"之义，哥巴文穹当借汉字同义字"穷"并省形而成。该组哥巴文中的其他字符当为穹之变体。

九、尾、尾、hʋ、hʋ、尻、冏、巿：该组字符由李书收录。洛克字典收录丁。纳西语 si³³ 有"丝线"义，该组字符当为哥巴文自造字符，象蜷曲丝线貌。从造字角度来观察该组字符可见：第一，在这组字符中，线条的弯折次数不影响字义，有一折的九，有两折的尾，也有三折的尾。第二，字符中是否有点"·"也不区别字义，例如 hʋ 和 hʋ。第三，在这组字符中，勾线的道具繁简不别义，有的字符造字时只有丝线不见道具，如丁；有的字符既有丝线又有道具，道具又有简有繁，前者如九、尾、尾、hʋ、hʋ，后者如尻、冏、巿。

里：洛克字典收录，该字符由上下两部分组成：上形源自东巴文"草"↓（方 p154-228）；下形为哥巴文自造水系字。

里：该字符由方书收录，另外，洛克字典收录里。二者上形相同，里下形不识，里下形为哥巴文自造字符。

114. sʌ 屮、屮、屮、屮、屮（5）

①屮、屮（p468- sər）④屮（p520）

按：

屮：方书收录，李书中收录的屮虽与之笔画微别，当同源。纳西语 sʌ³³ 有"木；柴"义，关于其字源当以曹说为是，该字符由两部分组成：上形屮借东巴文"草"↓（方

p154-228）；下形借藏文字母 ◌ 充当字缀。另外，李书中的 ⿻ 当为 ⿻ 之变体。

⿻：方书收录，李书中收录的 ⿻ 与之同源。上形 ⿻ 借东巴文"草" ↓（方 p154-228）；下形为哥巴文自造字符 Z。

⿻、⿻：该组字符仅李书收录，⿻ 是在 ⿻ 的基础上加字缀短竖而成。⿻ 由两部分组成：上形 ⿻ 借东巴文"草" ↓（方 p154-228）；下形为哥巴文常用构字符号。

⿻：该字符仅洛克字典收录，假借自哥巴文 ⿻ sɯ。

115. sɯ

55　⿻、⿻、⿻、三、⿻、⿻、⿻（7）

33　⿻、⿻、⿻、⿻、⿻、⿻、⿻、⿻、⿻、⿻、⿻、⿻、⿻、⿻、⿻、⿻（16）

31　⿻、⿻、⿻、⿻、⿻、⿻、⿻、⿻、⿻、⿻（10）

① ⿻、⿻、⿻、⿻、⿻、⿻、⿻、↓（p464-sɯ）④↓（p405）、⿻（p506）、⿻（p506）、⿻（p506）、⿻（p506）、⿻（p506）、⿻（p530）、⿻（p530）、⿻（p531）、⿻（p532）

按：

↓：方书收录，另外，李书收录 ↓，洛克字典收录 ↓、⿻。这四个字符虽形态稍异，当同源。纳西语 sɿ^{55} 有"茅草"义，故该组字符当借东巴文"草" ↓（方 p154-228）。洛克字典中收录的 ⿻ 由上下两部分组成：上形为 ⿻ 之变体；下形借汉字"三"。

三：该字符仅李书收录。纳西语 sɯ^{31} 有"三"义，故哥巴文字符 三 当借汉字"三"。

⿻：方书收录，纳西语 sɿ^{55} 有"茅草"义，故该字符的上形疑借汉字"廿"；下形是哥巴文自造字。

⿻、⿻、⿻：方书收录。纳西语 sɿ^{55} 有"茅草"义，故该组哥巴文字符当借东巴文同义字"草" ⿻（方 p154-228）。另外，李书中的 ⿻，洛克字典中的 ⿻ 亦为东巴文 ⿻ 之变体。

⿻、⿻、⿻、⿻：该组字符仅李书收录，表示"茅草"义。该组字符皆由上下两部分组成：上形为草，借自东巴文"草" ↓（方 p154-228）；下形为哥巴文自造符号。

⿻：该字符仅李书收录，由上下两部分组成：上形借汉字"廿"；下形为哥巴文字符。表示"茅草"义。

⿻：该字符仅洛克字典收录，由上下两部分组成：上形为草，借东巴文"草" ↓（方 p154-228）；下形为哥巴文字符。表示"茅草"义。

⿻：该字符仅洛克字典收录，由上下两部分组成：上形为草，借东巴文"草" ↓（方 p154-228）；下形为哥巴文字符 ⿻。

⿻、⿻、⿻、⿻：该组字符仅李书收录。纳西语 sɯ^{55}、sɯ^{33} 皆有"家神；神名"义，东巴文"神名"写作 ⿻（李 p150-2001），故该组哥巴文字符当源自东巴文同义字 ⿻。另外，李书中收录的哥巴文 ⿻ 既可能为同组哥巴文 ⿻ 之变体，也可能借东巴文 ⿻（李 p150-2003，威灵遗烈也）；哥巴文 ⿻、⿻ 为同组哥巴文 ⿻ 之变体。

⿻：该字符仅李书收录，疑借汉字"斤"，借字与源字之间在音、义上皆无关联。

⿻：该字符仅李书收录。纳西语 sɯ^{33}sɯ^{31} 有"真正的，纯粹的"义，故我们认为该哥巴文字符借汉字同义字"正"。另外，李书中收录的 ⿻、⿻、⿻、⿻、⿻，方书收录

的 ⿰、⿰，洛克字典收录的 ⿰、⿰ 皆当为"正"之省体；⿰ 与 ⿰ 方向相反，哥巴文中左右无别。

⿰、⿰：该组字符仅李书收录。⿰ 在 ⿰ 的基础上加字缀 ⿰，⿰ 当为藏文字母 ⿰（o）借入哥巴文后的派生字。

116. so ⿰、⿰、⿰、⿰、⿰、⿰、⿰、⿰、⿰、⿰、⿰、⿰、⿰、⿰、⿰（16）

① ⿰、⿰、⿰（p467- so） ④ ⿰（p527）、⿰（p527）

按：

⿰、⿰、⿰：方书收录。另外，李书中收录的 ⿰、⿰、⿰、⿰、⿰、⿰、⿰、⿰，洛克字典收录的 ⿰、⿰ 皆当与之同源。其字源当如曹所言借藏文字母 ⿰。

⿰：该字符仅李书收录。字源不详。

⿰、⿰：该组字符仅方书收录。借汉字"方"，借字与源字之间在音、义上无关。

⿰：该字符仅李书收录。纳西语 ɕʌ³¹lo⁵⁵py³¹so³³（李 p38-108）有"神名"义，东巴文"神名"写作 ⿰（李 p150-2001），哥巴文字符 ⿰ 当为东巴文 ⿰ 之变体。

117. sy ⿰、⿰、⿰、⿰、⿰、⿰、⿰、⿰、⿰、⿰、⿰（11）

① ⿰、⿰（p465- sy） ④ ⿰（p546）、⿰（p546）、⿰（p546）、⿰（p546）、⿰（p547）

按：

⿰、⿰：方书收录。另外，李书中收录 ⿰、⿰、⿰、⿰，洛克字典中收录 ⿰、⿰。这些字符虽形态稍异，当同源。纳西语 sy 表示"铅"义，该组字符疑为哥巴文自造字，象铅块貌。

⿰、⿰、⿰、⿰、⿰、⿰：李书收录，另外，洛克字典中收录 ⿰、⿰ 当与之同源，字源不详。其中，⿰、⿰、⿰、⿰ 和 ⿰ 当受汉字的影响在哥巴文字符的基础上加"⿰"或"⿰"而成。

⿰：该字符仅李书收录。字源不详。

⿰：该字符仅洛克字典收录，表示"铅"义，字源不详。

Z

118. za ⿰、⿰、⿰、⿰、⿰（5）

① ⿰（p471- za） ④ ⿰（p643）、⿰（p644）、⿰（p644）

按：

⿰：方书收录。另外，李书中亦收录 ⿰、⿰。三字形黑点大小稍异，当同源。纳西语 za³¹ 有"行星"义（李书收录），又方书下收录 za³¹ 有"星，彗星"义，故其字源当如李、曹所言源自东巴文"星"⿰（方 p91-4），把圆圈变为黑点。另外，李书收录的哥巴文 ⿰、⿰、⿰ 皆当为 ⿰ 之变体。

⿰：该字符仅洛克字典收录。纳西语 za³¹ 有"星，彗星"义，东巴文象形字"星"作 ⿰，故该组哥巴文字符当借东巴文同义字 ⿰（方 p91-4）。

⿰：该字符仅洛克字典收录，当借自东巴文同义字 ⿰（方 p91-4）。哥巴文 ⿰ 是

在东巴文 ⦁∘⦁ 的基础上，把圆圈变为黑点。

整组哥巴文字符的演变过程可拟为：∘⦁∘（东巴文）—⦁∘⦁（洛克）—⦁⦁⦁（方、李）—⦁⦁、⦁（李）—⦁（李）；∘∘∘（东巴文）—⦁⦁⦁（洛克）。

119. zɛ ［字符组］（18）

①［字符］（p470- zɛ）④［字符］（p645）、［字符］（p645）、［字符］（p645）

按：

［字符］：方书收录。另外，李书中收录［字符］、［字符］，洛克字典中收录［字符］。据哥巴文造字规律可知，此处方向不别义，左右无别，故四字符当同源，疑为哥巴文自造字符。另外，李书中收录的［字符］、［字符］、［字符］、［字符］、［字符］皆当为［字符］之变体：［字符］在［字符］的基础上增加字缀圆圈；［字符］在［字符］的基础上增加字缀横；［字符］是把［字符］的上部短横变为字缀［字符］，该字缀借自藏文字母［字符］；［字符］是把［字符］的上部短横变为哥巴文字符［字符］；［字符］是把［字符］的上部短横直接替换为圆圈。

［字符］、［字符］、［字符］：该组字符仅李书收录。其字源存在两种可能性：一种是借汉字"子"；第二种是借东巴文同音同义字［字符］（李 p127-1665，神名），哥巴文［字符］、［字符］是东巴文［字符］的省体，哥巴文［字符］是［字符］的变体。

［字符］、［字符］、［字符］、［字符］、［字符］：该组字符仅李书收录。字形微别，当同源。疑为哥巴文自造字。

［字符］、［字符］：该组字符仅洛克字典收录，表示"飞鬼"义，当分别假借自哥巴文字符［字符］、［字符］（dʑe）。

［字符］：该字符仅李书收录。纳西语 fu^{55}zɛ^{33} 有"海螺"义，与水有关。［字符］当为哥巴文自造水系派生字。

120. zi ［字符］、［字符］（2）

①方书第 470 页第 230 组 zi，只收音不收字形。④［字符］（p648）

按：

［字符］：该字符仅李书收录。纳西语 zi^{31}zi^{33}tsɿ^{33}（方 p470-230）有"紧紧地拴"义，东巴文"拴"写作［字符］，又省作［字符］（方 p323-1123），据此可推知哥巴文［字符］当源自东巴文［字符］，保留绳貌。

［字符］：该字符仅洛克字典收录，当源自东巴文同义字［字符］（方 p323-1123），保留绳子与木桩貌。

［字符］：该字符仅李书收录。字源不详，疑为借藏文字母［字符］后增形而成。

121. zʌ ［字符组］（13）

①［字符］、［字符］（p471- zər）④［字符］（p549）

按：

［字符］：该字符仅方书收录。纳西语 zər^{33} 有"缺粮"义，东巴文"缺粮"写作［字符］（方 p289-923，缺粮也，饭碗倒置），因此哥巴文［字符］当由东巴文同义字［字符］省简而成。

［字符］：该字符仅方书收录。纳西语 zər^{31}（李书注音为 zʌ^{31}）有"压"义，东巴文"压"写作［字符］（方 p262-779，压也，从足镇物），哥巴文［字符］当源自［字符］，保留足形。

己、㠯、㫖、㝎：李书收录。洛克字典收录㠯，其字形相对李书中的字符更为规整，当同源。己为哥巴文自造字符，㠯、㫖、㝎、㠯是在己的基础上增加圆圈而成。李书中的㠯当为㠯之变体。

㿝、㖇、㖇：该组字符仅李书收录。纳西语 $zʌ^{31}$ 有"压"义，东巴文"压"写作㖇（李 p55-677），故该组哥巴文字符当源自东巴文㖇。

㞢：该字符仅李书收录。方书 $zʌ$ 下亦收㞢，二者仅笔画有曲直之别，当同源。纳西语 zo^{31} 有"草"义，$zʌ^{33}$ 亦有"草"义。故我们认为该字符当为哥巴文自造字，象草芽初生蜷曲貌。

122. zɯ 𐰢、𐰲、𐰳、𐰴、𐰵、夫、㐅、㠯、㞢、㐅、㞢、㐅、㞢、㐅、㞢（16）
① 𐰢、𐰲、𐰳、𐰴、𐰵、从、㐅（p469-zɿ）④ 𐰢（p549）、𐰲（p549）、㠯（p549）、㞢（p549）、㐅（p549）、㞢（p551）、㐅（p551）、㞢（p551）

按：

𐰢：李书收录。另外，方书收录从，洛克字典亦收录𐰢，三者当同。该字符疑借东巴文"火"𐰢，又作𐰢（方 p138-143）。另外，洛克字典中收录的𐰲当是在𐰢的基础上加字缀㇏和两短横而成。

𐰲、㠯、㞢：李书收录，另外，方书收录𐰲、㐅，洛克字典收录了㠯、㞢。该组字符均由上下两部分组成，其中，𐰲、𐰲上形为哥巴文同音字从，下形为哥巴文自造字符。㠯、㐅、㠯、㞢上形为哥巴文从之省形，下形为哥巴文自造字符。㠯上形为哥巴文造字时常用字缀，下形为哥巴文自造字符。

㞢、㞢、㞢、㞢：李书收录，另外，洛克字典收录㞢。纳西语 $zɯ^{33}$（方书注音为 $zɿ^{33}$）有"草"义，东巴文"草"既可以写作㞢，又可以写作㞢、㞢（方 p154-228），故哥巴文㞢、㞢是在东巴文㞢的基础上增形而成，哥巴文㞢、㞢则源自东巴文㞢。

㝎：李书收录。纳西语 $zɯ^{33}$ 有"一世；一辈子"之义，东巴文"世代"写作㇏（李 p123-1605），故哥巴文字符㝎当是在东巴文同义字㇏的基础上加字缀㇏而成，㇏借自藏文元音字母㇏（u）。李书收录的哥巴文㝎、㇏当为东巴文㇏之变体。另外，方书收录的哥巴文㝎是借东巴文㇏（方 p336-1194，"一"）并加字缀而成。

㝎：李书收录，另外，方书收录㝎，洛克字典收录㝎。该组字符皆由上下两部分组成：上形借汉字"言"的上部；下形有的为哥巴文自造字符，有的为字缀。

㐅：该字符仅方书收录。李静生先生认为该字符当属误收，该归入 zi^{33}，为东巴文㐅之省文。方书、李书在音节 zi 下均不收录该字符或与之字形相近的字符。纳西语 $zɯ^{55}$ 下有"光亮耀目"义，㐅象日光四射状。东巴文"光"写作㐅（方 p100-27，光也，象光芒四射），故我们认为哥巴文㐅可能源自东巴文㐅。

㞢：该字符仅李书收录，疑为东巴文"围墙"㞢（方 p301-993）的变体，借字与源字之间在音义上没有关系。

123. zo 㝎、㝎、㝎、㝎、㝎、㝎、㝎（7）
① 㝎、㝎、㝎（p471-zo）④ 㝎（p553）、㝎（p655）、㝎（p655）

按：

〒：李书收录。另外，方书收录 ⍰，洛克字典收录 ⍰，三者字符型态稍异，当同源。如方、曹所言，该组字符当为哥巴文自造字，表示"男子"义。另外，李书收录的 ⍰、⍰ 及洛克字典收录的 ⍰、⍰ 当为哥巴文 〒 之变体。

⍰：该字符仅李书收录，当借自东巴文"解"⍰（方 p322-1118）。

⍰、⍰：该组字符仅李书收录。其中，⍰ 是在 ⍰ 的基础上增形而成，故二者当同源。字源不详。

⍰：该字符仅方书收录，纳西语 zo^{31} 有"瓮"义，故其字源当如李、曹所言源自东巴文同义字 ⍰（"瓮"）。

⍰：该字符仅方书收录。纳西语 $zo^{31}pɑ^{33}$ 有"壁虎"义，故哥巴文 ⍰ 疑借汉字"虎"字。

⍰：该字符仅李书收录。字源不详。

124. zy ⍰、⍰、⍰、⍰、⍰、⍰、⍰、⍰（8）
① ⍰（p470- zy）

按：

⍰：方书收录，另外，李书中收录 ⍰、⍰。这三个字符虽方向不同，但据哥巴文造字规律可知，字符左右上下无别，故这三个字符当同源。纳西语 $zo^{33}zy^{55}$ 有"未婚之男子"义，故其字源当如曹所言，借东巴文"雄、公"⍰（$p'Y^{33}$，方 p179-349，又写作 ⍰、⍰）并加哥巴文常用字缀圈而成。

⍰：该字符仅李书收录，假借自哥巴文字符 ⍰ le。另外，李书收录的 ⍰、⍰、⍰ 皆当为其变体。李书中的 ⍰、⍰ 当为 ⍰ 之变体。

125. tæ (ta) ⍰、⍰、⍰、⍰、⍰、⍰、⍰、⍰、⍰、⍰、⍰、⍰、⍰（13）
① ⍰（⍰）、⍰（⍰）（p390-tæ）④ ⍰（p107）

按：

⍰：方书收录，和即仁在字汇中转写作 ⍰。纳西语 $tæ^{31}$ 有"引、拉"义，故其字源当如李、曹所言，借东巴文同义字 ⍰（$tæ^{31}$，"引、拉"）后省简而来。洛克字典中收录的 ⍰ 当与之同源。

⍰：方书收录，和即仁在字汇中转写作 ⍰。另外，李书中收录 ⍰、⍰ 当与之同源。疑为 ⍰ 的省体，表示"拉、引"之义。

⍰：李书收录，另李书中的 ⍰ 当是 ⍰ 的变体，二者同源。和即仁字汇中不收 ⍰ 这一字形。字源不详，待考证。

⍰：该字符仅李书收录。⍰ 疑为哥巴文音近字 ⍰（ti）的变体，纳西语 ti^{33} 有"抵挡"义，纳西语 $tæ^{33}$ 亦有"阻挡"义，二者当有密切联系。

⍰、⍰、⍰：该组字符仅李书收录，当同源，字源不详，待考证。

⍰、⍰：该组字符仅李书收录，当同源，字源不详，待考证。

⍰：仅李书收录，分上下两部分，字源不详。

⍰、⍰：该组字符仅李书收录，字源不详。

第三章　哥巴文字源研究

126. tʌ (tə)　ㄅ（ㄅ）（1）

按：

ㄅ：李书收录。方书中第 392 页第 58 组 tə 与此相对应，方书仅收此音，但未收对应字符。方书把ㄅ这一字符收入 tɯ 音下，纳西语 tɯ³³ 有"起身"义，曹萱女士认为该字符源自东巴文"起身"，此说合理。李书在 tʌ 音下收录的ㄅ当假借自哥巴文音近字ㄅ(tɯ)，借表示"起身"义的ㄅ来表示"折"义。

127. tʌr (tər)　R、云、ß、合、凸、ᚠ、ᛉ、ᚦ、ᚨ（筈）、ᛗ、ᛇ、ᛟ、ᛊ、ᛝ、云、苔、ᚫ、ᛉ、ᛗ（19）

①R（P）、之（云）、之、𝛌、ᛂ（p392- tər）②ᛉ、ᛗ ③九、ᚫ ④几（p107）、ᛟ（p107）、之（p107）

按：

ᚾ：该字符仅方书收录。其字源当如李静生先生所言，是东巴文ᚾ（方 p322-1119）的省文，仅保留形符。

R、ᛈ：方书收录，和即仁在字汇中把ᛈ转写作R。李书中亦收录R、ß，《求取占卜经》中收录ᛗ，《迎请精如神》中收录九，洛克字典中收录几皆当与之同源。该组字形当为哥巴文自造字，象编扎貌。

云、之：方书收录。李书中收录云、ᛉ、苔，洛克字典中收录ᛟ、之皆当与之同源。其中，苔是在云的基础上加字缀而成。云字源不详，疑为哥巴文自造字。

ᛗ：李书收录。纳西语 tər⁵⁵ 有"关门"之义，该字符当由东巴文ᛗ（方 p303-1007 关也，从门ᛉ声）省略声符保留"门"形而来。

ᛇ、ᛊ：李书收录。另外，《迎请精如神》中收录ᛊ，这三个字符仅所加字缀不同：ᛇ、ᛊ所加字缀由藏文字母 ᛉ (o) 充当；ᛊ所加字缀由藏文字母 ᛟ (u) 充当。其下形当同源，疑借汉字"弓"。李书中的ᛊ，旧版中写作筈，该字分上下形：上形可能借汉字"丘"，下形疑为汉字"弓"之变体。李书中的ᛝ当是ᛊ的变体。

ᚠ、ᚨ、ᛝ：该组字符仅李书收录。ᚨ当是在ᚠ的基础上加字缀 ᛉ 而成；ᛝ是ᚠ的变体。

128. tɯ (tɯ)　ㄓ、ㄐ（ㄹ）、ㄅ（ㄅ）、ㄜ、东、ㄒ、ㄅ、ㄅ、ㄉ（9）

①ㄓ、ㄅ、ㄑ（p392- tɯ）④ㄅ（p117）

按：

ㄑ、ㄓ、ㄅ：方书收录。ㄑ的字源当如方、李、曹所言借东巴文同音同义字ㄑ（方 p225-564，起也，象人起）。ㄓ是ㄑ的省体，ㄅ是ㄓ的变体。李书中收录的ㄅ、ㄅ、ㄜ、东、ㄅ、ㄅ、ㄉ，洛克字典中收录的ㄅ皆当与此同源。李书中的ㄐ、ㄒ可能是ㄉ的变体。该组字符的字源及字形演变过程可拟为：ㄑ（东巴文）—ㄑ（哥巴文，方书）—ㄓ（哥巴文，方书）、ㄅ（哥巴文，李书）—ㄅ（哥巴文，李书）、ㄅ（哥巴文，洛克字典）—ㄜ（哥巴文，李书）—东、ㄅ、ㄅ、ㄉ（哥巴文，李书）—ㄐ、ㄒ（哥巴文，李书）。

129. tʅur (tɯər、方书 tər)　ㄐ、ㄅ、ㄜ、ㄒ、ㄅ、ㄅ、ㄅ、ㄅ（8）

①㇇、|⤫（⼡）（p392-tər）②ƫ④⼃（p108）、⼏（p108）

按：

㇇：方书收录。纳西语 ʈur⁵⁵ 有"打结"之义，故其字源当如李静生先生所言，是东巴文 ⼝（方 p322-1119）的省文，仅保留形符。另外，李书中收录的 ㇇、㇇，洛克字典中收录的 ⼃ 皆当与此同源。李书中收录的 ㇇、㇇、㇇、㇇，方书中收录的 ⼡，《求取占卜经》中的 ƫ 及洛克字典中收录的 ⼏ 可能借东巴文 ⼡（方 p323-1123，拴）来表示"纠缠"义。

4：该字符仅李书收录。4 当假借哥巴文音近字 4 tu，纳西语 tu⁵⁵ 有"抵"义，ʈur³¹ 亦有"抵住"之义，二者关系紧密。

㇇：该字符仅李书收录，纳西语 mæ⁵⁵ʈur⁵⁵ 有"完结"义，该字符疑借汉字同义字"完"并加以省简而来。

ƫ

130. ƫæ（tha\方 ƫ'æ） ⼿、⼿、⼿、⼿、⼆（⼆）、⽥（6）

①毛（毛）、手、辛（p393-ƫ'æ）④⼿（p556）

按：

手：该字符仅方书收录。其字源如黄、曹所言，借汉字"手"。方书中收录的 毛、辛，李书中收录的 ⼿、⼿、⼿、⼿ 及洛克字典中收录的 ⼿ 皆与此同源，是 手 的变体。

⼆、⽥：该组字符仅李书收录。和即仁在字汇中把 ⼆ 转写作 ⼆，纳西语 ƫ'æ⁵⁵ 有"碰撞，牛互相触角义"，⼆、⽥ 疑为哥巴文自造字，象牛角互触貌。

131. ƫ'ɯ（thɯ） ⼝、⼝（⼝）、⼿（⼿）、⼝（⼝）、⽔、⽌（6）

①⼝、⼁（⼁）（p395-ƫ'ɯ）②⼝、⼝③⼝④⼝（p609）、⼿（p609）、⼁（p609）、⼝（p609）

按：

⼝、⼁：方书收录。李书中收录 ⼝、⼝、⼝、⽔，《求取占卜经》中使用的 ⼝，《迎请精如神》中使用的 ⼝，洛克字典中收录 ⼝、⼝ 皆当与此同源。李书中收录 ⼿，和即仁在字汇中转写作 ⼿，哥巴文字符 ⼝ 当为 ⼿ 之省体。纳西语 ƫ'ɯ31 有"饮、喝"义，东巴文"饮、喝"写作 ⼝（方 p261-768，饮也，从水入口。又作 ⼿，从人）。据此可推知：哥巴文字符 ⼿ 源自东巴文同义字 ⼿，是其省体；哥巴文字符 ⼝、⼁、⼝、⼝、⽔、⼝、⼝ 源自东巴文同义字 ⼝，是其省体。

⼁：该字符仅《求取占卜经》收录，纳西语 ƫ'ɯ31 有"饮、喝"之义，故哥巴文 ⼁ 当借东巴文同音同义字 ⼁（方 p231-938，饮酒也）。

⽌：该字符仅李书收录。字源不详。

d

132. dæ（da\方 dæ） ⼤、⼸、⼏（3）

①⼏、⼁（⼁）、⼸（⼸）、⼸（⼸）（p396-dæ）②⼸、⼸、⼸、⼸④⼸（p68）、

□（p68）、□（p82）、太（p396）

按：

太：方书收录。其字源当如李、曹所言，借汉字"太"。另外，李书中收录的太，洛克字典中收录的太皆当与之同源。太是太之变体。演变过程可拟为：太（汉字）—太（方）、太（李）—太（洛克）。

八：方书收录。曹萱女士认为该字符借自东巴文八，二者无音义上的关联性，可备为一说。李书中收录的八当与之同源。

□、□：方书收录。方书 dæ³³dæ³³ 下收录"捞鱼竹网"义，据此，曹萱女士认为该组字符借汉字俗字"罒"，此可为一说。纳西语 dæ³¹（方书 dæ³¹）下有"地基"义，东巴文写作□，以□象形，以□注音，此字见之于鲁甸一带（李 p29-338），□疑为□之变体，□是□之省体。另外，李书中收录的□，《求取占卜经》中的□、□、□、□，洛克字典中收录的□、□、□皆当与此同源。

Y：该字符仅方书收录，李书 ndæ³¹ 有"赶鬼之三木桩（法仪用品）"义，即方书中所谓"吃素木偶"，故其字源当如曹所言，是东巴文 dæ³¹□"吃素木偶"之变体。

133. dʌr（dər）□、□（2）

①□、□、□、□（p399- dər）④□（p69）、□（p70）、□（p399）、□（p401）、□（p401）、□（p401）

按：

□：方书收录。曹萱女士认为借汉字"子"，此为一说，我们认为该字符亦可能直接借自东巴文□（方 p201-447，人也）。另外，李书中收录的□，洛克字典中收录□、□皆当与之同源。方书中收录的□、□、□，洛克字典中收录的□、□是其变体。

□：该字符仅洛克字典收录，纳西语 dər³¹luɯ³³（方 p399-80）有"良田"义，故哥巴文字符□当借东巴文同义字□（方 p113-80）。

8：该字符仅洛克字典收录，当借哥巴文音近字8do。

□：该字符仅李书收录，当受哥巴文音近字□dər的影响得来。

134. dɯ（dɯ）□、□、□、□、□（□）、□（示）、□、□、□、□、□、□、□（13）

①□、□、□（□）、□、□（千）（p399- dɯ）②□③□④□（p73）、□（p73）、□（p73）、□（p73）、□（p73）、□（p73）、□（p73）

按：

□：该字符仅方书收录，当借哥巴文音近字□du并加以省简。

□、□：方书收录，另外李书中收录□、□、□、□，《求取占卜经》中收录□，洛克字典中收录□、□、□、□皆当与之同源。其中，□、□为哥巴文常见字缀，哥巴文字符□借东巴文□（方 p203-458，代也），其他哥巴文字符是在□基础上加字缀□、□而成。□是□的草体字。

1：经书《迎请精如神》中使用。纳西语 dɯ³³（方书注音为 dɯ³¹）有"一"义，东巴文"一"写作1（方 p336-1194），故哥巴文字符1当直接借自东巴文同义字1。另外，

洛克字典中收录的 方、㕥 皆是在同组哥巴文 ᒣ 上加字缀 ナ、乂 而来。

囚：该字符仅李书收录，旧版中写作 曰。字源不详。

禾、不、朵、朱：该组字符仅李书收录，其中 禾 旧版中写作 示。字符 禾 当是在 不 的基础上加字缀横；朵 当是 朱 之变体。字源不详，待考证。

千：该字符仅方书收录，和即仁在字汇中转写作 ケ。字源不详，待考证。

卍：该字符仅洛克字典收录，疑借东巴文 卍（方 p336-1191，好也）并加以变化，表示"大"义。

ㄢ、勺：该字符仅李书收录，字源不详。

乏、ㄖ：该组字符仅李书收录，字源不详。

135. do (du) 辛、羔、穴（冗）、羊、宕、辛（堂）、㶊、屶、辛、犬（犮）、苹、苞、玄、并、夼（斘）、亢（六）、荃（荃）、焦、亣、乏、专（21）

① 一、夲、芇、乑、止、召（召）(p398-du) ② 兆、召、卍 ④ 夕（p72）、止（p407）、一（p409）、吊（p409）

按：

一：方书收录。纳西语 du³¹ 表示"阳神"，其字源当如李、曹所言，是哥巴文受八卦中乾坤二卦影响产生的，与 -- (sɛ，"阴神"）相对。另外，洛克字典中也收录了这一字符 一。

召：方书收录。纳西语 du³¹ 有"善神"义，哥巴文 召 当如曹所言是东巴文 召（du³¹，方 p362-1335）省简而来。方书收录的哥巴文 乑 是 召 之变体。另外，洛克字典中的 召 当与 召 同源。

夲：方书收录。另外，李书中收录的 辛、宕、辛、专，洛克字典中的 吊 皆当与之同源。曹萱女士认为 夲 来源于东巴文 ru 纟"缠绕"，可为一说。

芇：该字符仅方书收录。曹萱女士认为 芇 借汉字"兑"，借字和源字之间在音义上没有关联性，尚需进一步考证。

止：方书收录。另外，洛克字典中收录了 止，二者同源。曹萱女士认为 止 可能是哥巴文 zua 夕 借汉字"马"后根据义近、形近的原则派生出来的哥巴文字符。可为一说。

羔、穴、羊、㶊、屶、并、夼、亢、荃、焦、玄、亣、乏、专：李书收录。该组字符乍一看差别甚大，但又存在密切联系：羔 与 亢 存在繁简关系；羔 是 乏 与 穴 之合体；㶊 是 亢 与 穴 之合体；荃 是在 乏 的基础上加竖曲线而成；并 是 屶 与 穴 之合体，《求取占卜经》中也使用了 兆，书写时笔画与 并 稍异。该组哥巴文字符字源不详，可能是哥巴文自造字，也可能是在同组哥巴文 辛 的基础上变化而来。

夕：该字符仅洛克字典收录，字源不详。

卍：该字符仅《求取占卜经》收录，字源不详。

召：该字符仅李书收录，当为哥巴文自造字，象雄阴貌，表示"阳神"。

136. dɯ (duər\方 dər) 🗝、归、仝、㕥、诣、写、㘠（㘠）、来（8）

① 🗝（🗝）、🗝（🗝）、宀（㕥）(p399-dər) ④ 豆 (p101)、豆 (p110)、昱 (p110)、

△(p110)、☲(p399)、⌒(p401)

按：

△、△、○：方书收录。纳西语 dur³¹ 有"水沫、浪花"义，东巴文写作 ∽，故 △ 是哥巴文自造水系字；哥巴文字符 ○ 是东巴文同义字 ∽ dər³¹ 的省简；哥巴文字符 △ 是同组字符 △ 与 ○ 的合体。与 △ 同源的是李书中收录的 ⌒，二者仅长宽比例有异。洛克字典中收录的 ⌒ 当与 △ 同属哥巴文自造水系字。

⌒：该字符仅李书收录。当受哥巴文音近字 ⌘ do 的影响而来。

⊗：该字符仅李书收录。当在东巴文 ⋒（李 62-753，漏也）的基础上增加字缀圆圈而来。

朩：该字符仅李书收录。纳西语 mɑ³¹dur³³ 有"木名"义，故该字符当借汉字"木"并加字缀圈得来。

△：该字符仅李书收录。纳西语 dur³¹ 有"唾沫"义，东巴文写作 ⌒（李 p50-594），哥巴文字符 △ 当是东巴文同义字 ⌒ 之省体。

弓：该字符仅李书收录。纳西语 dər³³ 有"射中"义，故此我们认为哥巴文 弓 当借汉字"弓"并增加符号"冖"而成。

ୱ：该字符仅李书收录，旧版中写作 ⌒。疑为哥巴文自造字，表示"浪花"。

☲、☲、☲、☲、☲：该组字符仅洛克字典收录，表示"水葫芦；池，潭"等义，疑为哥巴文自造字。其中，☲ 是在 ☲ 的基础上加字缀横；☲ 是在 ☲ 的基础上加字缀横而成。

137. də ② 羊、羊（《简谱》p397-75）

按：

羊、羊：该组字符见于《求取占卜经》，字符形态虽微别，当同源，假借自哥巴文音近字 ☲ dɑ。

ndʑ

138. ndæ 太、大、夲、犭、太、业（6）

① 太（p396-dæ）④ 太（p396）、犭（p396）

按：

太：方书收录，当如李、曹所言借汉字"太"。另外，李书中收录的 太、大、夲、太，洛克字典中收录的 太 皆当与此同源。由此可知，在哥巴文造字过程中点的增加与省略具有随意性。

犭：该字符仅李书收录，借自东巴文 犭（方 p341-1217，除秽木偶，左右弯曲形）。

业：该字符仅李书收录。李书 ndæ³¹ 有"赶鬼之三木桩（法仪用品）"义，即方书中所谓"吃素木偶"，故其字源当是东巴文 dæ³¹ ⑪（方 p341-1216，吃素木偶，从三根木偶）之省简变体。

犭：该字符仅洛克字典收录。表示"狐狸"，字源不详。

第三节 ʈw—n̩ 组字源考订

ʈw

139. ʈwɑ（tuɑ） 〇 （1）

按：

〇：该字符仅李书收录。丅疑为哥巴文自造字，表示神名，圈为字缀。

tʂ

140. tʂæ 〇、〇、〇（3）
①〇、〇（p454-tsæ）④〇（p580）

按：

〇：方书收录。另外，李书中收录的〇，洛克字典中收录〇。三者当同源。曹萱女士认为哥巴文字符〇借东巴文〇（pˈɤ，"雄，公"），可为一说。另外，纳西语 tʂæ³³ŋgu³³（李 p43-131）有"大铜锅"义，我们认为哥巴文字符〇借自东巴文〇（方 p282-882，锅也）。李书收录的哥巴文〇当为东巴文〇（方 p283-885，甑也，制如锅，底有孔）之省体。

〇：该字符仅方书收录，疑假借哥巴文音近字〇 tʂʌ。

〇：该字符仅李书收录。纳西语 tʂæ³³ 有"轴，画卷"义，〇象系卷轴之线结貌，东巴文"结扣"写作〇（李 p110-1426），哥巴文〇当是东巴文〇之变体。

141. tʂʌ 〇、〇、〇（3）
①〇、〇（p442 -tʂə）④〇（p93）、〇（p101）

按：

〇：方书收录，另外，李书中收录的〇、〇，洛克字典中收录的〇皆当与之同源。该组字符与哥巴文音近字〇tsæ 关系密切。

〇：方书收录，另外，李书和洛克字典中亦收录该字符。〇在东巴文构字过程中常充当声符，例如：〇（方 p172-325，秧鸡也，从鸟〇声）。该字符疑为哥巴文自造字，邓章应先生考证为因该鸟会潜水，故其头上的两个圆圈表示气泡，可为一说。另外，李书第 1670 号东巴文字符〇（李 p127，ly³³，颗也粒也，画颗粒之形）与此处哥巴文字符〇在字形上有很大关联，但尚未发现二者之间的音义关系。

142. tʂʌr 〇、〇、〇、〇、〇、〇（6）
①〇、〇（p443- tʂər）④〇（p52）

按：

〇、〇：方书收录。关于其字源，前人持不同意见：李静生先生认为〇为东巴文〇之变体；黄振华先生认为〇借汉字"虫"；曹萱女士认为存在这种可能性，并提出另一种可能〇借汉字"去"。黄、曹所言仅就字形而论，不足信，此处我们以李说为是。

另外，李书中收录的 ✦、✦、✦，洛克字典中收录的 ✦ 皆当与之同源。李书中的 ✦、✦、✦ 当为 ✦、✦ 之变体。

143. tʂɯ ✦、✦、✦、✦、✦、✦、✦、✦、✦、✦、✦、✦（12）

① ✦、✦、✦（p441- tʂɿ）④ ✦（p82）、✦（p91）、✦（p91）、✦（p91）、✦（p91）

按：

✦、✦：该组字符由洛克字典收录，纳西语 tʂɯ³³（方书注音为 tʂɿ³³）有"土"义，故这两个哥巴文字符当借东巴文同音同义字 ✦（李 p124-1619，土也。下画土地，上有一音字"止"以注音，又写作 ✦）。方书中的 ✦，洛克字典中的 ✦ 当为哥巴文 ✦ 之省体。方书中的 ✦，李书中的 ✦，洛克字典中的 ✦ 直接用东巴文 ✦ 音字"止"来表"土"义。另外，李书中的 ✦、✦、✦ 当为哥巴文 ✦ 之变体。该组哥巴文的字源及字形演变过程可拟为：✦（东巴文）—✦（洛克字典，哥巴文）；✦（东巴文）—✦（洛克字典，哥巴文）；✦（东巴文）—✦（李书，哥巴文）、✦（洛克字典，哥巴文）、✦（方书，哥巴文）—✦、✦、✦（李书，哥巴文）。

✦：方书收录。另外，李书收录 ✦，洛克字典收录 ✦，三者当同源。字源不详。

✦：该字符仅李书收录，部分为双线构成，字源不详。

✦、✦：李书收录。字源不详。

✦：李书收录。字源不详。

✦、✦：李书收录。纳西语 dɯ³³tʂɯ⁵⁵（李 p44-134）有"一代，一辈"义，东巴文"代，辈"写作 ✦（方 p203-458），故哥巴文字符 ✦、✦ 皆借东巴文同义字 ✦ 并增形而成。

144. tʂo ✦、✦、✦、✦、✦、✦、✦、✦、✦、✦、✦、✦、✦（13）

① ✦、✦（p442- tʂu）④ ✦（p60）、✦（p60）

按：

✦、✦：方书收录。纳西语 tʂu³¹ 有"扎（针灸）"义；tʂu⁵⁵ 有"锥"义。故前人关于其字源有争议：李静生先生认为 ✦、✦ 二字为东巴文"锥" ✦ 之变体。曹萱女士认为二字源自东巴文"扎（针灸）" ✦。我们认为 ✦、✦ 当源自东巴文"扎（针灸）" ✦（方 p246-682），纳西语 tʂo³¹ 有"缝"义，与之相关的"针"东巴文写作 ✦（方 p266-790，针也，象针有孔），故哥巴文 ✦、✦ 当为东巴文 ✦ 之省体，保留针形。另外，李书中收录的 ✦，洛克字典中收录的 ✦、✦ 皆当与此同源。李书中收录的 ✦、✦、✦ 疑为哥巴文 ✦ 之变体。

✦：该字符仅李书收录，假借自哥巴文近音字 ✦ tʂɯ 并加字缀横而来。另外，李书中收录的 ✦、✦、✦、✦ 皆为 ✦ 的变体。

✦：该字符仅李书收录。纳西语 tɕi³¹p'ur³¹tʂo⁵⁵（李 p44-135）有"白云层中"义，东巴文"云"写作 ✦（方 p97-11），故哥巴文字符 ✦ 疑为东巴文 ✦ 之省形并加字缀而成。关于 ✦ 的字源还存在一种可能：李书收录了 ✦（第 1629 号字，意为延伸也，云象延伸拉长之形），哥巴文字符 ✦ 与 ✦ 方向相反，借来表示"接起，连续"义。

昂：该字符仅李书收录，疑为哥巴文同组字符昂的变体。
西：该字符仅李书收录。疑为藏文字母ヨ借入哥巴文后的派生字。

145. tʂu 于、઼、芑、昂、亠、向、乙、麦、苙、山、兑、兀、圭、儿、ぶ、朱、原、丞、彦、羑、匚、急（22）

按：

圭、朱：李书收录。字源不详。

麦、乙、芑：李书收录。麦由上下两部分组成：上形借汉字"下"，下形为哥巴文自造字乙。芑、儿当是在乙的基础上增形而成。

઼：李书收录。纳西语 tʂu⁵⁵ 有"水鸟名；汗"，tʂu³¹ 有"一种有臭味的锤水"义，这两种意义皆与水有关，故该字符当为哥巴文自造水字之变体。另外，李书中收录的急当为઼之变体；彦当在઼的基础上增形而成。

山、丞、羑：李书收录。山当借东巴文"漏"山（李 p120-1561）；丞在山的基础上增形而成；羑是丞之变体。

向、原：李书收录。二者微别，当同源。字源不详。

于、亠：李书收录。亠疑借汉字"言"加以省简，借字与源字之间在音义上无关。字符于为亠的倒置。

兑：李书收录。字源不详。

兀、匚：李书收录。兀当是在匚的基础上增形而成，匚之字源不详。

昂：李书收录。该字形构字特别，复写∮以构字。

tʂ'

146. tʂ'æ 朱、西（2）
①圭、西（p458-tʂ'æ）④手（p580）、卍（p581）、刂（p581）

按：

朱：该字符仅李书收录。纳西语 tʂ'æ⁵⁵ 有"钻子"义，东巴文"钻子"写作本（方 p296-964），故哥巴文字符朱当是在东巴文同义字本的基础上加点而成。另外，李书中收录的圭，方书中收录的圭，洛克字典中收录的手皆当为朱之变体，这三个字形在构字时加字缀の，表示钻子转动貌。洛克字典中的卍疑为朱之变体。

西：该字符仅方书收录。其字源当如木、曹所言借藏文字母ぁ。

刂：该字符仅洛克字典收录，表示"钻子"义，字源不详。

147. tʂ'ʌ 言、쓰、宀、参、丰、六、亨、寿（8）
①言、쓰（p444- tʂ'ə）④亠（p57）、寿（p57）、亨（p57）

按：

言：方书收录，纳西语 tʂ'ʌ³¹ 有"这里"义，曹萱女士认为借汉字"言"，我们认为该字符借汉字繁体字"這"并加以省简而成。李书中亦收录亠、宀，洛克字典中收录的亠皆当与之同源。李书中的六，方书中的쓰，洛克字典中的亨、寿当为哥巴文言之变体。

第三章 哥巴文字源研究

❄、❄：该组字符仅李书收录。纳西语 tṣ'ʌ³¹ 有 "这里" 义，故知哥巴文字符 ❄、❄ 借汉字 "这" 并加以省简变形而来。

✦：该字符仅李书收录。字源不详。

✦：该字符仅李书收录。字源不详。

✦：该字符仅李书收录。纳西语 tṣ'ʌ³¹ 既有 "这里" 义，又有 "窥视" 义，故该字符既受汉字繁体字 "這" 的影响，又受汉字 "窥" 的影响。

148. tṣ'ʌr ✦、✦、✦、✦、✦、✦、✦、✦、✦、✦、✦、✦、✦、✦（14）
①✦、✦、✦、✦、✦（p445- tṣ'ər）④✦（p53）、✦（p53）、✦（p53）、✦（p53）
按：

✦、✦、✦、✦：方书收录。另外，李书中亦收录 ✦、✦、✦、✦、✦、✦，洛克字典中收录 ✦、✦。其中，✦ 当是在 ✦ 的基础上加字缀横；✦、✦、✦ 是在 ✦ 的基础上加字缀横；✦、✦ 与 ✦ 笔画上存在曲直之别；✦ 为 ✦ 之变体；李书收录的 ✦ 当为 ✦ 之变体；方书中的 ✦ 当为 ✦ 之省体。这些字符之间形态虽微别，当同源。疑为哥巴文自造字，表示 "药水" 义。

✦：该字符仅李书收录。另，洛克字典中收录的 ✦ 当与之同源。字源不详。

✦、✦：该字符仅李书收录，纳西语 tṣ'ʌr³¹ 有 "安逸" 义，哥巴文 ✦、✦ 由上下两部分组成：上形受汉字 "安" 之影响，取 "宀"；下形为哥巴文字素。

✦：该字符仅李书收录，疑借汉字 "生"，借字与源字之间在音、义上没有关联性。

✦：该字符仅李书收录，纳西语 tṣ'ʌr³³k'ɯ⁵⁵（李 p45-139）有 "点药" 义，东巴文 "点种" 写作 ✦（方 p235-622，点种也，从人执棒点种），"点种之木棒" 写作 ✦（方 p278-856），哥巴文 ✦ 借东巴文 "点棒" 形 ✦。

✦：该字符仅洛克字典收录，表示 "世代" 义，字源不详。

149. tṣ'ɯ ✦（1）
①✦、✦、✦（p443- tṣ'ɿ）④✦（p55）
按：

✦、✦：方书收录。纳西语 tṣ'ɯ³³（方书注音为 tṣ'ɿ³³）有 "吊挂" 义，东巴文写作 ✦（李 p96-1213），✦、✦ 与东巴文同义字 ✦ 在形态上相去甚远，故该组字符疑为哥巴文自造字，左右无别。另外，李书中收录的 ✦，洛克字典中收录的 ✦ 当与之同。方书中的 ✦ 当是在 ✦ 的基础上增加字缀 ✦，✦ 借自藏文元音字母 ✦（o）。

150. tṣ'o ✦、✦、✦、✦、✦、✦、✦、✦、✦、✦（12）
①✦、✦、✦（p444- tṣ'u）④✦（p61）、✦（p61）
按：

✦、✦、✦：方书收录。其字源当如李、曹所言，既可能源自东巴文 ✦、✦（sa⁵⁵，"气"），又可能是借用藏文字母 ヨsa 后反写。另外，洛克字典中收录的 ✦、✦ 当与之同源。李书中的 ✦、✦、✦ 当为 ✦ 之变体。

✦：该字符仅李书收录。纳西语 tṣ'o⁵⁵（方书注音为 tṣ'u⁵⁵）有 "插" 义，东巴文写作 ✦（方 p267-796，插也，从针插物）。哥巴文字符 ✦ 当源自东巴文同义字 ✦，保留了针形。另外，李书中的 🗆 亦当与之同源，在针形的基础上加字缀 🗆，🗆 借藏文元音字母 🗆（o）。李书中的 🗆 当为 🗆 的变体。

🗆、🗆、🗆：该组字符仅李书收录。🗆 是在 🗆 的基础上加字缀竖而成；🗆 是 🗆 的变体。字源不详。

🗆：该字符仅李书收录。字源不详，疑假借自哥巴文音近字 🗆 tṣu。

🗆：该字符仅李书收录。字源不详，疑假借哥巴文音近字 🗆 tṣu。

🗆：该字符仅李书收录。字源不详。

151. tṣ'u 🗆、🗆、🗆、🗆、🗆、🗆、🗆、🗆、🗆、🗆、🗆、🗆（12）
①🗆、🗆（p456-tṣ'ɿ）④🗆（p593）、🗆（p593）、🗆（p594）、🗆（p595）、🗆（p595）、🗆（p595）、🗆（p595）

按：

🗆：该字符仅李书收录。纳西语 tṣ'u³³ 有"碱水；温泉"义，皆与水有关，故该字符当为哥巴文自造水系字。

🗆：方书收录，另外，李书中收录 🗆，这两个字符虽形态微别当同源。纳西语 tṣ'ɿ³³ 有"犁铧"义，东巴文写作 🗆（方 p276-846），哥巴文字符 🗆 疑借东巴文同义字 🗆。另外，李书中的 🗆，洛克字典中的 🗆、🗆 当为哥巴文 🗆 之变体，在哥巴文造字过程中，点数的多少有随意性，并不别义。

🗆：该字符仅李书收录，纳西语 tṣ'ɿ³¹ 有"细"义，东巴文写作 🗆（方 p147-190，细也，从树 🗆 声）。据此可推知：哥巴文字符 🗆 当借自东巴文 🗆，仅保留了树形。李书收录的 🗆 当为 🗆 之变体。

🗆：该字符仅洛克字典收录，表示"犁铧"义，当假借自哥巴文音近字 🗆 tsʼɯ。

🗆：该字符仅李书收录。当假借自哥巴文音近字 🗆 tsʼɯ。

🗆：该字符仅方书收录。曹萱女士认为 🗆 借汉字"升"，借字与源字之间在音义上无关，可备为一说。

🗆：李书收录。另外，李书还收录 🗆，洛克字典收录 🗆、🗆。这四个哥巴文字符皆包括部件 🗆，字源不详。

🗆、🗆：该组字符仅李书收录。字源不详。

152. tṣ'ur 🗆、🗆、🗆、🗆、🗆、🗆、🗆、🗆（8）
①🗆、🗆、🗆（p445- tṣ'ər）④🗆（p53）

按：

🗆、🗆：方书收录。另外，李书中收录 🗆、🗆、🗆，洛克字典收录 🗆，这六个字符形态微别，当同源。字源不详。

🗆：方书收录，李书中收录 🗆 当与之同源，曹萱女士认为 🗆 为藏文字母 🗆 的派生，需进一步考证。

🗆：该字符仅李书收录，疑借汉字"三"。

🗆、🗆：该组字符仅李书收录，字源不详。

🗆：该字符仅李书收录，字源不详。

第三章 哥巴文字源研究

dʑ

153. dʑæ ❀ (1)
④ ❀ (p129)
按：
❀：该字符仅李书收录，假借自哥巴文音近字 ❀ tʂæ。
❀：该字符仅洛克字典收录，当为哥巴文自造水系字。

154. dʑɯ ❀、❀、❀、❀、❀、❀、❀、❀ (9)
① ❀、❀、❀、❀、❀ (p446- dʑŋ) ④ ❀ (p130)、❀ (p130)、❀ (p131)、❀ (p131)、❀ (p131)、❀ (p131)、❀ (p131)、❀ (p131)
按：
❀：方书收录。其字源皆当如方、曹所言 ❀ 是哥巴文自造字，表示"豹子"义。另外，李书中收录 ❀，当为其变体。
❀：方书收录，另外，洛克字典中收录 ❀，二者形态稍异，当同源，为哥巴文自造字符，表示"时间"义。
❀：方书收录，另外，洛克字典中收录 ❀，二者虽点数不同，当同源。纳西语 dʑɯ³³ 有"悬悬欲坠"义，东巴文写作 ❀（李 p12-116, 垂滴也），故哥巴文字符 ❀、❀ 当为东巴文 ❀ 之变体。另外，李书中收录的 ❀、❀、❀、❀，方书收录的 ❀、❀，洛克字典中收录的 ❀、❀、❀、❀ 皆当为 ❀ 之变体。
❀：该字符仅李书收录。纳西语 dʑɯ³¹ 有"时间"义，东巴文同意同音字写作 ❀、❀（李 p11-114、115），故哥巴文字符 ❀ 当为东巴文同义字 ❀ 之省体。另外，李书中收录的 ❀ 当为 ❀ 变体。
❀：该字符仅洛克字典收录。表示"时间"义，当假借自东巴文鬼形。
❀：该字符仅李书收录，纳西语 dʑɯ³¹ 有"解放"义，故哥巴文字符 ❀ 假借自东巴文"解" ❀（方 p322-1118）并倒写而成。另外，李书中收录的 ❀ 当为 ❀ 之变体。

155. dʑo ❀、❀、❀、❀、❀ (5)
① ❀、❀、❀、❀ (p446- dʑu) ④ ❀ (p132)、❀ (p132)
按：
❀：方书收录。另外，方书收录 ❀，洛克字典中收录 ❀，李书中收录 ❀、❀、❀、❀、❀。这七个哥巴文字符中 ❀、❀、❀ 的差别仅在于中间两笔是短横还是点，此处差异因出自不同手笔而造成。❀、❀、❀、❀、❀ 则是在此基础上的变体。字源不详。
❀：方书收录，另外，洛克字典中亦收录 ❀，二者相同。纳西语 dʑɯ³¹zər³¹ 有"飞石柱"义，东巴文写作 ❀（方 p304-1012），哥巴文字符 ❀ 当为东巴文同义字 ❀ 之变体。
❀：该字符仅方书收录。纳西语 dʑɯ³¹zər³¹ 有"飞石柱"义，故 ❀ 的字源当如毛远明先生、曹萱女士所言是东巴文同义字 ❀ 之变体。

156. dʑu ❀、❀、❀、❀、❀ (5)
按：

〇、〇：李书收录。〇假借哥巴文音近字〇 dzo，〇为〇的变体。
〇：李书收录，假借哥巴文音近字〇 dzo。
〇：该字符仅李书收录。纳西语 dzu³¹ 有"蛋要孵化"义，纳西人以卵化生万物，东巴文"蛋水"写作〇（李 p62-754），故哥巴文〇为东巴文〇之变体。
〇：该字符仅李书收录，由上下两部分组成。字源不详。

ndz

157. ndzæ
　　33 〇、〇、〇、〇、〇、〇、〇、〇、〇（9）
　　31 〇、〇、〇、〇（4）
①〇、〇、〇、〇、〇（p462-dzæ）④〇（p403）、〇（p403）、〇（p404）、〇（p418）、〇（p418）、〇（p418）、〇（p418）
按：
〇：李书收录，另外，洛克字典收录了〇。这两个字符虽形态微别，当同源，由哥巴文自造字符〇加字缀而成。
〇：李书收录，另外，方书收录〇、〇。字源不详。
〇、〇：该组字符由李书收录，另外，方书收录〇，洛克字典收录〇。纳西语 ndzæ³¹ 有"犬齿獠牙"义，曹萱女士认为〇为哥巴文自造字符。
〇、〇：该组字符由李书收录，另外，方书收录〇。字源不详。〇、〇疑为假借哥巴文〇 tço，〇为其变体。
〇：该字符仅洛克字典收录。表示骑马义，疑为哥巴文自造字符。
〇：该字符仅洛克字典收录。另外，方书收录〇。东巴文"高"写作〇（李 p95-1190），纳西语 ndzæ³³ 有"富有"义，东巴文"富有"写作〇（李 p88-1102），故哥巴文字符〇当假借东巴文"高"〇，并受"富有"〇的影响，加点。
〇：该字符仅洛克字典收录。字源不详。

158. ndzʌr 〇（1）
①〇、〇（p447-dzər）④〇（p404）、〇（p405）
按：
〇：方书收录，另外，李书中亦收录〇，洛克字典中收录〇。这三个字符虽形态稍异，当同源。洛克字典中的〇虽与之方向相反，但据哥巴文造字规律可知，左右无别，亦当同源。〇、〇疑为哥巴文自造字符，表示"加被威灵"义。
〇：该字符仅方书收录。圈为字缀，〇疑为哥巴文自造字符。

159. ndzɯ 〇、〇、〇（3）
①〇（p446-dzɯ）④〇（p406）
按：
〇：方书收录，另外，李书中亦收录〇，洛克字典收录〇。其字源当如方、曹所言是哥巴文自造字，表示"豹子"义。李书收录的〇当为〇之变体。

第三章 哥巴文字源研究

畬：该字符仅李书收录。纳西语 i³³ndʑu³³（李p47）有"穿牛鼻的绳環"义，该字形当为哥巴文自造字，上为针头，下为绳索。

160. ndʑo 片、屮、人、伈、畬（5）
④ 三（p141）、彡（p141）
按：

片：该字符仅李书收录。纳西语 ndʑo³¹ 有"掉下来"义，东巴文写作 ⊓̇（李p18-173，落下，掉下也，象一石由高架上掉下之形）。故哥巴文字符片当源自东巴文同义字 ⊓̇，保留"高架"形，增加一哥巴文字符。李书中的屮亦当与此同源。

人：该字符仅李书收录。纳西语 ndʑo³¹ 有"掉下来；下颚脱臼"义，故该哥巴文字符疑为汉字"下"的省体。

伈、畬：该组字符仅李书收录。伈、畬假借哥巴文音近字乞、乏（ndʑur），纳西语 æ³¹dʑi³¹ndʑo³¹ 有"瀑布"义（李p47-151），与水有关。

三、彡：该组字符仅洛克字典收录，其中彡当是在三的基础上加字缀 ⌣ 而成。三字源不详。

161. ndʑur 乐、信、乞、乏、刁、头、訐、夛、庠（9）
① 庠（p447-dʒər）④ 尺（p405）
按：

訐：该字符仅李书收录，当为哥巴文自造水系字，纳西语 ndʑur³³ 有"湿；漂浮；露水"等义，皆与水有关。

庠：方书收录，另外，李书中收录庠，当是在庠的基础上加字缀点而成，二者同源。字源不详。受汉字影响，字形趋于方体。

乐、乞、信、乏、刁：该组字符仅李书收录。纳西语 ndʑur³³ 有"露水"义，东巴文写作 乏（李p10-107，象露珠一滴之形），据此可推知：该组哥巴文字符当源自东巴文同义字 乏，是其变体或增形而成。另外，洛克字典中的 尺亦当与之同源，是刁之变体。

头：该字符仅李书收录。字源不详。

夛：该字符仅李书收录。疑为哥巴文自造字，表示"露水"义。

§

162. ʂæ 亚、开、信、札、吕、乓、起、矸、地、石、矣、赳、乞、乞、入、自（16）
① 乐、羽、斤、亚（p466-ʂæ）④ 开（p510）、白（p510）
按：

乞、乞：该组字符仅李书收录。纳西语 ʂæ³³ 有"血"义，东巴文写作 乞，又作 乞（方p257-749），故哥巴文字符乞、乞当源自东巴文同义字 乞。

石：该字符仅李书收录。纳西语 ʂæ³³ 有"血"义，ʂæ³¹ 有"神名"义，东巴文"血"写作 石（方p257-749），"神名"写作 石（李p150-2001），故哥巴文石当源自东巴文同义字石或石。

斤：该字符仅方书收录，如曹所言借汉字"斤"，字符与语词在音、义上无关。另外，方书中的斥是在斤的基础上增形而成。

𝐗、𝐘：方书收录，另外，李书中亦收录𝐗、𝐘，洛克字典收录𝐗。这五个哥巴文字符虽形态略异，当同源。其中，𝐗又读 mbo，借东巴文"解"𝐙（方 p322-1118）。故该组字形亦当借东巴文𝐙。

白：该字符仅洛克字典收录，表示"血"义，疑为借汉字"血"并省简而来。

人：该字符仅李书收录。纳西语 ʂæ³³do³¹有"讲话"义，经典中"说话"写作上（李 p124-1616），上借汉字"上"，故哥巴文字符人当为上的倒形。

㞢、㐬、吕、呂、㞢、㞢、㘄：该组字符仅李书收录。纳西语 ʂæ³¹有"桶漏"义；ʂæ⁵⁵有"泻肚子"义，东巴文"锅漏"写作㘄（李 p101-1293），据此推知该组字符㞢、㐬、吕、呂、㞢、㞢、㘄当是哥巴文为"桶漏"所造字符，受东巴文"锅漏"㘄的影响，多用符号 ㅁ 表示漏义。

163. ʂʌ 与、生、禾、久、色、六、几、上、犭、犸、勹、上、𠀅、尸、矢、卩、水、屮（18）
① 上、玍、夕（p449-ʂə）

按：

上：方书收录。其字源当如李、曹所言，借汉字"上"。方书中收录的玍当为上之变体；夕为玍之省体。李书中收录的与、生、禾、久、色、上、犭、勹、卩、水、屮皆当与此同源。

尸：该字符仅李书收录。字源不详。

𠀅：该字符仅李书收录，假借自东巴文"漏"𠀅（李 p120-1561）。

164. ʂʌr 斉、キ、交、寺、夲、左、𠂇、子、𠂇、斗、科、訃、耒、屮（14）
① 𠂇、丄（p449-ʂər）④ 弍（p495）、升（p495）、計（p495）、計（p495）

按：

丄：该字符仅方书收录。其字源当如曹所言借汉字"言"。另外，方书中的𠂇，李书中的斉、キ，洛克字典中的弍皆为丄倒置后加字缀而成，哥巴文在构字过程中字缀左右无别；李书中的寺当是弍之变体。

屮：该字符仅李书收录。纳西语 ʂʌr⁵⁵dʌr³³（李 p48-155）有"树木之芽"义，哥巴文字符屮当借东巴文"草"屮（方 p154-228）。

子：该字符仅李书收录。纳西语 ʂʌr³³有"七"义，哥巴文字符子当借汉字同义字"七"倒置而成。

左：该字符仅李书收录，当是藏文字母 ᢐ（sa）借入哥巴文后反写并加常用字缀而成。

耒：该字符仅李书收录。纳西语 ʂʌr³¹有"长"义，哥巴文耒假借汉字"長"并加以变形。

夲、𠂇：该组字符仅李书收录。字源不详。

交：该字符仅李书收录。字源不详。

斗、科、訃：李书收录，另外，洛克字典中收录計、計，该组字符形态微别，当同源。

第三章 哥巴文字源研究

字源不详。
165. ʂɯ
　　55 ⚹（1）
　　33 ⚹、⚹、⚹、⚹、⚹、⚹、⚹、⚹、⚹、⚹、⚹（12）
　　31 ⚹（1）
① ⚹、⚹、⚹（p448-ʂɯ）④ ⚹（p497）、⚹（p497）、⚹（p497）、⚹（p497）、⚹（p497）、⚹（p497）、⚹（p497）、⚹（p497）

按：

⚹：方书收录。另外，李书中收录⚹，洛克字典中收录⚹、⚹。其中，圈为哥巴文构字过程中常见字缀，位置随意，左右无别，有无无别。故，该组哥巴文字符字源相同，当如方、曹所言，为哥巴文自造字，表示"黄"义，与"金"⚹相关联。另外，方书中的⚹，李书中的⚹，洛克字典中的⚹、⚹皆当为⚹之变体。

⚹：方书收录。另外，李书中收录⚹、⚹、⚹、⚹，洛克字典中收录⚹、⚹，这些字符虽字形微别，皆当同源。纳西语 ʂɯ³¹ 有"黄"义，东巴文写作⚹，或写作⚹（李 p111-1441）。据此可推知：该组哥巴文字符皆当源自东巴文同义字⚹。其字源与字形演变关系为：哥巴文⚹是东巴文⚹的变体；哥巴文⚹、⚹又在⚹的基础上变化而成；哥巴文⚹是在⚹的基础上加字缀而成；哥巴文⚹、⚹是⚹的省形；哥巴文⚹在⚹的基础上增形而成。另外，李书收录的⚹，洛克字典中的⚹当为哥巴文⚹之变体。李书中的哥巴文字符⚹当为东巴文⚹之省体。

⚹：该字符仅李书收录，疑为哥巴文同组字符⚹之省体。

⚹、⚹、⚹、⚹：该组字符仅李书收录。其中，⚹是在⚹的基础上加字缀"口"而成，⚹为⚹之变体。该组哥巴文字符字源不详，疑为同组哥巴文⚹之变体。

⚹：该字符仅洛克字典收录，字源不详，疑为⚹与⚹之合体。

166. ʂo ⚹、⚹、⚹、⚹、⚹、⚹、⚹、⚹、⚹（9）
① ⚹、⚹、⚹、⚹、⚹（p448-ʂu）④ ⚹（p503）、⚹（p503）、⚹（p503）

按：

⚹：该字符仅方书收录。纳西语 ʂo³¹（方书注音为 ʂu³¹）有"铁"义，故其字源当如李、曹所言源自东巴文⚹（方 p138-139，铁也，象斧）。

⚹、⚹：方书收录，⚹如曹所言为哥巴文自造字，⚹在⚹的基础上增加字缀⚹而成。另外，李书收录的⚹、⚹、⚹、⚹、⚹、⚹，洛克字典收录的⚹、⚹皆当与此同源。

⚹、⚹：方书收录，⚹当为⚹之变体，另外，洛克字典中收录的⚹当与之同源。字源不详。

⚹：该字符仅李书收录。字源不详。

167. ʂu ⚹、⚹、⚹、⚹、⚹、⚹、⚹、⚹、⚹、⚹、⚹、⚹、⚹、⚹、⚹、⚹（16）
① ⚹、⚹（p464-ʂɿ）④ ⚹（p532）、⚹（p532）、⚹（p532）、⚹（p532）

按：

⚹、⚹：方书收录。另外，李书中收录⚹、⚹，洛克字典中收录⚹、⚹、⚹。这几个字符形态虽微别，当同源。纳西语 ʂɿ⁵⁵ 有"家神"义，东巴文写作 ▨（方 p357-1304，家神也，象祭碗），据此可推知：哥巴文字符 ▨、▨、▨ 借自东巴文同义字 ▨，是其省体。▨、▨、▨ 是哥巴文 ▨、▨、▨ 的变体。李书中的 ▨ 当为 ▨ 之变体。

▨：该字符仅李书收录。纳西语 ʂɿ⁵⁵ 有"茅草"义，▨ 由上、下两部分组成：上形为"草"，借汉字"艹"；下形为哥巴文自造字符。

▨：该字符仅洛克字典收录。纳西语 ʂɿ⁵⁵ 有"茅草"义，▨ 由上、下两部分组成：上形为"草"，借东巴文"草"▨（方 p154-228）；下形为哥巴文自造字符。

▨：该字符仅李书收录。疑为藏文字母 ▨ 借入哥巴文后加字缀而成。

▨：该字符仅李书收录。纳西语 ʂɿ³³ 有"羊毛"义，东巴文"羊毛"写作 ▨（方 p177-341），与 ▨ 形态差异较大。但东巴文"毛"写作 ▨（方 p177-340），故哥巴文字符 ▨ 当借东巴文 ▨，是其省体。

▨、▨：该组字符仅李书收录。纳西语 ʂɿ³³lv³³ 有"磨石"义，东巴文写作 ▨（方 p316-1082，磨石也，从石套椿）。据此推知：哥巴文字符 ▨ 当为东巴文同义字 ▨ 之省体，哥巴文 ▨ 为 ▨ 之变体。

▨：该字符仅李书收录。纳西语 ʂu³¹（方书注音为 ʂɿ³¹）有"骰子"义，东巴文写作 ▨（李 p97-1226，方 p324-1129），据此推知：哥巴文字符 ▨ 当源自东巴文同义字 ▨。

▨：该字符仅李书收录。字源不详。

▨、▨：该组字符仅李书收录，纳西语 ʂɿ³¹ 有"三"义，故哥巴文字符 ▨ 当借用阿拉伯数字"3"；▨ 当是在 ▨ 的基础上增加字缀而成。

168. ʂur ▨、▨、▨（3）

①▨（p449- ʂər）④▨（p495）、▨（p495）

按：

▨：方书收录，另外洛克字典中亦收录 ▨，二者同源。其字源当如曹所言借汉字"束"并加以省简。

▨：该字符仅李书收录，假借汉字"宋"。另外，李书中收录的 ▨、▨ 当与之同源，为汉字"宋"之变体，字符与语词在音、义上无关。

▨：该字符仅洛克字典收录，表示"满"义。东巴文"满"写作 ▨（方 p286-903），鲁甸一带表示"立起，竖起"义的东巴文写作 ▨（李 p122-1593），哥巴文借来表示"满"义，以点示盈满之义。

169. zæ ▨、▨、▨、▨、▨、▨、▨（7）

①▨（p470-zæ）④▨（p643）

按：

▨：方书收录，另外，李书中收录 ▨，洛克字典中收录的 ▨。这三个出处不同的哥巴文字符虽形态稍异，当同源，疑为藏文字母 ▨ 借入哥巴文后的派生字。李书中的 ▨、甲亦当为其变体。

𫝀：该字符仅李书收录。字源不详。

中：该字符仅李书收录。疑借汉字"中"，字符与语词在音义上无关。

Ꮇ、ᒷ：该组字符仅李书收录。字源不详。

170. zʌr 🗙、粜、𥷡、ㄣ、夆、本、至、ᖰ、ᖯ、ᗒ（10）

①🗙、🗙、⌬（p452- zər）④不（p646）、夆（p646）

按：

🗙、🗙：方书收录。另外，李书中亦收录🗙。纳西语 zʌr³¹（方书注音为 zər³¹）有"豹"义，其字源当如方、曹所言，是哥巴文自造字。

⌬：该字符仅方书收录。纳西语 zər³¹k'o³³（方 p452-195）有"柱眼，柱叉"义，疑为哥巴文自造字，圈表示"柱眼"，ᕍ为借自藏文字母的常用字缀。

ᗒ：该字符仅李书收录，纳西语 zʌr³¹ 有"柱子"义，东巴文写作ᑎ（李 p91-1138），哥巴文字符ᗒ当源自东巴文同义字ᑎ。

𥷡：该字符仅李书收录，由上下两部分组成：上形为哥巴文自造水系字，下形不识。

至：该字符仅李书收录。纳西语 k'ɯ³¹zʌr³³（李 p50-161）有"搓成之线"义，东巴文"搓"写作ꬓ（李 p27-299）。据此可推知：哥巴文至借自东巴文同义字ꬓ，保留了线状，并加字缀横，表示"搓成之线"义。

粜、夆、本：该组字符仅李书收录。纳西语 sɛ³³pi³¹zʌr³¹ŋu³³ru³³（李 p51-161）有"丽江文峰山"义，哥巴文字符粜、夆疑假借汉字"夅"后变形而来。哥巴文本为夆之变体。

不、夆：该组字符仅洛克字典收录。分别表示"豹子"、"柱子"，字源不详。

171. zɯ 日、⻊、𠆢、乚、ㄅ、𤓤、⺈、彡、牙、夂、巿、萊、冬（13）

①⻊、彡、夂（p450-zɯ）④羊（p647）、⻊（p647）、全（p647）、羊（p648）、羊（p648）、鬥（p651）

按：

⻊：李书收录。另外，方书收录的⻊，洛克字典收录⻊，这三个字符皆为哥巴文自造水系字，表示"酒"义。

萊、冬：该组字符仅李书收录。字源不详。

日：该字符仅李书收录，疑假借自哥巴文ᗒzʌr。

⻊、𠆢、⺈、夂、𠆢：李书收录，另外，方书收录彡、夂。这些字符形态稍异，当同源，字源不详。

牙：该字符仅李书收录，由上下两部分组成：下形当是藏文字母ᕍ借入哥巴文后的派生字，上形借东巴文"小水"ꜜ（李 p19-188）。

羊：该字符仅洛克字典收录。纳西语 zɯ³¹ 有"草名"义，东巴文"草"写作耒（方 p154-228），据此可推知：哥巴文字符羊当源自东巴文同义字耒。

鬥：该字符仅洛克字典收录。纳西语 zɯ³³ 下有"鬼名"之义，东巴文"鬼"写作鬥（李 p138-1805），故哥巴文字符鬥当源自东巴文鬥。

172. zo 禹、亥、本、帚、𦘒、𣎳、𢈘（7）

①〇、〇、〇（p451-zu）④〇（p652）、〇（p652）

按：

〇、〇、〇、〇：李书收录，另外，方书收录〇、〇、〇，洛克字典收录〇、〇。该组字符虽形态稍异，当同源。纳西语 zo^{31} 有"神名"之义，东巴文"神名"写作〇（李 p151-2015），〇借自藏文字母〇，故该组字符亦当为藏文字母〇之派生字。

〇、〇：该组字符仅李书收录。字源不详。

〇：该字符仅李书收录。纳西语 zo^{31} 有"夏天"之义，东巴文写作〇，又写作〇（方 p106-61），哥巴文字符〇当为东巴文〇之变体。

173. zu 〇（1）

①〇（p469-zղ）④〇（p549）

按：

〇：方书收录，另外，李书中亦收录〇，洛克字典收录〇。这三个出处不同的字符形态稍异，当同源。三者均由两部分组成：上形为哥巴文常用字缀，下形为哥巴文自造字符。

174. zur 〇（1）

①〇（p452-zər）

按：

〇：方书收录，另外，李书中收录〇。〇与〇虽点数不同，但据哥巴文造字规律可知，其在造字过程中点数的多少及位置具有随意性，故二者同源。纳西语 $zər^{31}$ 有"柱子"义，东巴文写作〇（方 p304-1011），故哥巴文字符〇当源自〇，倒置增形而成。〇是〇之省形。

175. zə ① 〇（p451）

按：

〇：该字符仅方书收录。纳西语 $zə^{31}$ 有"草"义，该字符当为哥巴文自造字，象蕨类植物初生蜷曲貌。

r

176. rʌr（方 lər）〇、〇、〇、〇、〇、〇、〇、〇、〇、〇、〇、〇、〇、〇、〇、〇、〇、〇、〇、〇（20）

①〇、〇、〇、〇（p408-lər）④〇（p299）、〇（p300）、〇（p300）、〇（p300）

按：

〇：方书收录。纳西语 $rʌr^{31}$（方书注音为 $lər^{31}$）有"喊叫"义，故其字源当如李静生先生所言，是东巴文〇（方 p259-760，又写作〇）之变体。另外，李书中收录的〇当与此同源。方书中的〇、〇，李书中的〇、〇、〇、〇，洛克字典中的〇、〇、〇、〇当为〇之变体。李书收录的哥巴文〇，亦当为东巴文同义字〇之变体；〇是〇的变体。

〇：方书收录，纳西语 $lər^{55}dy^{31}$ 有"尺子"义，〇疑为哥巴文自造字，象曲尺貌，短横表示刻度。李书中收录的 ⿱ 为 ⿱ 之变体。

⿱：该字符仅李书收录。当假借自东巴文 ⿱（方 p322-1118，解结也）。

⿱：该字符仅李书收录。字源不详。

⿱、⿱、⿱、⿱、⿱、⿱：该组字符仅李书收录。纳西语 rʌr[55]（方书注音为 lər[55]）有"尺量"义，东巴文写作 ⿱（方 p318-1096，从人持尺），据此可推知：哥巴文字符 ⿱ 借自东巴文同义字 ⿱；⿱、⿱、⿱、⿱、⿱ 等哥巴文字符是东巴文 ⿱ 的变体，仅保留人形。

⿱：该字符仅李书收录，疑为藏文字母 ⿱ 借入哥巴文后的派生字。

⿱：该字符仅李书收录，字源不详。

177. ru ⿱、⿱、⿱、⿱、⿱、⿱、⿱、⿱（8）

①⿱、⿱、⿱（p409- lɯ）④⿱（p302）、⿱（p303）、⿱（p303）、⿱（p303）、⿱（p303）、⿱（p306）

按：

⿱：方书收录。字源不详，疑为哥巴文自造字。李书和洛克字典中也分别收录 ⿱、⿱，当与之同。另外，方书中的 ⿱，李书中的 ⿱、⿱ 当是在 ⿱ 的基础上增形而成。李书中的 ⿱ 和洛克字典中的 ⿱ 则是 ⿱ 之变体。方书中收录的 ⿱，洛克字典中的 ⿱、⿱ 与 ⿱ 方向相反，据哥巴文造字规律，左右无别。李书中的 ⿱、⿱ 当属 ⿱ 之变体，⿱ 为 ⿱ 之省体。洛克字典中的 ⿱ 当为 ⿱ 之变体。

⿱：该字符仅洛克字典收录，表示"牛蝇"，字源不详。

⿱：该字符仅李书收录。纳西语 rɯ[31] 有"量词（一条阵线）"义，该字符右形当借东巴文"一" ⿱（方 p336-1194），左形为藏文字母 ⿱（i）借入哥巴文后充当字缀。

178. ro（方 lu） ⿱、⿱、⿱、⿱、⿱、⿱、⿱（7）

①⿱、⿱（p407-lu）④⿱（p314）、⿱（p314）、⿱（p314）

按：

⿱：方书收录，另外，李书中收录 ⿱；洛克字典中收录 ⿱，皆当同源。纳西语 ro[33]（方书注音为 lu[33]）有"来"义，ro[31] 有"双手一攀之长度"义，东巴文写作 ⿱（方 p229-584，象人摇手而来，又作攀解），故哥巴文字符 ⿱ 的字源当如李、曹所言是东巴文 ⿱ 之省形。

⿱：方书收录。另外，李书中收录 ⿱，洛克字典中收录 ⿱，这三个出处不同的字符虽形态稍有差别，当同源。关于 ⿱ 的字源，李静生先生认为是 ⿱ 之变体，曹萱女士认为是 ⿱ly 的派生。我们认为李说为是。李书中收录的 ⿱ 当是 ⿱ 之变体。

⿱：该字符仅李书收录。纳西语 gu[33]ro[31]kɑ[33]le[31]（李 p53）有"保佑"义，东巴文写作 ⿱（方 p350-1272），哥巴文字符 ⿱ 疑为东巴文同义字 ⿱ 之变体。

⿱、⿱：该字符仅李书收录。字源不详。此处 ⿱ 疑借哥巴文自造字"绵羊" ⿱。

⿱：该字符仅洛克字典收录，表示"来"义，字源不详。

179. ru 55 ⿱、⿱、⿱、⿱、⿱（5）

33 石、西、丂、卢、舌、占、西、古（8）
31 ［音字用中平调 33 的那八个］

① 否、𢆶、王、𠄢、𠄢（p407-lv）④ 𠀂（p317）、𠀂（p317）、石（p319）、古（p319）、𠀃（p319）、𠀃（p319）、𠀃（p319）、𠀃（p319）、𠄢（p319）

按：

𠄢：方书收录。纳西语 ru⁵⁵ 有"绕"义，故其字源当如李静生先生所言为东巴文字符 𦥑（方 p284-892）或 𦥑（方 p321-1115）之变体。另外，方书中收录的 𠄢、𠄢，李书中收录的 𠄢、𠄢、𠄢、𠄢、𠄢，洛克字典中收录的 𠄢、𠄢、𠄢、𠄢 皆当与此同源。

石：方书收录。纳西语 ru³³ 有"石"义，故其字源当如李、曹所言借汉字"石"。另外，方书中收录的 𢆶，李书中收录的 石、西、丂、卢、舌、占、西、古，洛克字典中收录的 石、古、𠀃、𠀃、𠀃 皆当为"石"之变体。

180. rur 𠃌、𠃌、𠃌、𠃌、𠃌、𠃌、𠃌、𠃌（8）

按：

𠃌：李书收录。纳西语 rur³³ 有"泥潭；水流潭满"义，与水有关，故字符 𠃌 为哥巴文自造水系字。李书中收录的 𠃌、𠃌、𠃌 皆为其变体。

𠃌、𠃌：李书收录。字源不详。

𠃌：李书收录。字源不详。

𠃌：李书收录。字源不详。

tʂw

181. tʂwɑ 𠃌、𠃌、𠃌、𠃌、𠃌、𠃌、𠃌、𠃌、𠃌（9）

① 𠃌、𠃌、𠃌（p443- tʂuɑ）④ 𠃌（p63）、𠃌（p63）、𠃌（p63）

按：

𠃌：该字符仅李书收录。假借字东巴文"草"𠃌（方 p154-228）。

𠃌、𠃌、干：该组字符仅李书收录。纳西语 tʂuɑ³¹ 有"能干男子"义，哥巴文字符 干 假借自汉字"干"。𠃌、𠃌 为"干"之变体。

𠃌：该字符仅李书收录，字源不详。

𠃌：该字符仅方书收录。当为藏文字母 ヨ 借入哥巴文后的派生字。

𠃌：该字符仅方书收录。当为藏文字母 円 借入哥巴文后的派生字。

𠃌：方书收录，另外，洛克字典收录 𠃌、𠃌。纳西语 tʂuɑ³¹ 有"男"义，东巴文写作 𠃌，又省作 𠃌（方 p201-450）。据此推知：哥巴文字符 𠃌 当为东巴文同义字 𠃌 之变体；𠃌、𠃌 是在 𠃌 的基础上变化而成。

𠃌：该字符仅洛克字典收录，分上中下三部分：上形为借自藏文元音字母的字缀 𠃌（o）；中形为上下罗列的两个圈，为哥巴文字符；下形为 𠃌，是借自藏文字母 𠃌（u）在哥巴文构字过程中充当字缀。

第三章　哥巴文字源研究　107

tṣ'w

182. tṣ'wa ╫、弋、乑、丷、屮、屮、⊗、┉、冬、贾、罕、顗、罖、米、吕、糹、飞、太、カ、末、人、兴、夷（23）

①屮、屮、罖（p445- tṣ'uɑ）④弋（p64）、屮（p64）、亙（p64）、㠭（p64）、盉（p64）

按：

屮、屮：方书收录，另外，李书中收录╫、弋、屮、屮，洛克字典中收录弋、屮，这些字符虽形态稍异，当同源。纳西语 tṣ'wa[33] 有"米"义，故该组哥巴文字符假借汉字"米"并加以变形而来。

丷：该字符仅李书收录。纳西语 tṣ'wa[55] 有"六"义，故哥巴文字符丷当借自汉字"六"并加以倒置。方书收录的罖亦是"六"之变体。

⊗、┉、冬、贾、罕、顗、罖：该组字符由李书收录，另外，洛克字典中收录亙、㠭、盉。这些字符的共同特征为：每个字符都有两个圈。其中，㠭是在亙的基础上增加字缀⌵而成，盉是罖倒置后加字缀横而成。该组字符疑为哥巴文自造字符，表示"大眼竹节"义。

吕、糹：该组字符仅李书收录。纳西语 tṣ'wa[31] 有"挤奶"之义，东巴文写作🎐（方p290-931），李书中又有凷，或写作凷（p121-1573），故哥巴文字符吕当源自东巴文同义字凷，表示乳状的符号倒置而成。哥巴文字符糹当源自东巴文字符凷，仅保留乳状符号。

飞、人：该组字符仅李书收录。飞当是在人的基础上增加字缀而成。纳西语 tṣ'wa[31] 有"挤奶"之义，故哥巴文字符人亦当源自东巴文同义字凷，保留乳状符号。

太、末：该组字符仅李书收录。太是在末的基础上增加字缀而成，故二者同源。太当为哥巴文自造字符。

米：该字符仅李书收录，字源不详。

ndʐw

183. ndʐwa ⼁（1）

①方书 p447 第 186 组 dʐuɑ，只收音不收字形。

按：

⼁：李书收录。该字符当源自"点种"所用的工具。东巴文"点种"写作🎐（方p235-622，从人执棒点种），其中"点种之木棒"写作⼁（方p278-856），故哥巴文字符⼁假借自东巴文⼁。李书中收此形不收此义，方书收此义却不收此形。合二为一才能更好地发现字源，这也是我们做字典汇编的一个原因。

ṣw

184. ṣwa ₥、从（2）

①从、攴、卫（p450- ṣuɑ）④⼁（p505）、⼁（p505）、⼁（p505）

按：

丛、凸：方书收录，另外李书中收录丛，洛克字典中收录ω、⩗。这些字符形态虽稍异，当同源。纳西语ʂwa⁵⁵有"楔子"义，东巴文写作◢，或写作▱（李p95-1197）。据此推知：该组哥巴文字符当源自东巴文同义字▱。李书收录的၊ၔ当为丛之变体。

之：方书收录，洛克字典中亦收录之。二者上形皆受同组字符中"楔子"丛的影响，下形为哥巴文自造字符。

ʐw

185. ʐwa

55 ҙ、ҙ、ҙ、ҙ、ҙ、ҙ、ҙ（8）
33 [音字同高平调55的八个一样]
31 只[ʐwa31常单用此音字]（1）

① ҙ、ҙ、ҙ、亜（p452-zua）④ ⩗（p653）、҂（p653）、ҙ（p653）、ҙ（p653）

按：

ҙ、ҙ、ҙ：方书收录。纳西语ʐwa³³有"马"义，故其字源当如曹所言借汉字"马"并加以变形而来。另外，李书中收录的ҙ、ҙ、ҙ、ҙ、ҙ、ҙ、ҙ，洛克字典中收录的ҙ皆当与此同源。

只：该字符仅李书收录。纳西语ʐwa³¹有"数一数，点一点"义，与数字相关，故我们认为只可能借汉字"六"。

亜：该字符仅方书收录。疑为假借字，假借自哥巴文字符亜dʐo。

⩗：该字符仅洛克字典收录。当假借自哥巴文音近字⩗ʂwa。

҂：该字符仅洛克字典收录。当假借自哥巴文音近字҂ʂwa。

ҙ：该字符仅洛克字典收录，由上下两部分组成：上形为借自藏文字母的字缀⌒，下形当受同组哥巴文字符⩗的影响产生。

rw

186. rwa ҹ、ҕ、ҙ、ӎ、ҡ、懿、ҙ、ҙ、ѡ、ѿ、ҹ、ҙ、ҙ（14）

① ҙ、ҙ、҃、ҹ、ҹ（p406-lo）④ ҙ（p310）、ҹ（p310）、ҙ（p310）、ҙ（p310）、ѡ（p310）、ѿ（p310）

按：

ҹ、ҹ：方书收录。曹萱女士认为借汉字"丩"，此可备为一说。另外，李书中收录的ҹ，洛克字典中收录的ҹ皆当与之同源。

ҙ、ҕ：方书收录，其字源见本章第80例。另外，李书中收录的ҕ、ҹ、ѡ，洛克字典中的ѡ、ѿ皆受其影响而产生，借来表示"牛轭"等义。

ҙ：洛克字典收录，另外，李书中收录ҙ，二者当同源，待考证。

ҙ、ӎ：该组字符仅李书收录。ҙ当为藏文字母ҙ借入哥巴文后的派生字，ӎ当属ҙ之倒形。

第三章　哥巴文字源研究　109

【字】：该字符仅李书收录。该字符分上下两部分，下形当源自东巴文"漏"【字】（李 p62-753）。

【字】：方书收录，另外，洛克字典中收录【字】，二者当同源。字源不详。

【字】：该字符仅李书收录，纳西语 lo³³pa⁵⁵ 有"木盆（和面用）"义，该字形疑为借东巴文【字】（李 p96-1215），增形表示"面团"。

tɕ

187. tɕi

55　人、【字】、【字】、【字】、【字】、【字】、【字】、【字】、【字】、【字】（10）

33　[音字与高平调者同]

31　【字】、【字】、【字】、【字】（4）

①【字】、【字】、人（p429- tɕi）④【字】（p185）、【字】（p185）、【字】（p185）、【字】（p185）、【字】（p185）

按：

【字】、【字】、【字】、【字】、【字】：该组字符由李书收录。纳西语 tɕi⁵⁵ 有"口水"义，故该组字符为哥巴文自造水系字。

【字】：李书收录，读为 tɕi³¹，与【字】tɕi⁵⁵ 同形，纳西语 tɕi³¹ 有"云"义，与水相关，故该字符是借哥巴文自造水系字表示"云"义。方书收录的【字】，洛克字典收录的【字】、【字】、【字】皆与此同源。方书收录的【字】字源当如李、曹所言，上形借东巴文"天"，下形为哥巴文自造水系字；【字】为【字】之省体。李书收录的【字】当是在哥巴文自造水系字【字】的基础上加字缀而成。

人：该字符仅李书收录，字源难解，疑为【字】之变体，详见上。另外，洛克字典中收录【字】，这一字形当是在人的基础上加字缀【字】而成。

文：该字符仅李书收录，疑借自汉字"文"，借字与源字在音、义上无关。

【字】：李书收录，另外，洛克字典收录【字】，二者形态稍异，当同源。字源不详，疑为哥巴文自造字符。

【字】：该字符仅李书收录。纳西语 tɕi³³ 有"放置"义，东巴文写作【字】（李 p125-1631），据此可知：哥巴文字符【字】当借自东巴文同义字【字】。

188. tɕʌ　【字】、【字】、【字】、【字】、【字】、【字】、【字】、【字】、【字】、【字】、【字】、【字】、【字】、【字】（14）

①【字】、【字】、【字】（431- tɕə）④【字】（p125）

按：

【字】：该字符仅李书收录，由上下两部分组成：下形借自汉字"火"，上形源自东巴文【字】（p281-877，灶也，垒石为灶。又作【字】、【字】），纳西语 tɕʌ⁵⁵ 有"煮"义，【字】灶下有火，表示"煮"义。

【字】、【字】、【字】：方书收录，纳西语 tɕʌ³¹ 有"经书"义，故其字源当如曹所言借汉字"经"并加以省简变形而成。另外，李书中收录的【字】、【字】、【字】、【字】、【字】、【字】，洛克字典中收录的【字】，这些字符虽形态有异，当与【字】、【字】、【字】同源。

【字】：该字符仅李书收录。纳西语 pa³³tɕʌ³³ 有"一种青蛙"义，东巴文"青蛙"写作【字】，

又写作 ❀、✿（方 p199-439），故据此可知：哥巴文字符 ✦ 当源自东巴文同义字 ✿。另外，李书中收录的 ✶ 当为 ✦ 之变体。

✷、✸：该组字符仅李书收录。字源不详。

✹：该字符仅李书收录。疑借藏文字母 ʊV（李 p151-2013）并加字缀圈。

189. tɕo ⌂、合、会、坐、头、巨、孑、牛、우、㐃（10）

① ⌂、上、𠆢、合（430- tɕy）④ 𝄞（p84）、𝄡（p84）

按：

⌂、上、𠆢、合：方书收录，纳西语 tɕo³¹ 有"下活扣"之义，东巴文写作 𝄞（方 p280-870），故其字源当如曹所言借字东巴文 𝄞。另外，李书中收录 ⌂、合、会、坐、头、巨，洛克字典中收录 𝄞、𝄡。这些字符虽形态稍异，当同源。

孑、牛：该组字符仅李书收录。纳西语 tɕo³¹ 有"下活扣"义，东巴文写作 𝒳（李 p28-317），据此可知：哥巴文字符 孑、牛借自东巴文同义字 𝒳，省略人形，保留了活扣貌。

우、㐃：该组字符仅李书收录。疑为哥巴文自造字，象"活扣"貌。

tɕ'

190. tɕ'i ⺌、⺯、干、水、⺑、㠯、米、囚（9）

① ⋈、囚、⋈、⺌、㠯（433- tɕ'i）④ ⺥（p468）、Ⅹ（p468）、干（p560）、⋈（p560）、⋈（p560）、⋈（p580）

按：

⺌：李书收录。另外，方书收录 干，洛克字典收录 干。三者形态稍异，当同源。纳西语 tɕ'i³³ 有"青刺"义，故其字源当如曹所言为东巴文 干（方 p145-181）之省体。方书收录的 㠯 和李书中收录的 ⺯、㠯 当为 干 之变体。

水：该字符仅李书收录。字源不详。

囚：李书收录，另外，方书收录 囚、囚、⋈，洛克字典收录 ⋈、⋈、⋈。观察该组字符可知，哥巴文在造字过程中点的位置和数目具有随意性，不用来别义。李书中收录的 囚 当是在 ⋈ 的基础上增形而成。该组字符字源不详，可能为哥巴文自造字符。

⺥、Ⅹ：该组字符仅洛克字典收录，其中 ⺥ 当是在 Ⅹ 的基础上增加字缀而成，二者同源。此处字符 Ⅹtɕ'i 疑假借哥巴文字符 Ⅹæ。

⺑：该字符仅李书收录。纳西语 tɕ'i³¹ 有"赶鬼竹尖刺"义，东巴文"赶鬼竹刺"写作 丨（方 p343-1230），与之相关的法仪用品中有 ⺑（方 p349-1263）"抵灾也，从木偶撑蛋"。据此推知：哥巴文字符 ⺑ 源自东巴文 ⺑。

191. tɕ'ʌ ⋈、⋈、㐃、㝵、㝵、⺄、㐄、ㄠ、㐉、⺌、㐂、㐄（12）

①方书第 434 页第 154 组 tɕ'o，只收音，未收字形。④㐃（p560）

按：

⋈、⋈：该组字符仅李书收录。为哥巴文自造字符。

㐄、㐄：该组字符仅李书收录。字源不详。

㝵：该字符仅李书收录，分上中下三部分：上、下形皆为字缀，中形当借自汉字"上"。

〒：该字符仅李书收录。在〇的基础上增形而成，〇疑为借自藏文元音字母〇（u）。

192. tɕʰo 五、五、丘、丘、⺊、丘、丘、㐀、又、㐄、⺊、氺、凵、丰（14）
①丘（433- tɕʰy）④匞（p574）、匞（p574）、〒（p574）

按：

丘：方书收录，其字源当如李、曹所言借汉字音近字"丘"。另外，李书中收录五、五、丘、丘、丘、又，洛克字典中收录匞、匞。这组字符虽形态稍异，当同源：借汉字"丘"并加以变化而成。

〒：该字符仅洛克字典收录。纳西语 tɕʰo³³有"钻，刺入"义，东巴文写作⼑（方p296-962），又写作⼑（李p120-1572），据此可推知：哥巴文字符〒当源自东巴文同义字⼑。

氺、⺊：该组字符仅李书收录。字源不详。

凵、⺊：该组字符仅李书收录。其中，⺊当是在凵的基础上加字缀竖而成，二者同源，字源不详。

193. dʑi ʑ、ʑ、ʑ、ʑ、ʑ、丷、ㄓ、ʑ、云、ʑ、⺕、孓（12）
①ʑ、ʑ、ʑ、ʑ、ʑ（435- dʑi）④ㄓ（p201）、丷（p201）、ʑ（p201）、ʑ（p422）、ʑ（p422）

按：

ʑ、ʑ、ʑ、ʑ：方书收录。另外，李书收录的ʑ、ʑ、ʑ、ʑ、ʑ，洛克字典收录的ʑ、ʑ、ʑ皆当与之同源。纳西语 dʑi³¹有"水"义，故其字源当如曹所言为哥巴文自造水系字。李书收录的丷疑为ʑ之倒形。

ㄓ：方书收录，另外，李书中收录丷，洛克字典中收录ㄓ、丷。其中丷、丷当为ㄓ之省体；ㄓ与ㄓ仅圈的位置不同。纳西语 dʑi³³有"衣裳（古语）"义，东巴文写作〜（李p19-188，画小水之形，读平调时，作"衣裳"解），故该组哥巴文字符当源自东巴文同义字〜。

ʑ、ʑ、孓：该组字符仅李书收录，其中，ʑ当是在ʑ的基础上增形而成，孓是ʑ的变体。〇当借藏文字母〇（u）。

⺕：该字符仅李书收录。当为藏文字母⺕借入哥巴文后的派生字。

194. dʑʌ ▱、⼻、⼻、⼻、⼻（5）
①⼻、⼻、晃（436- dʑʌ）④▱（p209）、▱（p209）

按：

▱、⼻、⼻、⼻、⼻：该组字符由李书收录，另外，方书中收录⼻、⼻、晃，洛克字典中收录▱、▱。这些字符虽形态稍异，当同源。纳西语 dʑʌ³¹（方书注音为 dʑʌ³¹）有"秤锤"义，东巴文写作圄（方p319-1100），该组哥巴文字符皆源自东巴文同义字圄，其字源及字形演变过程可拟为：圄（东巴文）→▱、⼻（李）→▱（洛克）→⼻、⼻（李）→⼻（方）→⼻（方）、▱（洛克）→晃（方）。

195. dzo ▢、▢、▢、▢、▢、▢、▢、▢、▢、▢、▢、▢、▢、▢（14）
①▢、▢（436- dzy）④▢（p84）、▢（p209）

按：

▢、▢、▢、▢、▢、▢、▢、▢、▢、▢：该组字符由李书收录，另外，方书收录▢、▢，洛克字典收录▢、▢。这些字符虽形态稍异，当同源。曹萱女士认为▢借汉字"勺"，当需进一步考证。

▢、▢：该组字符仅洛克字典收录，疑借汉字"上"并加字缀横而成。

▢：该字符仅李书收录。字源不详。

ndʑi

196. ndʑi ▢、▢、▢、▢、▢、▢、▢、▢、▢、▢、▢、▢、▢、▢、▢、▢、▢（19）
①▢、▢（435-dʑi）④▢（p439）、▢（p440）、▢（p440）、▢（p440）、▢（p440）

按：

▢、▢：李书收录，另外，方书收录▢、▢，洛克字典收录▢、▢、▢、▢。该组字符形态稍异当同源，纳西语 ndʑi[33] 有"流"义，与水相关，故该组字符当假借自哥巴文音近字▢dʑi。另外，李书收录的▢，洛克字典收录▢与之同源，为哥巴文字符▢的变体。

▢、▢、▢、▢、▢、▢：该组字符仅李书收录，其中▢与▢在笔画连续性上存在一定区别，▢是▢的变体，▢是▢的省体，▢与▢方向相反。该组字符字源不详。

▢：该字符仅李书收录，纳西语 ndʑi[33] 有"流"义，东巴文写作▢（李 p62-754），故▢当为▢之变体。

197. ndʐo ▢、▢、▢、▢、▢、▢、▢、▢、▢（9）
①▢、▢（436- dʐy）④▢（p441）、▢（p441）

按：

▢、▢、▢、▢：李书收录。另外，方书收录▢、▢，洛克字典收录▢。洛克字典收录的▢当是在▢的基础上加哥巴文自造水系字符而成。纳西语 dʐy[31] 有"女奴"义，该组字符当如方、曹所言为哥巴文自造字符，表示"女子"与"男子"▢相对。

▢、▢、▢：该组字符仅李书收录，其中，▢是在▢的基础上增形而成，▢与▢的区别在于所加字缀不同。字源不详。

ŋ

198. ŋi ▢、▢、▢、▢、▢、▢、▢、▢（8）
①▢、▢、▢、▢、▢（p437- ŋi）④▢（p30）、▢（p30）、▢（p30）、▢（p453）、▢（p456）、▢（p456）、▢（p457）、▢（p457）

按：

▢、▢：李书收录，另外，方书收录▢、▢、▢，洛克字典收录▢、▢、▢、▢、▢。

纳西语 ni³³ 有"太阳"义，东巴文写作 ◉（方 p91-2），故该组字符中的 ◉ 当源自东巴文 ◉，是其省体。该组哥巴文字符的形态关系如下：⿹ 是在 ◉ 的基础上增形而成；⿱、⿱ 是在 ◉ 的基础上加字缀 ⿱ 而成；⿱ 是在 ◉ 的基础上加字缀 ⿱ 而成；⿱ 是在 ◉ 的基础上加字缀点而成；⿱ 是在 ◉ 的基础上加点形而成；⿱ 是在 ⿱ 的基础上增形而成，所增之形受东巴文"泥"⿱（方 p136-130，⿱，踩泥；⿱，和泥）的影响，纳西语 ni³³ 又有"泥"义。

⿱、⿱、⿱、⿱、⿱：李书收录，另外，方书收录 ⿱、⿱，洛克字典收录 ⿱、⿱、⿱。这些字符形态稍异，当同源。曹萱女士认为借汉字"石"，需进一步考证。

⿱：该字符仅李书收录。字源不详。

199. ɲʌ ⿱（1）
① ⿱（p439- nə）
按：
⿱：李书收录，该字符与方书收录的 ⿱ 字符形态接近。李静生先生认为二字借东巴文同义字"目"；黄振华先生和曹萱女士认为借汉字同义字"目"。纳西语 miə 有"眼睛"义，哥巴文写作 ⿱、⿱，这两个字符借自东巴文同义字"目"，而此例中纳西语 ɲʌ³¹ 有"眼（古语）"义，故此我们以李说为是，哥巴文字符 ⿱ 借哥巴文同义字"目"，字符 ⿱ 是 ⿱ 的变体。

200. ɲo ⿱、⿱、⿱、⿱、⿱、⿱、⿱（7）
① ⿱、⿱（p438- ny）
按：
⿱、⿱、⿱、⿱：李书收录。纳西语 ɲo⁵⁵ 有"发抖"义，东巴文同音同义字写作 ⿱，又写作 ⿱（方 p228-582）。其中，⿱ 为 ⿱ 之变体，⿱、⿱、⿱ 中加点表示人抖状。

⿱：李书收录，另外，方书收录 ⿱，二者字符形态稍异，当同源。字源不详。

⿱：李书收录，另外，方书亦收录 ⿱，二者当同。字源不详，曹以为借汉字"乂"，待考证。

⿱：该字符仅李书收录，字源不详。

第四节　ɕ—ər 组字源考订

ɕ

201. ɕi ⿱、⿱、⿱、⿱、⿱、⿱、⿱、⿱、⿱、⿱、⿱、⿱、⿱、⿱、⿱（15）
① ⿱、⿱（p439- ɕi）④ ⿱（p244）、⿱（p244）、⿱（p244）
按：
⿱：方书收录，另外，李书收录 ⿱、⿱、⿱、⿱、⿱、⿱、⿱、⿱，洛克字典收录 ⿱、⿱。该组字符虽形态稍异，当同源。曹萱女士认为借汉字"丘"，这种观点存在可能性，纳西语 ɕi³¹ 有"山地（指刀耕火种之地）"义，故借汉字同义字"丘"。

〇：该字符仅洛克字典收录，纳西语 ci^{33} 有"人"义，故哥巴文字符 〇 当借汉字同义字"人"。

〇、〇、〇：该组字符仅李书收录。其中 〇 当为后二形之变体，三者当与 〇 同源。

土：该字符仅李书收录。纳西语 ci^{31} 有"山地（指刀耕火种之地）"义，故哥巴文字符 土 借汉字"土"，此为一说。另外，纳西语 ci^{33} 有"百"义，东巴文"百"写作 十（方 p338-1204），土 疑是在 十 的基础上增加字缀横而来。

〇：李书收录，另外，方书收录 〇，二者形态稍异，当同源。纳西语 $ci55$ 有"舌"义，这两个字符当为哥巴文自造象形字，象舌貌。

〇、〇：该组字符仅李书收录。字源不详。

202. çʌ 〇、〇、〇、〇、〇（5）
①〇、〇（p441- çə）
按：

〇、〇：方书收录。其字源当如李、曹所言，借汉字"下"，只是借入的途径并不如曹所言，纳西语 $çʌ^{55}$ 有"打卦"义，$çʌ^{31}$ 有"闲"义，与之对应的东巴文皆写作 〇（李 p124-1618，占卜打卦也；闲也），故哥巴文字符 〇、〇 当经东巴文 〇 借汉字"下"。另外，李书中收录的 〇 亦当与之同源，〇 当为 〇 之变体。

〇、〇：该组字符仅李书收录，二字形当同源。疑为哥巴文自造字，表示"打卦"义。

〇：该字符仅李书收录。字源不详。

203. ço 〇、〇、〇、〇、〇、〇、〇（7）
①〇、〇、〇（p440- çy）④〇（p257）、〇（p257）
按：

〇、〇：方书收录。另外，李书中收录 〇、〇，洛克字典中亦收录 〇。这五个字符当同源。纳西语 $ço^{31}ru^{33}$（方书注音为 $çy^{31}lu^{31}$）有"香炉"义，东巴文写作 〇（方 p344-1239），该组字符当为 〇 之省体，象香插香炉貌。又，纳西语 $ço^{33}$ 有"供养，许愿"义，该组字符或为哥巴文自造字，象香条插在香炉中貌。李书中收录的 〇 当为 〇 之变体；〇 与 〇 方向相反，在哥巴文中，不区别方位时，字符上下无别；〇 当为 〇 之变体。

〇：该字符仅李书收录。纳西语 $ço^{33}$ 有"供养，许愿"义，〇 疑为哥巴文自造字符，象香炉中插香条貌。

〇：李书收录，另外，洛克字典中收录 〇，当为 〇 之变体，二者同源，待考证。

〇：该字符仅方书收录，曹萱女士认为是 〇ly 之派生，借字与源字之间仅字符形态相似，音义无关。我们认为 〇 是同组哥巴文字符 〇 之变体。

k

204. ka 〇、〇、〇、〇、〇、〇、〇、〇、〇、〇、〇（11）
①〇、〇、〇、〇（p410- ka）④〇（p164）、〇（p164）
按：

第三章　哥巴文字源研究　115

▯、▯、▯、▯、▯：李书收录，另外，方书中收录▯、▯、▯、▯，洛克字典收录▯、▯。纳西语 ka³³ 有"善，好"义，其字源当如木、曹所言借藏文字母▯（kha）后稍有变形。

▯：该字符仅李书收录。纳西语 ka³³ 有"善，好"义，东巴文写作▯（李 p123-1613），东巴文字符▯借自藏文字母▯（ka），故哥巴文字符▯当是经由东巴文借藏文字母▯。李书收录的▯、▯、▯、▯皆为其变体。

205. kæ　▯、▯、▯、▯、▯、▯、▯、▯、▯、▯、▯、▯（12）
① ▯、▯、▯、▯、▯、▯（p410- kæ）④ ▯（p163）、▯（p163）、▯（p163）、▯（p163）、▯（p443）

按：

▯、▯、▯、▯：方书收录。另外，李书中收录▯，洛克字典中收录▯、▯、▯。纳西语 kæ³¹ 有"秋千"义，东巴文写作▯，又作▯（方 p305-1020），该组字符当源自▯、▯。其中，▯是在▯的基础上加字缀▯而成；▯与▯下面两竖长短相对，据哥巴文造字规律，当无别。

▯：洛克字典收录，当借藏文字母▯。另外，李书中收录的▯、方书中收录的▯、洛克字典收录的▯皆为▯之变体。

▯、▯：该组字符由李书收录。字源不详。

▯、▯、▯：该组字符仅李书收录，纳西语 kæ³³ 有"搭东西的挂竿"义，东巴文写作▯（李 p97-1231），该组字形当源自▯。

206. kɛ　▯、▯、▯、▯、▯、▯、▯、▯、▯（9）
① ▯（432-tɕər）

按：

▯、▯：该组字符仅李书收录。纳西语 kɛ³³ 有"颈"义，东巴文"颈"写作▯（方 p253-721，颈也，象颈有项圈），故▯、▯当源自▯。

▯：李书收录，另外，方书亦收录▯。纳西语 kɛ³¹ 既有"钩"义，又有"上"义，故其字源当如李、曹所言，下形借东巴文▯（方 p234-616）中的钩子形，加点表示"上"义。李书中的▯当为▯之变体。

▯：该字符仅李书收录。纳西语 kɛ³¹ 有"钩子"之义，东巴文"钩子"写作▯、▯（李 p96-1212），故该字符当源自▯并加以倒置，此为一说。另外，纳西语 kɛ³¹ 有"弯"义，东巴文"弯"可写作▯（李 p123-1608），▯亦可能借▯。

▯：该字符仅李书收录。纳西语 kɛ³¹ 有"弯"义，该字符当为哥巴文自造字符，线由直变曲，表示"弯"义。

▯：该字符仅李书收录。纳西语 kɛ³¹ 有"弯"义，东巴文"弯"可写作▯（李 p120-1562），故▯当源自▯并加点字缀而成。此处加点或兼表"上"义。

207. kʌ（方 kə）　▯、▯、▯、▯、▯、▯、▯、▯、▯（9）
① ▯、▯、▯、▯（p413-kə）④ ▯（p168）、▯（p168）

按：

✎：李书收录，另外，方书收录 ✎、✎，洛克字典收录 ✎、✎。可见，哥巴文自造过程中，字形正倒无别，五者虽字符形态稍异当同源。李静生先生认为该组字符为哥巴文自造字，象两物相勾之形。此说有理。

✎、✎、✎、✎：李书收录。另外，方书收录 ✎。字源不详。疑为哥巴文自造字符，表示"大木桶"义。

✎：李书收录，另外，方书收录 ✎，二者当同。关于其字源，黄、曹认为借汉字音近字"苦"，可为一说。

✎、✎：该组字符仅李书收录。字源不详。

✎：该字符仅李书收录。字源不详。

208. kɯ ✎、✎、✎、✎、✎、✎、✎、✎、✎（9）

①✎、✎、✎、✎（p414-kɯ）④✎（p176）、✎（p176）、✎（p176）

按：

✎、✎、✎、✎、✎、✎、✎：李书收录，另外，方书收录 ✎、✎，洛克字典收录 ✎、✎。纳西语 kɯ³¹ 有"胆；星；兆"等义，东巴文"胆"写作 ✎，又作 ✎（方 p255-734），故哥巴文字符 ✎、✎ 上形源自东巴文 ✎，下形源自东巴文"起"✎（方 p225-564）。✎ 上形源自东巴文"胆"✎，下形疑借汉字"工"。✎、✎、✎、✎、✎ 这五个字符上形均源自东巴文"星"✎（方 p91-4）。其中，✎ 之下形借藏文字母 ✎；✎ 之下形为哥巴文自造"人"形；✎ 之下形借汉字"王"；✎ 之下形借汉字"工"。✎、✎ 为 ✎ 之变体。

✎：该字符仅李书收录，当为藏文字母 ✎ kha 借入哥巴文后的派生字。

✎：李书收录，另外，方书收录 ✎、✎，洛克字典收录 ✎。✎、✎ 上形源自东巴文"草"✎（方 p154-228），下形受哥巴文同音字的影响源自东巴文"星"✎（方 p91-4）。✎、✎ 是在 ✎ 的基础上增形而成。

209. ko ✎、✎、✎、✎、✎、✎、✎、✎、✎、✎（10）

①✎、✎、✎、✎、✎（p411-ko）；✎、✎、✎、✎、✎（p412-ku）④✎（p167）、✎（p168）、✎（p281）、✎（p281）

按：

✎、✎、✎、✎：李书收录。另外，方书收录 ✎、✎，洛克字典收录 ✎。由李书收录的 ✎ 可知其字源当如黄、曹所言借汉字"合"。其他字符如：✎、✎、✎、✎、✎、✎ 均当为 ✎ 之变体或省体。

✎：李书收录，由上下两部分组成，上形受同音字中的 ✎ 影响，纳西语 ko³³ 有"浇水"义，故下形为水流形。

✎、✎：该组字符仅李书收录，二者笔画稍异当同源。字源不详。

✎：该字符仅李书收录。纳西语 ko³³ 有"拴狗之棍"义，东巴文就"拴"一义写作 ✎（方 p323-1123），故哥巴文字符 ✎ 当借自东巴文同义字 ✎。

✎：该字符仅方书收录。纳西语 ko³³ 有"盛水"义，东巴文写作 ✎（方 p234-617，又写作 ✎），故其字源当如曹所言是东巴文 ✎ 之省体。

第三章 哥巴文字源研究

⺆：方书收录，另外，洛克字典收录⺆，二者当同。纳西语 ko³¹ 有"高山，草原"义，东巴文写作 ⌂（方 p122-95），哥巴文字符 ⺆、⺆借自东巴文同义字 ⌂，是 ⌂ 的省体。

⺁：该字符仅方书收录。纳西语 ko⁵⁵ 有"麦架"义，东巴文写作 ⺀（方 p278-857），故哥巴文字符 ⺁ 当借自东巴文同义字 ⺀，是其省体并加字缀点而成。

⺃、⺄：方书收录，另外，洛克字典收录 ⺃、⺄。纳西语 ko³³ 有"吞，咽；嘱咐"等义，与"口"相关，故其字源当如曹所言是借汉字"亻"与东巴文 ⬜ 的合体。

⺅、⺆：该组字符仅方书收录，曹萱女士认为该组字符是藏文字母 ₴ za 的派生字，我们认为该组哥巴文字符借自藏文音近字母 ka，哥巴文字符 ⺅ 与藏文字母在笔画上稍有差异，哥巴文字符 ⺆ 则是在 ⺅ 的基础上变换方向而来。其字源与字形演变过程可拟为：ṁ（藏文）— ⺅（哥巴文）— ⺆（哥巴文）。

210. ku（方 kv）⺁、⺂、⺃、⺄、⺅、⺆、⺇、⺈、⺉（9）

①⺂、⺃、⺄、⺅、⺆（p412-kv）④⺇（p178）、⺈（p178）、⺉（p178）

按：

⺁：李书收录，另外，方书收录 ⺅、⺆，洛克字典收录 ⺈、⺉。纳西语 kv³³ 有"（床）上"义，东巴文"上"写作 ⺀（李 p92-1160），据此可推知：哥巴文字符 ⺅、⺁、⺉ 源自东巴文同义字 ⺀，是其省体。哥巴文字符 ⺆、⺈ 分别在同组字符 ⺅、⺉ 的上面加字缀圈兼表"上"义。方书收录的 ⺂ 当是在 ⺈ 的基础上加字缀 ⌐ 构成。

⺂：李书收录，另外，方书收录 ⺂ 及洛克字典收录的 ⺇ 与之同源。其上形 ⺀ 为哥巴文自造字符，下形 ⌒ 源自藏文元音字母 ⌒（u）。

⺃、⺄、⺈：该组字符仅李书收录，当同源。纳西语 ku³³（方书注音为 kv³³）有"蛋"义，东巴文"蛋"写作 ○（方 p164-279），据此推知：该组哥巴文字符源自东巴文同义字 ○，其中，十、十 为哥巴文构字过程中的常见字缀，⺄ 中的 ⺀ 源自同组哥巴文字符 ⺁。

⺅：该字符仅方书收录。纳西语 kv³³ 有"头"义，东巴文"头"写作 ☺（方 p250-708），为头之侧面形，又李书收录 ☻（李 p49-571），为头之正面形，据此可推知：哥巴文字符 ⺅ 当为东巴文同义字 ☻ 之省体。

⺆：该字符仅李书收录，关于其字源存在两种可能性：一是假借音近字 ⌂ ko，见上例；二是据纳西语 ku⁵⁵ 有"反扣，罩起"义，东巴文同音同义字写作 ⌒（方 p332-1174），可知 ⺆ 可能源自 ⌒。

⺇：该字符仅方书收录，纳西语 kv³¹ 有"下蛋"义，故哥巴文字符 ⺇ 当借汉字"下"并加字缀短横而成。

⺈：该字符仅李书收录。字源不详。

k'

211. k'a ⺁、⺂、⺃、⺄、⺅、⺆、⺇、⺈（8）

① 🔣、🔣、🔣、🔣（p416- k'ɑ）④ 🔣（p242）、🔣（p242）

按：

🔣：该字符仅李书收录。为哥巴文自造水系字，假借哥巴文音近字🔣k'æ。

🔣、🔣、🔣、🔣：方书收录。另外，李书收录🔣、🔣、🔣、🔣、🔣，洛克字典收录🔣、🔣。该组字符形态稍异，当同源。纳西语 k'ɑ³³ 有"苦"义，东巴文写作🔣，故该组哥巴文字符当源自东巴文同义字🔣。

🔣、🔣：该组字符仅李书收录。字源不详，疑为同组哥巴文字符🔣之变体。

212. k'æ 🔣（1）

① 🔣、🔣、🔣（p415- k'æ）④ 🔣（p238）、🔣（p238）、🔣（p239）

按：

🔣：李书收录。另外，方书收录🔣、🔣、🔣，洛克字典收录🔣、🔣、🔣。纳西语 k'æ³³ 有"沟，渠"义，与水相关，故该组字符皆为哥巴文自造水系字。

213. k'ɛ 🔣、🔣、🔣、🔣、🔣、🔣、🔣、🔣、🔣（9）

① 🔣、🔣（434-tɕ'ər）④ 🔣（p557）、🔣（p557）

按：

🔣：该字符仅李书收录。纳西语 k'ɛ³³ 有"折断"义，该字形由两部分组成，一部分源自东巴文"骨折"🔣（方 p256-743）或是"折断"🔣（李 p121-1589），一部分源自东巴文"断也"🔣（方 p321-1114）。

🔣：该字符仅李书收录。纳西语 k'ɛ³³ 有"折断"义，东巴文"骨折"写作🔣（方 p256-743），🔣当为🔣之省形。

🔣、🔣、🔣：该组字符由李书收录，另外，方书收录🔣、🔣，其字源当如李静生先生所言，象折物之形。另外，李书收录的🔣、🔣、🔣亦当与之同源，象多折之貌。

214. k'ʌ（方 k'ə）🔣、🔣、🔣、🔣、🔣、🔣、🔣、🔣、🔣、🔣（10）

① 🔣、🔣、🔣、🔣（p417-k'ə）④ 🔣（p264）、🔣（p264）

按：

🔣：李书收录，另外，方书收录🔣，二者形态稍异，当同源。纳西语 k'ə³¹ 有"拦水"之义，拦水用土，故🔣、🔣当借自汉字"大"和"土"组合而成。另外，李书中收录的🔣亦当是在"土"的基础上加字缀而成。

🔣、🔣、🔣、🔣、🔣：李书收录，另外，方书收录🔣。曹萱女士认为🔣源自汉字"右"，据李书所收字符，我们认为此说不妥。纳西语 k'ʌ⁵⁵（方书注音为 k'ə⁵⁵）有"篮子"义，故哥巴文字符🔣、🔣、🔣、🔣为自造字，象篮子局部竹编纹路貌。🔣、🔣是在其基础上加字缀🔣、🔣而成。

🔣：李书收录，另外，方书收录🔣。纳西语 k'ʌ⁵⁵（方书注音为 k'ə⁵⁵）有"篮子"义，东巴文写作🔣（方 p308-1037）。据此可知，哥巴文字符🔣、🔣当源自东巴文同义字🔣并增形而成。其字源及字形演变过程可拟为：🔣（东巴文）—🔣（哥巴文）—🔣（哥巴文。）

🔣：方书收录，另外，洛克字典收录🔣、🔣。三者均属哥巴文自造象形字，象篮子局部的竹编纹路貌。其中，▆是在Y的基础上增形而成。

▆：该字符仅李书收录，疑为藏文字母∃借入哥巴文后的派生字，▆为哥巴文构字过程中的常用字缀。

215. k'ɯ ▆、▆、▆、▆、▆、工、之、N、▆、外、R、道、W、▆、小、向、▆、囧、申、点、肉（21）

①▆、▆、▆（p418- k'ɯ）④▆（p269）、▆（p269）、▆（p269）

按：

▆：方书收录，同时，李书、洛克字典亦分别收录▆、▆，三者当同。纳西语 k'ɯ^{33} 有"狗"义，故其字源当如李、曹所言借汉字同义字"犬"。另外，李书收录的▆、▆、▆，方书收录的▆、▆，洛克字典收录的▆皆当为"犬"之变体。

▆：该字符仅洛克字典收录。纳西语 k'ɯ^{31} 有"山地（刀耕火种之地）"义，东巴文写作▆（李 p13-129），故哥巴文字符▆当源自东巴文同义字▆，是其省体。

W：该字符仅李书收录。纳西语 k'ɯ^{31} 有"线"义，东巴文"线"写作▆（李 p110-1421），据此可知，哥巴文字符W当源自东巴文同义字▆。

肉、申：该组字符仅李书收录。纳西语 k'ɯ^{55} 有"装进去"义，故哥巴文字符肉疑借汉字"内"，申为"内"之变体。

工、之、N、R：该组字符仅李书收录。字源不详。

囧：该字符仅李书收录，疑为藏文字母∃借入哥巴文后的派生字。李书中的▆为囧之变体。

▆：该字符仅李书收录，纳西语 k'ɯ^{31} 有"巢"义，故该字符疑借汉字"鸟"字。

216. k'o 口、▆、▆、▆、▆、▆、▆、▆、▆、八、▆、标、▆、▆、氷、▆、父（17）

①▆、父、▆（p416- k'o）；口、右、古（p417-k'ɯ）④▆（p262）、▆（p263）、▆（p263）、▆（p263）、▆（p264）、▆（p264）、▆（p264）、▆（p264）、▆（p264）、口（p274）、申（p274）

按：

口、▆、▆、▆：李书收录，另外，方书收录口、右、古，洛克字典收录口。纳西语 k'o^{33}（方书注音为 k'ɯ^{33}）有"口"义，故口、口、口之字源当如李、曹所言借自汉字"口"。右、古是在"口"的基础上加字缀▆、▆而成。李书中的▆、▆、▆当是在"口"的基础上增形而成。

▆、▆、▆、父：李书收录，另外，方书收录▆、▆，洛克字典收录▆、▆、▆。纳西语 k'o^{31} 有"父族"之义，据此推知哥巴文字符父借汉字"父"，其他字符▆、▆、▆、▆、▆是父的变体。该组字符的字形演变过程可拟为：父（李）—▆、▆（李）、▆（方）—▆（李）、▆（方）、▆（洛克）—▆（洛克）。

▆、▆：李书收录，另外，方书收录▆，洛克字典收录▆、▆、▆、▆、▆。纳西语 k'o^{31} 有"栅；篱"等义，东巴文写作▆（方 p302-997）。据此可知，该组哥巴文字符当为东巴文同义字▆之省体。

八、K、标、AA、AR：该组字符仅李书收录。字源不详，疑为源自东巴文"草"↓（方 p154-228）。

冫水：该字符仅李书收录，为藏文字母 ㎡ 借入哥巴文后的派生字。

申：该字符仅洛克字典收录，表示"门"义，疑为哥巴文自造字符，象篱笆门貌。

217. k'u 卅、ヨ、言、言、禾、禾、示、ふ、ㄨ、ゎ、卄、乂、へ、ӄ、ト（15）
④卅（p276）、卄（p276）、卅（p276）、言（p277）、禾（p277）、ㄨ（p277）
按：

卅：李书收录，另外，洛克字典收录卅、卄、卅。表示"收割"，字源不详，疑为哥巴文自造字符。

禾、示：李书收录，另外，洛克字典收录禾。疑借汉字"示"字，字符与语词在音义上无关。另外，李书中的禾、禾，洛克字典收录ㄨ当为禾之变体。

ヨ、言、言：该组字符仅李书收录。字源不详。

ふ：该字符仅李书收录，当源自藏文第十二个字母 ㄨ。

ゎ、ㄨ：李书收录。另外，洛克字典收录言。哥巴文字符言疑借自东巴文"毛"（方 p177-340），仅借形，音义上无关。ゎ、ㄨ 为言之省体。

卄、卆：该组字符仅李书收录。纳西语 k'u[31] 有"唤叫"义，东巴文"喊叫"写作 （李 p50-605），故哥巴文字符卆当源自东巴文同义字，卄又是卆之变体。

へ、ト：该组字符仅李书收录。纳西语 k'u[55] 有"弯曲"义，东巴文"弯曲"写作 （李 p123-1608）。据此可推知，哥巴文字符へ当借东巴文同义字；ト为へ之变体。

g

218. gʌ ㄥ、゙、゙、彡、巳、巜、ホ、Ɀ（8）
①ㄥ、巜、ホ（p421-gə）④ㄨ（p151）、＜（p151）、ノ（p151）、ㄨ（p151）、艹（p151）、V（p151）
按：

ㄥ：李书收录，另外，方书收录ㄥ，洛克字典收录ㄨ、＜、ノ、ㄨ、艹、V。该组字符虽形态方向稍异，当同源。方书收录的哥巴文字符ㄥ的字源当如曹所言，借东巴文"草"↓（方 p154-228）。李书的ㄥ和洛克字典的ㄨ、＜、ノ、ㄨ、艹、V 亦借东巴文↓。仔细观察该组字符可知，哥巴文在借入东巴文字符时可变方向，可省笔画。其中，V 中的点兼表"上面"义，纳西语 gʌ[31] 有"上面"之义。李书中收录的゙、゙当是在ㄥ的基础上加字缀而成。

巜：该字符仅方书收录，其字源当如曹所言借汉字"巜"。

ホ：该字符仅方书收录，纳西语 gə[31] 有"上面"义，东巴文写作 （方 p142-164），据此可知哥巴文字符ホ当为东巴文同义字 之变体。

彡：该字符仅李书收录，字源不详。

巳：该字符仅李书收录，纳西语 gʌ[31]tɯ[33]（李 p70-207）有"起立"之义，故该字符疑为借汉字"起"的部件并加以变形而成。

219. gu 〇、〇、〇、〇、〇、〇、〇（7）
①〇、〇、〇、〇（p422-gu）

按：

〇、〇：李书收录，另外，方书收录〇。纳西语 gu³¹ 有"落（果落地）"义，东巴文写作〇（方 p146-187，落也，从果实落地），故哥巴文字符〇、〇当为东巴文同义字〇之省形，省略树形，保留果实落下貌。

〇、〇、〇：李书收录，另外，方书收录〇。在纳西语中，gu 与 gv 都有"落"义（分别见于方书 p422、p420），故此，该组哥巴文字符当假借自哥巴文〇、〇（gv）。

〇、〇：该组字符仅李书收录。字源不详，一种可能是借自藏文字母〇，李书中收录〇（李 p124-1615）、〇、〇、〇（p126-1660）可为佐证；另一种可能是受哥巴文音近字〇 go 的影响而来，〇 go 见 220 例。

220. go 〇、〇、〇、〇、〇、〇、〇、〇、〇、〇、〇、〇、〇、〇、〇、〇（16）
①〇、〇、〇、〇（p420-gu）④〇（p194）、〇（p194）、〇（p194）、〇（p194）

按：

〇、〇、〇、〇、〇、〇：李书收录。另外，方书收录〇、〇、〇、〇，洛克字典收录〇、〇、〇。该组字符虽形态稍异，当同源。曹萱女士据方书所收字符〇认为借汉字"弓"，有待考证。我们认为该组字符与第 221 例中的〇 gu 有密切联系，疑为〇 gu 的假借用法，依据是：李书中读音区分 go 与 gu，go 有"背东西"义，gu 有"弯曲"义。而洛克字典中读音不再区分 go 与 gu，该字典收录的 gu 音既包括"负担；背东西"义，也延伸出"弯下；折弯"义。故此，我们认为该组字符是借哥巴文字符〇 gu 后产生的一系列变体。这一系列变体中，根据字形的相似性又可以分为以下几组：第一组〇、〇、〇、〇、〇、〇；第二组：〇、〇、〇、〇、〇；第三组：〇、〇。

〇：该字符仅李书收录，与哥巴文音近字〇 gu 有密切联系，见 219 例。

〇、〇、〇：该组字符仅李书收录，疑假借哥巴文〇 pa。

〇：该字符仅李书收录，假借哥巴文 wk'u。

221. gu 〇、〇、〇、〇、〇、〇、〇、〇、〇、〇、〇、〇、〇、〇、〇（15）
①〇、〇（p420-gu）；〇、〇、〇（p420-gv）④〇（p154）、〇（p154）；〇（p194）、〇（p194）、〇（p194）、〇（p194）、〇（p195）、〇（p195）、〇（p195）

按：

〇、〇、〇、〇、〇、〇：该组字符由李书收录，另外，方书收录〇、〇、〇，洛克字典收录〇、〇、〇。纳西语 gv³³ 有"霹；打雷"之义，东巴文"霹"写作〇（方 p99-22），"打雷"写作〇（方 p99-21），故该组字符中的〇、〇、〇其字源当如曹所言源自东巴文〇或〇。同理，李书中的〇、〇、〇、〇、〇、〇和洛克字典中的〇、〇、〇也是在东巴文〇的基础上加以省形、变形或者增形而成，如：〇、〇保留电光雷声貌；〇左形从矢劈地，右形为哥巴文自造字符。

〇：李书收录，另外，方书收录〇、〇，洛克字典收录〇、〇、〇。纳西语 gu³¹ 有"自生成的弯曲"义，东巴文"弯"写作❀（李 p77-939），故该组字符或源自东巴文❀，或为哥巴文自造字符，表示弯曲义。

▨、▤：该组字符由李书收录。字源不详。

═：该字符仅李书收录。纳西语 gu³³ 有"合"之义（李 p71），哥巴文字符═疑为受八卦影响所造的"阴""阳"字形的合体。

⊕、⊛：该组字符仅洛克字典收录。关于这组哥巴文字符的字源存在两种可能：一种是纳西语 gu³³ 有"身体"之义，⊕、⊛源自东巴文同音同义字⊗（方 p250-705，身体），其演变过程可拟作：⊗（东巴文）—⊛（哥巴文）—⊕（哥巴文），这三个字符是逐渐省简的关系。第二种，纳西语 gu³¹ 有"落（日）"之义，⊕、⊛二者的上部○表示太阳，下部垂线指示方向，是一组哥巴文自造会意字。

ŋg

222. ŋa（方 ga） 中、申、亨、呆、予、军、叀、叀（8）

①❀（p419-ga）④❀（p425）、❀（p425）

按：

叀、叀：李书收录。另外，方书收录❀，洛克字典收录❀。纳西语 ŋa³³（方书注音为 ga³³）有"将、帅；胜利"义，东巴文写作❀（方 p214-516，帅也，常胜也，从官插方旗。❀，读 ga³³，胜也）。其中，方书收录哥巴文❀的字源当如曹所言是东巴文❀之省变，李书中的叀、叀和洛克字典中的❀当与之同源。

中、申、亨、予、军：李书收录，另外，洛克字典收录❀。纳西语 ŋa³³（方书注音为 ga³³）有"将、帅；胜利"义，东巴文写作❀（方 p214-516，帅也，常胜也，从官插方旗。❀，读 ga³³，胜也）。故李书收录的中当为❀之省体，申、亨、予、❀又是在中之变体，军当是在中的基础上增形而成。

223. ŋæ（方 gæ） 蒜、菾、卉、辵（4）

①蒜、菾、盃、辵、辵（p419-gæ）④⺜（p428）、⋈（p428）

按：

蒜、菾：李书收录，另外，方书收录蒜，这三个哥巴文字符形态稍异当同源。纳西语 ŋæ³¹ 有"甲衣"之义，故其字源当如李静生先生所言源自东巴文❀（方 p269-809，"甲衣"，又作❀），是其省文。

卉：李书收录，另外，方书收录卉，洛克字典收录⋈。纳西语 ŋæ³¹ 有"剪；夹"之义，东巴文写作❀（方 p266-788，又作❀），据此可知，洛克字典收录的哥巴文字符⋈当直接借自东巴文同义字❀，哥巴文字符卉、卉是东巴文❀的变体。

辵、辵：方书收录，另外，洛克字典收录⺜。方书收录的辵、辵字源当如曹所言源自东巴文"肋骨"❀（方 p257-746），洛克字典中的⺜与之同源。

盃：方书收录，纳西语 gæ³³ 下有"电光；闪电"义，东巴文写作⋀（方 p99-19），故哥巴文字符盃当源自⋀，象闪电击地貌。另外，李书收录辵。辵与盃二者笔画稍异，二者当同源。

224. ŋgɛ ◲、◱、◰、◳（4）

①（方书第437页第160组 dʑər 只收音，不收字形。）④◲（p428）

按：

◲：李书收录，另外，洛克字典收录◲。这两个哥巴文字符中"口"的位置不同，我们认为"口"为哥巴文常用字缀，位置可变，故◲、◲字符字源当同。

◰：该字符仅李书收录。纳西语 ŋgɛ[31] 有"油；松脂"义，东巴文"松脂"写作◰（方 p147-193），故◰当为◰之省体，省略树形，象松脂垂滴貌。

◱：该字符仅李书收录，纳西语 ŋgɛ[33] 有"弯垂"义，东巴文"弯"写作◱（李 p123-1608），故◱当源自◱，并在此基础上增形而成。

◳：该字符仅李书收录，纳西语 ŋgɛ[55] 有"晒，晒太阳"义，疑为哥巴文自造字符，与"黄"字形相近。

225. ŋgʌ ◲、◱、◰、◳、◴（5）

按：

◴：李书收录，纳西语 ŋgʌ[55] 有"咒骂"义，故哥巴文字符◴借自汉字"咒"，并加以变形而成，此为一说。另外，东巴文"咒骂人之死"写作◴（李 p92-1165），◴也可能借自东巴文◴，省略人形，将音符倒置并增形而成。

◲、◰：该组字符仅李书收录。疑为取同组哥巴文字符◴之半，表示"半块，半边"之义。

◱：该字符仅李书收录。◱由两部分组成：下形为哥巴文自造水系字，上形不识。

226. ŋgɯ ◲、◱、◰、◳、◴、◵、◶、◷、◸、◹、◺（11）

①◲、◱、◰（p422-gɯ）④◳（p431）、◴（p431）

按：

◶、◷：该组字符仅李书收录。字源不详。

◵、◺：该组字符仅李书收录。当为藏文字母ᠠᠠ借入哥巴文后的派生字。

◲：李书收录，另外，方书收录◱、◰，洛克字典收录◳。纳西语 ŋgɯ[33] 表示"裂"义，该组字符疑为哥巴文自造字符。

◱：该字符仅李书收录，纳西语 ŋgɯ[31] 有"做房顶之木板"义，东巴文写作◰（李 p90-1136），据此可知，哥巴文字符◱当源自东巴文◰并加缀而成。

◳：该字符仅李书收录，由上下两部分组成：上形为哥巴文常用字缀，借自藏文元音字母；下形当借东巴文"针"◰，古本中原写作◰（李 p109-1415）并加字缀竖而成。

◴：方书收录，另外，洛克字典收录◴。表示"裂"义，疑为哥巴文自造字符，象木板裂缝貌。

227. ŋgo ◲、◱、◰、◳、◴、◵、◶、◷、◸、◹、◺、◻、◼、◽（14）

①◲（p420-go）；◱、◰、◳、◴（p420-gu）④◵◵（p433）、◶（p433）、◷（p434）

按：

彦、戸、严、芦：李书收录，另外，方书收录带、戸，洛克字典收录戸。其中，严、芦是在戸的基础上增形而成，严、带是戸的变体。该组字符字源相同，纳西语 ŋo^{31} 有"仓"义，疑为哥巴文借汉字"倉"省变而成。

亏、飞、乞、芑：该组字符仅李书收录。同上，字源不详，疑为哥巴文自造字符。

冬、ƶ：该组字符仅李书收录。纳西语 ŋo^{31} 音下收有"丽江"义，ƶ 当为哥巴文自造水系字，冬在ƶ的基础上增形而成。

ᴍ、ᴍ：该组字符仅洛克字典收录。纳西语 ŋo^{33}mi^{31} 有"藤子"义，故该组字符疑为哥巴文自造字符，象藤蔓貌。

弓：李书收录，另外，方书收录乞、弓。曹萱女士认为借古汉字"弓"，需进一步考证。

罒：方书收录，纳西语 ŋo^{31} 有"臼齿"义，该字形当如曹所言，是哥巴文自造象形字符。另外，李书收录皿，亦当为哥巴文自造象形字，象臼齿貌。

228. ŋgu 匈、乌、禺、商、圡、弌、兰、羊、竹、方、卆、左、乀、尺 （14）
①乌、夕、囪、六、Y（p420-gv）④刪（p195）、乙（p195）、弍（p437）、冂（p437）、皿（p437）

按：

匈、乌、禺：李书收录，另外，方书收录匈，洛克字典收录刪。纳西语 ŋgu^{33} 有"雷劈"之义，东巴文写作乙（方 p99-22），曹萱女士认为方书中的匈源自东巴文乙，我们认同这种观点，且李书中的匈、乌、禺及洛克字典的刪也是由东巴文乙省简而来。另外，李书收录的商，方书收录的匈、Y，洛克字典收录的冂与匈字源相同。该组哥巴文字符的字源与字形演变过程可拟为：乙（东巴文）—乌（李书，哥巴文）—禺（李书，哥巴文）—匈（李书，哥巴文）、匈（方书，哥巴文）、刪（洛克字典，哥巴文）—匈（方书，哥巴文）、冂（洛克字典，哥巴文）—商（李书，哥巴文，增形）、Y（方书，哥巴文，变体）。

圡、弌、兰、羊、竹、方：李书收录，另外，方书收录六，洛克字典收录弌。当源自东巴文"一"丨（方 p336-1194），并在此基础上加字缀而成。

左：该字符仅李书收录，是藏文字母ヨ借入哥巴文后反转并加字缀而成。

卆：该字符仅李书收录，纳西语 ŋgu^{33} 有"炒锅"义，同时，与之相关的"炒面所用之搅棒"东巴文写作亅（李 p104-1347），据此可推知：哥巴文字符卆当源自东巴文亅，加字缀而成。

乀：该字符仅李书收录，纳西语 ŋgu^{33} 有"九"之义，故哥巴文字符乀借汉字"九"。

ŋ

229. ŋʌ 乂、ҕ、戸、加、几、心 （6）
①乂、イ（p424- ŋə）④彐（p431）

按：

⽂、⼑：李书收录，另外，方书收录 ⽘，洛克字典收录 ⼘。该组字符虽形态稍异，当同源。为藏文字母 ⼘ 借入哥巴文后的派生字。

尸、加、爪、心：该组字符仅李书收录。纳西语 ŋʌ³¹ 有"我"义，东巴文写作 ⺁，又写作 尺（李 p24-251），据此可推知：该组哥巴文字符当为东巴文同义字 尺 之省体，保留自指之形。

亻：该字符仅方书收录，其字源如曹所言借汉字"亻"。

230. ŋu 与、争、⼛、争、⺈、片、⼑、大、⼛、⺈、⼁、凡、力、乍（14）

①与、⼛、⼛、争（p423- ŋv）④与（p434）、⼛（p434）、与（p453）

按：

与、⼛、⼛、争：该组字符由方书收录。纳西语 ŋu 为古音，有"马"义，故其字源当如曹所言，借汉字"马"并加以变形而成。另外，李书收录的 与、争、与、⼑、⺈、片、⼑、⼁、凡、乍、大、⼛，洛克字典收录的 与、⼛、与 皆与之同源。

h

231. ha 庁、开、开、糸、户、严、⼳、七、不（9）

①庁、庁（p425- ha）④庁（p219）、庁（p219）

按：

庁、开、开、⼳：李书收录。另外，方书收录 庁、庁，洛克字典收录 庁、庁。纳西语 ha³¹ 有"反对，反抗"义，故此我们认为该组哥巴文字符假借汉字反义字"正"并省略笔画而成。

户：该字符仅李书收录，疑借汉字"户"，借字与源字在音、义上无关。

七：该字符仅李书收录，假借汉字"七"。

不：该字符仅李书收录，为藏文字母 门 借入哥巴文后的派生字。

232. hæ

55 [音字任用下面中平调 33 或低平调 31 的]

33 几、几、凡、⼛（4）

31 卡、韦、韦、出、丌、乓、北（7）

①卡、韦、韦（p425- hæ）；几、几（p427- hər）④另（p213）、冂（p217）、兀（p217）

按：

几、几：方书收录。纳西语 hæ³³（方书注音为 hər³³）有"风"之义，故其字源当如曹所言，借汉字"风"并省简而成。另外，李书收录的 几、几、凡，洛克字典收录的 冂、兀 当与之同源。

⼛、出：该组字符仅李书收录。字源不详。

卡、韦、韦：方书收录。纳西语 hæ³¹ 有"金"义，故 卡 的字源当如方、曹所言为哥巴文自造字符，与东巴文"黄" 中 字形相近，意义相关。哥巴文字符 韦、韦 是 卡 的变体。另外，李书收录的 卡、韦、韦，洛克字典收录的 另 与之同源。

〇：该字符仅李书收录。字源不详。

233. hε 〇、〇、〇、〇、〇（5）

① 〇、〇、〇、〇（p424- hε）④ 〇（p219）、〇（p224）、〇（p224）、〇（p224）、〇（p224）、〇（p224）

按：

〇、〇：李书收录，另外，方书收录〇，洛克字典收录〇、〇、〇。这些字符虽形态稍异，当同源。纳西语 hε^{33} 有"月亮，月份"之义，东巴文写作〇，又写作〇（方p91-3），故该组哥巴文字符当源自东巴文同义字〇。李书中的〇、〇，方书中的〇、〇及洛克字典中的〇当为其变体。

〇：该字符仅李书收录，疑借汉字"太"并加以变形而成。字符与语词在音义上无关。

〇：方书收录，另外，洛克字典收录〇，表示"神"义，字源不详。

〇：该字符仅洛克字典收录，纳西语 hε^{31} 有"神，菩萨"之义，东巴文"神"写作〇（李p150-2000），据此可推知：哥巴文字符〇当为东巴文同义字〇之变体。

234. huɯ

55 〇、〇、〇、〇、〇、〇（6）

33 〇（1）

① 〇、〇、〇、〇、〇、〇、〇（p428- huɯ）④ 〇（p249）、〇（p249）、〇（p249）、〇（p249）、〇（p249）、〇（p249）、〇（p249）

31 ［音字用高平调或中平调的］

按：

〇、〇、〇、〇、〇：李书收录，另外，方书收录〇、〇、〇、〇，洛克字典收录〇、〇、〇。纳西语 huɯ^{55} 有"海子（湖）"之义，故该组字符当为哥巴文自造水系字。

〇、〇：该组字符仅洛克字典收录。纳西语 huɯ^{33} 有"牙齿"义，东巴文写作〇，或写作〇，侧面观也，或简写作〇（李p51-612），故哥巴文字符〇、〇当源自东巴文〇。方书收录的〇当为〇之变体，其中所加动线或兼表"去"义，纳西语 huɯ^{33} 亦有"去"义。同理，方书收录的〇，洛克字典收录的〇当为〇之变体，其所加动线亦表"去"义。李书收录的〇当为〇之省体。

〇：该字符仅洛克字典收录。纳西语 huɯ^{31} 有"富"义，东巴文"富"写作〇（李p88-1102，富实也，画仓中盈满之状），〇当源自〇，省略仓中诸点，仅在仓之四角各留一点。

〇：李书收录，方书亦收录〇，纳西语 huɯ^{33} 表示"牙齿"义，东巴文"牙齿"写作〇（李p51-612），与〇形态差异较大，故〇当为哥巴文自造字符，象上下齿貌。

235. ho 〇、〇、〇、〇、〇、〇、〇、〇、〇、〇、〇、〇、〇、〇、〇、〇、〇、〇、〇、〇（20）

① 〇、〇（p426-ho）；〇、〇、〇、〇（p426-hu）④ 〇（p229）、〇（p229）、〇（p229）、〇（p229）、〇（p229）、〇（p230）、〇（p230）、〇（p230）、〇（p237）、

░（p248）
按：

░、░、░、░、░、░：李书收录，另外，方书收录░，洛克字典收录░、░、░、░、░。该组字符虽形态稍异，当同源。纳西语 ho³¹ 有"肋"之义，东巴文写作░（方 p257-746），该组哥巴文字符当为░之变体，并在此基础上增形而成。另外，洛克字典中的░当直接借自东巴文░，李书中的░是░之省体。

░、░、░、░：李书收录，另外，方书收录░、░，洛克字典收录░。关于其字源曹萱女士认为借汉字"自"，待考证。

░、░、░、░、░、░：该组字符仅李书收录。纳西语 ho⁵⁵ 下收录"北斗七星"之义，故该组哥巴文字符当借东巴文"星"字，同时在结构上受到哥巴文同音字░、░"肋骨"的影响，并加字缀而成。

░：方书收录，另外，洛克字典收录░。纳西语 ho³¹ 音下收录"刮粮食的小板"义，东巴文写作░（李 p104-1346），░、░可能为哥巴文自造象形字，象小板貌。

░：该字符仅李书收录。字源不详。

░：该字符仅方书收录，纳西语 ho³³ 音下收录"北方"之义，东巴文"北方"写作░（李 p18-184），故其字源当如曹所言源自░。

░：该字符仅方书收录，其字源当如曹所言，借汉字"言"并省简而成。

236. hy ░、░、░、░、░、░、░、░、░、░、░、░、░、░（14）
①░、░、░（p424- hy）④░（p232）、░（p232）、░（p232）

按：

░、░、░：该组字符仅李书收录。三者虽繁简有别，当同源。字源不详。

░：该字符仅李书收录。纳西语 hy³¹ 有"低"义，东巴文"高"写作░（李 p95-1190，原象墙上高架板之形），哥巴文反用其义，并加字缀圈、点而成。

░、░、░、░、░、░：李书收录，另外，方书收录░、░，洛克字典收录░、░、░。该组字符形态稍异，当同源。

░：该字符仅李书收录。纳西语 hy³³ 下有"一种法仪"之义，东巴文一种法仪用品"除秽木偶"写作░（方 p341-1217），据此可知，哥巴文字符░当源自东巴文同义字░。

░：该字符仅李书收录。疑为哥巴文自造字符，表示"草果"义。

░：该字符仅李书收录。字源不详。

kw

237. kwa ░、░、░（3）
①░、░、░（p414-kua）④░（p164）

按：

░、░：方书收录。这两个哥巴文字符方向相反，据哥巴文造字规律可知，左右无别，故二者当同源，疑为藏文字母░之变体。另外，方书收录的░又为░之变体。

░：该字符仅洛克字典收录，为藏文字母░借入哥巴文后的派生字。

〇、〇：该组字符仅李书收录。根据哥巴文造字规律，当左右无别。二者皆为藏文字母 〇 借入哥巴文后的派生字。

〇：该字符仅李书收录。纳西语 kwa⁵⁵ 有"麦架"之义，东巴文写作 〇（李 p88-1096），据此可推知：哥巴文字符 〇 源自东巴文同义字 〇，是其省体并加字缀圈而成。

238. kwə 〇、〇、〇、〇、〇、〇、〇、〇、〇、〇（10）
① 〇、〇（p415-kuə）④ 〇（p184）、〇（p184）

按：

〇、〇：李书收录，另外，方书收录 〇。关于其字源李静生先生认为 〇 象张口动舌状，曹萱女士认为 〇 借藏文字母 〇，待考证。

〇：李书收录，另外，方书收录 〇。二者形态稍异，当同源。字源不详。

〇、〇：该组字符仅李书收录。字源不详。

〇：李书收录，另外，洛克字典收录 〇。这两个字符方向相反，据哥巴文造字规律当无别，疑借汉字"正"并加以变形而成，借字与源字在音、义上无关。

〇：该字符仅李书收录。纳西语 kwə³¹ 有"收扎绳子"义，故该字符当为哥巴文自造字，象收扎绳子貌。

〇：该字符仅李书收录。纳西语 kwə³¹ 有"圈；捲曲"义，东巴文写作 〇（李 p127-1672），据此可推知：哥巴文字符 〇 源自东巴文同义字 〇。

〇：该字符仅洛克字典收录，表示"刮鉋，划刀"义，字源不详。

k'w

239. k'wɑ
55 〇、〇（2）
33 〇、〇、〇、〇、〇、〇、〇、〇、〇、〇、〇、〇（12）
31 〇、〇、〇、〇、〇（5）

① 〇、〇、〇、〇、〇（p416-k'o）；〇、〇、〇（p418-k'uɑ）④ 〇（p232）、〇（p262）、〇（p263）、〇（p263）、〇（p263）、〇（p264）、〇（p264）、〇（p264）、〇（p264）、〇（p264）、〇（p278）、〇（p278）、〇（p279）、〇（p279）

按：

〇、〇：该组字符仅李书收录。字源不详。

〇：李书收录，另外，方书收录 〇、〇，洛克字典收录 〇、〇、〇。疑为哥巴文自造字。

〇、〇：李书收录，另外，方书收录 〇，洛克字典收录 〇。其中，〇 与其他字符方向相反，根据哥巴文正倒无别的造字规律，这四个哥巴文字符同源。纳西语 k'wɑ³³ 有"角"义，东巴文"角"写作 〇，又写作 〇（方 p178-343），据此可推知：该组哥巴文字符源自东巴文同义字 〇。其字源及字形演变过程可拟为：〇（东巴文）— 〇（李书，哥巴文）— 〇（方书，哥巴文）、〇（洛克字典，哥巴文）— 〇（李书，哥巴文）。

〇、〇、〇、〇、〇、〇、〇、〇：该组字符由李书收录。另外，方书收录 〇，洛克字典收录▢、▢、▢、▢、▢。该组字符虽形态稍异，当同源。纳西语 k'wa³¹ 有"田边上的栅栏"义，东巴文"栅栏"写作▢（方 p302-997），据此推知：该组哥巴文字符当源自东巴文同义字▢。

▢：李书收录，另外，洛克字典收录▢。字源不详。

▲、▽：方书收录，另外，洛克字典收录▲。纳西语 k'wa³¹ 有"坏"义，东巴文"坏，恶"写作▲（方 p330-1164，坏也，恶也，箭头省写）。据此可知：洛克字典收录的哥巴文字符▲直接借自东巴文同义字▲，方书收录的哥巴文字符▲将东巴文▲变作空心，哥巴文▽将东巴文▲倒置而成。

▢：方书收录，另外，洛克字典收录▢。纳西语 k'wa⁵⁵ 有"碗"义，东巴文写作▢（方 p285-901）；k'wa³¹ 有"坏"义，东巴文写作▲（方 p330-1164）。据此可知：洛克字典收录的哥巴文字符▢当为东巴文字符▢与▲之合体；方书收录的哥巴文字符▢为哥巴文▢之倒置。关于哥巴文字符▢与▢的字源还存在另一种可能性：纳西语 k'wa⁵⁵pa⁵⁵ 有"大碗"之义，方书中东巴文"大碗"写作▢（方 p285-901），据此推知，洛克字典中的哥巴文字符▢当直接源自东巴文"大碗"▢；方书中的哥巴文字符▢为东巴文▢之倒置，此又可为一说。关于哥巴文字符▢与▢的字源还存在第三种可能性：李书中"坏"既可以写作▲（李 p122-1601），又可写作▢（李 p99-1262），据此推知，洛克字典收录的哥巴文字符▢直接借自东巴文同义字"坏"▢；方书收录的哥巴文字符▢为其倒置之形。

▢：方书收录，纳西语 k'ua³³ 有"有益"之义，故哥巴文字符▢借自汉字"有"。

▢、▢：该组字符仅李书收录。字源不详，纳西语 k'wa⁵⁵ 下有"甲衣"义，东巴文写作▢（方 p269-809，又作▢、▢），哥巴文字符▢、▢疑借东巴文同义字▢，是其省体，像甲衣上的线编纹路貌。

hw

240. hwa ▢、▢、▢、▢、▢、▢、▢、▢、▢、▢（10）
①▢（p428- hua）④▢（p233）、▢（p233）

按：

▢：李书收录，另外，方书、洛克字典中亦分别收录▢、▢，三者当同。纳西语 hwa³³ 有"白鹇"义，据曹萱女士分析，哥巴文中有借汉字数字符号来表示鸟类的情况，例如借"五"表示"凫"等，故其字源如曹所言借汉字"七"。

▢：该字符仅李书收录。字源不详。

▢、▢、▢：该组字符仅李书收录。字源不详。

▢：该字符仅李书收录，疑假借哥巴文字符▢tsʼu。

▢：该字符仅洛克字典收录，表示"白鹇"义，字源不详。

ʔ

注：旧版李书中还补充了一组ʔa，表示"鸭、呵"之义。

241. ʔɛ 升、升、升 (3)

①升（p476-ə） ④升（p9）、升（p9）、升（p9）

按：

升：方书收录。另外，李书中亦收录升、升、升，洛克字典中收录升、升、升皆当与之同源。关于其字源曹萱女士认为，借汉字"升"，可为一说。另外，纳西语ə³¹音下有"什么；为什么"义，故该组哥巴文字符疑借汉字"什"。

j

242. ji [多借用（i）字之音字]

①〻、〻、ふ（p472-i）

按：

〻、〻：方书收录。详见本章第236例。

ふ：方书收录。由于 ji 多借用（i）字之音字，故参考 i 下所收字符可知：洛克字典中亦收录ふ，其字源当如李、曹所言借自东巴文"漏"ふ（方 p165-281）。

243. jʌ 卢、卢、卢、卢、卢、九、气、廾、吊、乡、ッ、乞、乞、ぜ、孝、用、兕、虎、瓦（19）

①卡、卢（p479-iə） ④户（p630）

按：

卢、卢、卢、卢、卢、气、ッ、乞、虎：李书收录，另外，方书收录卡、卢，洛克字典收录户。该组字符形态稍异，当同源。字源不详，疑为哥巴文自造字符。

九、兕：该组字符仅李书收录。其中，兕当是在九的基础上加字缀口而成，二者同源。哥巴文字符九借汉字"九"。

吊：该字符仅李书收录，纳西语 jʌ³¹有"鬼名"义，据此可推知哥巴文字符吊借汉字"吊"。

用：该字符仅李书收录，字源不详。

w

244. wɑ 幺、字、彡、昰、㐖、卬、行、杦、少、书、廾、禸、务、束、钆、亚、圧、朴、㔾、巾（20）

①羊（p480-uɑ） ④羊（p616）、屮（p616）、芀（p616）

按：

昰、㐖、卬：该组字符仅李书收录，当为藏文字母ヨ借入哥巴文后的派生字。

书、廾、巾：该组字符仅李书收录，字符形态稍异，当同源。字源不详。

束：李书收录，另外，方书收录羊，洛克字典收录羊、芀。纳西语 wɑ³¹有"吃草"义，该组哥巴文字符疑为自造字，象草貌。

屮：该字符仅洛克字典收录，纳西语 wɑ³¹有"吃草"义，东巴文"草"写作屮（方 p154-228），故哥巴文字符屮当源自东巴文字符屮。

朴：该字符仅李书收录，纳西语 wɑ³³有"神名"之义，东巴文石（方 p354-1287）表示"白族之神",据此可推知:哥巴文字符 ✦ 当源自东巴文 ✦。

✦:该字符仅李书收录,当为假借字,借哥巴文 ☐☐ tṣʼwɑ。

✦:该字符仅李书收录,✦ 当源自藏文元音字母 ✦(o),在哥巴文中充当字缀。

✦、✦、✦、✦:该组字符仅李书收录,其中,✦、✦、✦ 当是在 ✦ 的基础上增形而成,方向左右无别。✦ 字源不详。

✦、✦:该组字符仅李书收录,假借东巴文"世代"✦(李 p123-1605),并在此基础上增形而成。其中,哥巴文 ✦ 是在东巴文 ✦ 的基础上加点字缀而成,哥巴文 ✦ 是在东巴文 ✦ 的基础上加哥巴文自造字符而成。

245. wæ ✦ (1)
① ✦ (p480-uæ) ④ ✦ (p612)、✦ (p612)
注:方书中表示"左"与"右"之义的音字都是错误的。当纠正。
按:
✦:李书收录。另外,洛克字典中收录 ✦、✦,方书中收录 ✦,此处系误收,当为 ✦。
✦ 如方、曹所言为哥巴文自造字,象左手形。洛克字典中收录的 ✦ 与 ✦ 同源,比之更为形象,有手指貌。方书于 i 音下下误收的 ✦ 亦当归属于该组,其字源当与 ✦ 同。

246. we ✦、✦、✦、✦、✦、✦、✦、✦、✦、✦、✦、✦、✦、✦、✦、✦、✦、✦ (18)
① ✦、✦ (p480-uə) ④ ✦ (p616)、✦ (p616)
按:
✦、✦、✦、✦、✦、✦、✦:李书收录,另外,方书收录 ✦、✦,洛克字典收录 ✦、✦。该组字符虽形态稍异,当同源。其中,✦ 当是 ✦ 与 ✦ 之合体。✦、✦ 二者左右结构相反。
✦:该字符仅李书收录,当借自汉字"立",字符与语词在音义上无关。
✦:该字符仅李书收录,当是汉字"丘"借入哥巴文后的派生字。
✦、✦:该组字符仅李书收录,当是藏文字母 ✦ 借入哥巴文后的派生字。
✦:该字符仅李书收录。疑为哥巴文自造字,表示"庄、寨、部落"。
✦:该字符仅李书收录,由左右两部分组成:左边部件为藏文字母 ✦ 借入哥巴文后充当字缀;右边部件受哥巴文同音字 ✦ 的影响,中间圆圈变为 ✦,✦ 借东巴文"针"✦(李 p109-1415)。

✦

247. yo ✦、✦ (22)
① ✦、✦、✦、✦ (p473-y) ④ ✦ (p637)、✦ (p637)、✦ (p637)、✦ (p637)
按:
✦、✦、✦、✦、✦、✦、✦:李书收录,另外,方书收录 ✦,洛克字典中收录 ✦、✦、✦。纳西语 yo^{31} 有"绵羊"义,东巴文"绵羊"写作 ✦(方 p182-362),该组哥巴文字符与东巴文同义字相比，形态差别大，故其当为哥巴文自造字符，象绵羊角貌。仔细观察这组哥巴文字符可以发现：洛克书中 ⵧ 表示绵羊时，羊角朝下；李书中的 ⵧ 和方书中的 Y 羊角皆朝上。另外，李书收录的 ⵧ、⼩、ⵧ、ⵧ、ⵧ，方书收录的 ⵧ、Y、ⵧ，洛克字典收录的 ⵧ 亦当与之同源。其中，ⵧ、ⵧ、ⵧ、ⵧ 当为 ⵧ 之省形，⼩、ⵧ、ⵧ 当为 ⵧ 之变体。李书收录的 ⵧ 当是在 ⵧ 的基础上增形而成，ⵧ 当是在 ⵧ 的基础上加点字缀而成。

Y、ⵧ：该组字符仅李书收录，二者虽方向相反，据哥巴文造字规律当无别。

ⵧ：该字符仅李书收录，纳西语 ŋo^{31} 音下有"神名"之义，东巴文"神名"可以写作 ⵧ（李 p151-2013）。据此可推知：哥巴文字符 ⵧ 源自东巴文同义字 ⵧ。

ⵧ：该字符仅李书收录，纳西语 ŋo 有"神名"义，东巴文"神名"可以写作 ⵧ（李 p150-2001）。据此可推知：哥巴文字符 ⵧ 当源自东巴文同义字 ⵧ。李书收录的哥巴文 ⵧ 当是 ⵧ 之变体。

ⵧ：该字符仅李书收录，纳西语 ŋo^{33} 有"压人魂魄"义，东巴文"压"写作 ⵧ（李 p121-1584）。据此可推知：哥巴文字符 ⵧ 当源自东巴文同义字 ⵧ，并将圈变为点。

【元音】

248. ɑ 合、合、A、合、合、合（6）
① ⵧ（p474-ɑ）④ 合（p7）

按：

合：李书收录，另外，洛克字典亦收录 合。纳西语 ɑ^{31} 有"聚会"义，故该字符疑借汉字"合"。另外，李书中收录的 合、A、合、合、合皆当为"合"之变体。其中，合是在 合 的基础上增加字缀横而成；A 是 合 的省体，省略"口"形；合 是把 合 的组合部件变换位置得来；合 是 合 的省体。故其演变过程可拟为：合（汉字）—合（李、洛克）—合（李）—A（李），合（汉字）—合（李、洛克）—合（李）—合（李）。

ⵧ：该字符仅方书收录。曹萱女士认为 ⵧ 借藏文字母 ⵧ 再加字缀 o，可为一说。另外，哥巴文 ⵧ 亦可能是汉字"合"之变体，是"合"倒置省形而来。

249. æ

33 而、而（2）
31 （省略字符列表）（49）
② （省略字符列表）（p473-æ）④ ⵧ（p3）、ⵧ（p3）、ⵧ（p145）

按：

而、而、而、而：该组字符仅李书收录。洛克字典收录 ⵧ。字源不详。

（省略字符列表）：该组字符仅李书收录。疑为同组哥巴文字符 ⵧ 的倒置，字源不详。

ⵧ、ⵧ、ⵧ：该组字符仅李书收录。纳西语 æ^{31} 有"崖"义，该组哥巴文字符当是汉字

"丘"借入哥巴文后的派生字。

✳、✳、✳、✳、✳、✳、✳、✳：李书收录，另外，方书收录✳、✳，洛克字典收录✳。该组哥巴文字符为自造字，象鸡冠貌，表示"鸡"义。

✳、✳、✳、✳、✳：该组字符仅李书收录。纳西语 æ^{33} 有"播种"义，东巴文"播种"写作✳（方p235-622），其中，"点种木棒"写作✳（方p278-856），故哥巴文字符✳、✳当直接借自东巴文✳。哥巴文字符✳、✳、✳为东巴文之变体。

✳：该字符仅李书收录，假借自东巴文字符✳（李p150-2001）。

✳：李书收录，另外，洛克字典收录✳。这两个字符形态稍异，当同源。纳西语 æ^{31} 有"鸡"义，东巴文"鸡"写作✳（方p167-292），东巴字✳从鸡✳声，此处发音保留藏语，声符"✳"为哥巴文字符，借汉字音近字"下"。

✳、✳、✳、✳：该组字符仅李书收录。纳西语 æ^{31} 有"瀑布"之义，东巴文"瀑布"写作✳（方p130-118），故该组哥巴文字符当源自东巴文同义字✳，是其变体。

✳、✳：该组字符仅李书收录，借汉字"子"，字符与语词在音、义上无关。

✳：该字符仅方书收录。纳西语 æ^{31} 有"打架"义，东巴文写作✳（方p247-688），李书中于第35页第419号字下提到"此字有时只写作✳"。据此推知：哥巴文字符✳当为东巴文同义字✳之省体，或者直接借自东巴文✳。

250. i

55 ［音字用下面中平调的］

33 ✳、✳（36）

31 ✳（1）

①✳、✳、✳（p472-i）④✳（p620）、✳（p620）、✳（p620）、✳（p620）、✳（p621）、✳（p621）、✳（p621）、✳（p621）、✳（p621）、✳（p621）、✳（p621）

按：

✳、✳、✳、✳、✳、✳、✳、✳、✳、✳、✳、✳、✳、✳、✳、✳、✳、✳、✳、✳：李书收录。另外，方书收录✳，洛克字典收录✳、✳、✳、✳。纳西语 i^{55} 有"卧，睡"义，该组字符当为哥巴文自造字，象人睡貌。

✳、✳：该组字符由李书收录。另外，洛克字典收录✳。纳西语 i^{33} 有"木名"义，故该组哥巴文字符当借汉字同义字"木"并加以变形而成。

✳：方书收录，另外，洛克字典收录✳。纳西语 i^{31} 有"漏"义，东巴文"漏"写作✳（方p165-281），据此可知：哥巴文字符✳、✳当假借自东巴文同义字✳。

✳：该字符仅洛克字典收录。表示"山骡"，字源不详。

✳：李书收录，另外，方书收录✳，洛克字典收录✳、✳。其中，方书收录有误，当为✳。纳西语 i^{31} 有"右"义，故该组字符当为哥巴文自造字符，与"左"✳相对。其中，洛克字典收录的✳细化了手指的部位。

了: 该字符仅洛克字典收录,假借汉字"了"并加点字缀而成。

251. ɯ ⽜、⽜、李、罕、牪、奉、㐬、⽜、半、金、兮、⽺、全、西、乱、るる、品品(18)

① 樊、⽜、⽱、奉、品品(p429-Yɯ) ④ 用(p155)、用(p155)、全(p155)

按:

品品: 李书收录,另外,方书收录品品。纳西语 ɯ³³ 有"好"义,东巴文"好"写作品品(李 p131-1716),故哥巴文品品、品品的字源如李静生先生所言是东巴文品品之省体,此为一说。关于哥巴文品品、品品的字源还有一种可能性: 纳西语 ɯ³³ 有"晨星;昏星"之义,东巴文"星"写作⚬⚬(方 p91-4),据此推知: 哥巴文字符品品、品品当直接借自东巴文同义字⚬⚬。

⽜、⽜、罕、牪、㐬、⽜: 李书收录,另外,方书收录樊、⽜、⽱,洛克字典收录用、用。纳西语 ɯ³³ 有"牛"义,故该组哥巴文字符当借汉字"牛"并加以变形而成。

李、奉、⽜、半、金、全: 李书收录,另外,方书收录奉,洛克字典收录全。该组哥巴文字符当为同组哥巴文字⽜的变体,表示"牛"义。

兮: 该字符仅李书收录。字源不详。

⽺: 该字符仅李书收录。纳西语 ɯ³³ 有"牛"义,⽺为哥巴文自造象形字,象牛角貌。

乱: 该字符仅李书收录。纳西语 ɯ³³ 有"滤子"义,东巴文写作⌒⚬(方 p285-897),哥巴文字符乱当为东巴文同义字⌒⚬之省体。

252. o

55 凩(1)

33 玉、焉、馬、立、五、H、斗、介、H(9)

31 匕(1)

① 庀、丘、Y、玉、焉、凩(p475- o)对应声调 55、33 组;H、匕(p475-u)对应声调 31 组。④ ⻌(p469)、⌒(p469)、Y(p469)、⺖(p470)、尸(p470)、屮(p470)、屮(p470)、玉(p470)、ヲ(p471)、⺧(p471)、尾(p471)、与(p472)、H(p613)、凶(p613)、H(p614)

按:

凩: 李书收录,另外,方书收录凩。纳西语 o⁵⁵ 有"倾,倒水"义,东巴文写作凢(方 p286-905),故该组哥巴文字符当源自东巴文同义字凢,此为一说。又,凩、凩为哥巴文自造会意字,上形为碗,下形为哥巴文自造水系字,表示"倾,倒水"之义。

焉、馬、玉: 李书收录,另外,方书收录焉,洛克字典收录玉、ヲ。纳西语 o³¹ 有"玉"义,故该组哥巴文字符假借汉字"玉"并省简或增形而成。

五: 该字符仅李书收录,假借汉字"正"并反写而成。借字与源字在音、义上无关。

立、H、H: 李书收录,方书收录H,洛克字典收录H、凶、H。其中,立当是H转向并加字缀点而成,凶是在H的基础上加字缀⌵而成。H字源不详。

匕: 李书收录,另外,方书收录匕。这两个字符是在同组哥巴文字符H的基础上加字缀横而成。

﹡、﹡：方书收录，另外，洛克字典收录﹡、﹡、﹡。该组哥巴文字符疑为藏文字母 ㄹ 借入哥巴文后的派生字。

﹡、﹡：方书收录，另外，洛克字典收录﹡、﹡。其中，﹡、﹡借藏文元音字母 ﹡（o）。﹡的上形为藏文字母﹡借入哥巴文后的派生字，下形为哥巴文自造水系字。纳西语 o³¹ 有"谷堆"义，东巴文"谷堆"写作﹡（方 p279-865），哥巴文字符﹡上形为藏文字母﹡借入哥巴文后的派生字，下形当借东巴文同义字﹡。

﹡、﹡：该组字符仅洛克字典收录。纳西语 o33 有"骨折"义，东巴文写作﹡（方 p256-743），据此可推知：哥巴文字符﹡、﹡当源自东巴文同义字﹡。

253. ər ① ﹡ (p478)

按：

﹡：方书收录。字源不详。

该集释中，我们通过研究一共得出 2733 个哥巴文字符的字源，其中借自东巴文的字符有 1166 个，约占 42.66%；源自汉字者 744 例，约占 27.22%；由藏文字母所派生的哥巴文字符 201 例，约占 7.35%；自造字或疑为自造字者 513，约占 18.77%。另外，组合式字符 109 例，约占 3.99%。

第四章　哥巴文与源文字关系研究

文字是一个民族社会发展到一定阶段的产物，它是在特定的文化环境中，经过长期的孕育、萌芽、衍化、发展而后形成的。哥巴文的产生是汉藏文化长期渗透、影响的结果。因此，哥巴文与汉字、东巴文、藏文之间存在密切的关系。

第一节　哥巴文与汉字的关系

据研究，纳西族和汉族在历史上有过密切的接触。纳西族对于汉文化的认同早在明代之前就已显露端倪。元忽必烈封纳西首领麦良"茶罕章宣慰司"（从二品）。明洪武十五年，朱元璋赐纳西首领阿甲阿的"木"姓，从此以木氏土司为首的纳西族开始了对汉文化全面认同的重要时期。《明史·土司传》中有"云南诸土官知诗书，好礼守义，以丽江木氏为首"。又言"永乐十六年，检校庞文郁言：本府及宝山、巨津、通安、兰州四州，归化日久，请建学校。从之"。史传的这些记载反映了有明一代丽江统治者土司木氏在接受汉族传统文化方面曾做出了一定的努力，这在客观上有利于汉文化在丽江的传播。从嘉靖至明末的土司木氏，其间不乏享有文名之人，并有诗文传世。清代乾隆年间的《丽江府志·艺文略》叙录说："有明一代，世守十余辈，惟雪山（木公）振始音于前，生白（木增）绍家风于后，与张禺山、李中溪相唱和杨用修太史亦为揄扬。"明代的一些著名文人如张志淳、董其昌、徐霞客等人也都先后和土司木氏交往友好。徐霞客游丽江，曾为《云进淡墨》"分门标类"，木增欲使其子向其从学，以"窥中原文脉"①。凡此，都说明土司木氏家庭在当时已具有较高的汉文化修养和造诣。

景泰《云南图经志书》卷八中载邓麟《元宣慰副使止庵王公墓志铭》："董治大理、永昌、丽江、鹤庆、姚安、成楚诸路学痒，所至庙宇圣象一新。"故可知，元、明时期，就学痒制度的设置来说，丽江原已视同内地。但由于学痒科举制度的推行对土司的世袭统治不利，故直至清初康熙时，丽江方有书院设立，渐闻"弦诵之声"②于是掌握汉族文化的就不止木氏一家了。丽江改土归流以后，流官杨馝、管学宣对汉族文化都大力提倡，到清代中叶，丽江地区一些文人的诗文作品都具有较高的造诣，如桑映斗著有《铁砚堂诗集》，马之龙著有《雪楼诗抄》等，这些反映出此时汉文化已在丽江地区有了进一步的传播与发展。

纳西族和汉族的密切关系从历史的角度为哥巴文从汉字中借入文字提供了可

---

① 《徐霞客游记》，卷一四。
② 乾隆《丽江府志略》，下卷《艺文》载余文耀《玉河书院记》。

能性。

一、书写系统的研究

首先，我们明了某一种文字的书写系统不是一成不变的，它具有发展性和继承性。就如汉字，套用赵元任先生所说的一句话："其实有史以来中国字一直在简化着，只是有时快有时慢就是了。"[①]汉字的书写系统就总的趋势来说是一个简化的过程，影响和制约这个过程的因素有很多，例如社会节奏加速、信息交换频繁、社会意识的转变等。其中，我们认为书写者对文字的简易要求和美观要求是字体演变的主观力量。而书写工具的改变（硬笔—软笔—硬笔—电子）、书写方式方法和承载材料的变化作为字体演变的客观因素，对这一过程的促进作用是毋庸置疑的。

据张彦远《法书要录》所载，梁庾元威《论书》谓书有一百二十体，今多不传。就目前所知汉字的字体亦有十多种：从甲骨文到金文以及帛书、竹书，乃至大篆、小篆、八分、隶书、行书、楷书、草书等。草书又分章草、今草、狂草。甲骨文和金文是殷商时期同时存在的两种字体，甲骨文是用刀在坚硬的龟甲兽骨上刻写；金文是先用笔书写，再翻到陶范上，最后浇铸而成。篆书是用笔书写的，战国时期的笔通常是苇管、竹片或木棍削成的笔，蘸漆书写，书写材料是简牍。相传在秦代就有了毛笔，这在一定程度上促进了隶书的产生，因为毛笔可以饱蘸墨汁或漆进行连续书写，比苇管、竹片或木棍削成的硬笔用起来更加方便灵活，可以顿笔、回峰、收笔。汉代以后，丝帛、纸张等书写材料的使用促使毛笔的改进，制笔材料从单一的兔毛改为品种繁多的狼毛、羊毛、鹿毛、狸子毛等，书写材料和书写工具的改进，推动了楷书的形成。后由于印刷业的发展，楷书又分化成老宋体、仿宋体、正楷体、黑体等种类。行书、草书也是在纸张、丝帛为书写材料之后出现。可见，书写材料和书写工具的改进是影响字体形态的一个重要因素。

哥巴文现存早期资料既有石刻本、木刻本也有纸抄本。现存最早的哥巴文实物为万历四十七年（1916年）丽江上桥头的摩崖。丽江文笔村大东巴依据东巴文本转写成哥巴文本的《开坛点鬼明经》系清光绪年间写本。长27厘米，宽9厘米，共15页30面，用毛笔以粗线条写成。现存于云南省社会科学院民族研究所。20世纪初，由云南省丽江长水乡东巴和泗泉依据东巴经转写的哥巴文经书《请阴阳神虔祝经》是用自制的白粉颜料和毛笔写在自制的黑颜料染成的厚棉纸上的。这是一种特殊的制作方法。该写本长28厘米，宽9厘米，共15页30面。现存于云南省社会科学院民族研究所。今存云南省丽江纳西族自治县博物馆的东巴文和哥巴文对照字汇刻版系和泗泉于20世纪初所制作，仅存两块雕版，梨木制成。后期资料多为手抄本，经书大小及所用纸张与东巴文经书相同。从早期的哥巴文到近期的手抄本，哥巴文的文字形体变化不大。手抄本中哥巴文的字符形体接近于汉字的早期隶书。

《法苑珠林》曰："造书凡有三人，长名曰梵，其书右行；次曰佉卢，其书左行；

---

① 赵元任《通字方案》（1967），1983年北京版，第90页。

少者仓颉，其书下行。"可见，我国汉字一直以来以下行为通例。直到近代，才改为右行。哥巴文经书的书写则一直是从左至右的。每句后面一般用一竖线隔开，也有用一小圆圈的，近似汉文的标点符号。每页经书写四至六行不等，一律横写。

二、符号体态的研究

周有光先生首先提出了"文字制度"和"符号体态"这对概念。王元鹿先生在充分肯定周先生这种划分方法的基础上，提出自己的观点："由于许多种文字内部的文字体态并不统一，而且对图画、象形和符号这三个概念也无法做出严格的质和量的界定，所以若从体态上进行文字类别的划分，恐只能观其大概，从总体上确定某种文字更接近于何类文字而已。"[①]这一观点告诉我们一种文字的体态未必是单一的，不能做硬性划分。此观点可指导我们正确分析哥巴文符号体态的特点。

所谓"符号体态"，即文字符号的外形特征。这种外形特征往往又可以从下列几个方面判定："文字的符号化程度"即文字符号的形体接近于图画还是（广义上的）符号；"文字的简化程度"即文字符号的形体是较简还是较繁；"文字的量的规范化程度"即文字符号的形体在纵向与横向长度的比值上是否划一，各个文字符号的大小是否划一[②]。对于哥巴文字符号体态的研究也可以从这三方面入手。

哥巴文内部字符由于字源不同的关系，其符号体态是不统一的：源自东巴文的字符往往保存了象形文字的孑遗，图画意味较强；借自汉字的哥巴文字符大多像方块文字一样笔画规整；借自藏文的字符明显则具有字母特征，其形体往往带有较强的抽象符号色彩；哥巴文自造字受其他文字的影响，面貌呈现多样化。

微观上讲，哥巴文字符是几种文字体态的"拼合"。但这种"拼合"并非对源文字符号体态原封不动地挪用，而是融入自己的特色，既有继承，又有发展。

（1）哥巴文字符的符号化程度、简化程度较源文字更高。哥巴文虽然有一部分形体借自东巴文和汉字，但与所借字的原有形体相比，哥巴文的笔画显得更为简单且线条化趋势愈加明显，符号化程度更高。例如：哥巴文 ✳、✳、✳、✳、✳，音 ʥe，源自东巴文同义字 ✳（ʥe33，"麦"），该组哥巴文字符的字源及字形演变过程可拟为：✳（东巴文）—✳—✳—✳、✳—✳，仔细观察这个序列可以发现其笔画由曲变直，笔画数不断减少，这一顺序在总体上体现了东巴文字符 ✳ 借入哥巴文后的符号化和简化的过程。

（2）哥巴文字符的体态具有规范化的趋势。这主要表现在以下几个方面：第一，不同文字系统的字符借入哥巴文字系统后，在书写过程中字体形态出现趋同性，借自东巴文的哥巴文字符受借自汉字的哥巴文字符的形态影响笔画变的比较平直。例如：东巴文 ✳（方 p274-838，pər55 又 pər55me33，梳子，又写作 ✳、✳、✳）在借入

[①] 王元鹿《普通文字学概论》，贵州人民出版社，1996年5月第1版，第47页。
[②] 王元鹿《比较文字学》，广西教育出版社，2001年1月第1版，第26页。

哥巴文后变成 mmm，笔画由屈曲变平直了。第二，哥巴文字系统中字缀的存在也增强了哥巴文文字体态的趋同性。一个附加符号可以把源自不同文字系统的几个哥巴文异体字在符号体态上进行一定程度的统一。例如：不管是借东巴文字符 ⊕（ni^{33}，"太阳、二"），⊠（ts'e^{33}，"盐"），〒（ho^{31}，肋骨），通过借汉字"口"，都可以通过添上字缀 ヽ或 ナ，成为 ⿱、⿰、⿰、⿰、⿰，这在一定程度上模糊了借用两种文字造成的体态差异。第三，哥巴文在借字和构字的过程中常用派生法，例如：哥巴文自造字 ⿰、⿰、⿰、⿰（dʑi^{31}，"水"）派生出一系列水系文字：⿰（bi^{33}，"水中、森林"）；⿰和⿰（dər^{31}，"泡沫、发芽"）；⿰和⿰（lo^{31}，"谷、菁"）；⿰、⿰和⿰（k'æ^{33}，"沟、渠"）；⿰、⿰、⿰和⿰（huɪ^{31}，"雨"；huɪ^{55}，"海、湖"）；⿰和⿰（tɕi^{31}，"云"；tɕi^{55}，"口水"）；⿰（zɪ^{33}，"酒"）等。这在一定程度上也促进了哥巴文形体的规范化。

（3）哥巴文的形体的量的规格化水平比较高，是比较规整的，长宽比例相对统一。相较于东巴文字符在长宽比例上甚者相差 20 倍[①]，哥巴文字符的长宽比例比较协调，除个别字符的长宽比例差距较大，例如：⊠（tɕ'i）的长宽比例是 1:2 左右，∧（tɕi）的长宽比例为 1:3 左右，⿰（ga）的长宽比例则为 3:1 左右，多数哥巴文字符已接近方块字形，例如：⿰（ts'ər）、⿰（zər）、⿰（dʑə）以及借自汉字的 犬（k'uɪ^{33}）、⿰（tv^{21}）、⿰（dv^{31}）等。

三、哥巴文引进汉字形音义的方式

由于纳西族长期处于汉文化的影响范围内，哥巴文在产生和发展的过程中不可避免地受到汉字的影响。从数量上来看，来源于汉字的哥巴文字符在哥巴文系统中占相当大的比重。据曹萱《纳西哥巴文造字研究》一文统计，在她所考释的 500 个哥巴文字符中共有 138 个源自汉字，占总数的四分之一。而我们在本书中以《纳西标音文字简谱》《么些标音文字字典》《纳西语英语汉语语汇》（上卷）三本字典所收录的字符加上《求取占卜经》《迎请精如神》中的部分字符所作的汇编为基础，共研究得出 2733 个哥巴文字符的字源，其中借自汉字者 744 例，约占 27.22%。从文字的引进方式来看，哥巴文引进汉字的方式是多样的，借字与源字之间在形、音、义三方面存在复杂的关系。前人对此关系也有研究，多从音读、训读及只借形而无音义关系这三个角度入手，如：毛远明先生的《哥巴文性质再认识》和曹萱的《纳西哥巴文造字研究》。但是，我们认为这三个角度不足以概括所有借字类型。据此关系，我们可以把借汉字的哥巴文分为以下几类：

1. 借形、义，不借音者

即前人所说的训读法借字，直接借用汉字的字形、字义来表达哥巴文的词义，读

[①] 王元鹿《比较文字学》，广西教育出版社，2001 年 1 月第 1 版，第 102 页。

纳西语音，不借汉字读音。举例如下表：

序号	哥巴文			汉字	
	字形	字音	字义	字形	字音
1		tv̩²¹	数词"千"	千	qian⁵⁵
2		k'ɯ³³	狗	犬	quan²¹⁴
3		bu³¹	坡、堤	丘	qiu⁵⁵
4		dy³¹	地（父天母地）	女	nv²¹⁴
5		ʐua³³	马	马	ma²¹⁴
6		ɣɯ³³	牛	牛	niu³⁵
7		lv̩³³	石头	石	shi³⁵
8		se³¹	语气助词"了"	了	le
9		tɕə³³	经书	经	jing⁵⁵
10		mæ³³	末尾	尾	wei²¹⁴
11		pər³¹	写	写	xie²¹⁴
12		mɯ³³	天	天	tian⁵⁵
13		ʥi³¹	飞	飞	fei⁵⁵
14		bæ³³	牦牛	牛	niu³⁵
15		dy³¹	（一样）大	巨	ju⁵¹
16		pɯ⁵⁵	失约	开	kai⁵⁵
17		p'a⁵⁵	豺	犬	quan²¹⁴
18		dæ²¹	将官、能干	太	tai⁵¹
19		na⁵⁵	黑	黑	hei⁵⁵
20		kɑ²¹	中间	合	he³⁵
21		ɣ³³	伏（天）	气	qi⁵¹
22		tʂ'ua⁵⁵	六	六	liu⁵¹
23		mɯ³³	天	天	tian⁵⁵
24		hər³³	风	风	feng⁵⁵
25		de³¹	交媾	交	jiao⁵⁵
26		ʥɿ³¹	居住	住	zhu⁵¹
27		pɯ⁵⁵	白	白	bai³⁵

2. 只借形、音者

即前人所说的音读法借字。直接借用与纳西哥巴文音同或音近的字形来表示哥巴文的词义。举例如下表：

序号	哥巴文 字形	哥巴文 字音	哥巴文 字义	汉字 字形	汉字 字音
1	巜	gə^{31}	上	巜	古外切
2		sə^{55}	说、告诉	上	shang^{51}
3		tṣɿ^{33}	土	止	zhi^{214}
4		tɕ'y^{33}	胞族、宗族	丘	qiu^{55}
5		ɕə^{13}	鸡	下	xia^{51}
6		ko^{21}	草原	合	he^{35}
7		dæ^{33}	狐狸	太	tai^{51}
8		tsər^{33}	水闸、阻水	子	zi^{214}

3. 只借形，无音、义关系者

（1）借入汉字全形者。

序号	哥巴文 字形	哥巴文 字音	哥巴文 字义	汉字 字形	汉字 字音
1		bæ^{33}	野鸭	五	wu^{214}
2		to^{33}	板	甲	jia^{214}
3		t'æ^{55}	触、撞	手	shou^{214}
4		bi^{13}	衣襟	斤	jin^{55}
5		pu^{55}	赠送	工	gong^{55}
6		tsi^{55}	紧追	王	wang^{35}
7		t'v^{55}	到、出	且	qie^{214}
8		hua^{33}	白鹇	七	qi^{55}
9		be^{21}	豆荚	尾	wei^{214}
10		dy^{33}	赶（马帮）	女	nv^{214}
11		bu^{31}	猪、扛	官	guan^{55}

（2）借入汉字部件者。

序号	哥巴文 字形	哥巴文 字音	哥巴文 字义	汉字部件 字形
1		lo^{33}	活计，溜索桥	丩
2		ŋə^{31}	我	亻
3		ts'a^{31}	亲戚，咬	攵

（3）借入汉字部件并与其他文字组合成新字符者。

序号	哥巴文 字形	哥巴文 字音	哥巴文 字义	汉字 部件	东巴文 字符
1	凸	p'æ33	拴	凸	的一部分
2	术	bi33	森林、水中	水	的省体

4. 形、音、义全借者

此类哥巴文数目较少，目前所知的仅有一例，如下表：

序号	哥巴文 字形	哥巴文 字音	哥巴文 字义	汉字 字形	汉字 字音
1	保	po33	宝物	保	bao214

从以上四表可以看出：

在字形方面，哥巴文在借入汉字时更趋向选择书写简洁的汉字，对于某些笔画少的汉字字形未加变形直接利用，例如：五、小、甲、立、下、工、斤、开、犬、合等。还有一些是在源文字的基础上加以变形使之符号性更强，例如：雁、言、雨、几等。总体而言，哥巴文汉字借字和汉字原文字之间在字形上差别不大，大多可以依据哥巴文字符形态找到与其对应的汉字。此外，我们从以上四表中还可以发现哥巴文从汉字中借入文字时借鉴了汉字的不同书体。其中，既有借汉字正体的哥巴文字符，例如：五、甲。又有借汉字俗体的哥巴文字符，例如：（te）借自汉字俗字，该俗字据张涌泉先生《汉字俗字丛考》一文可知曾收录于朝鲜本《龙龛手镜》中。既有借自楷书的哥巴文字符，也有借自行书的哥巴文字符。前者如：工、五、巨、开等，后者如：犬。还有借自小篆尾（尾）的冒、丽（mæ）。产生这种现象的原因是哥巴文的创制具有分散性和随意性，各东巴根据自己的书写习惯借用自己熟悉的字体来创造哥巴文字符，这些字符一旦进入哥巴文系统，为社会约定俗成后，就不再受个人书写风格的影响，固定下来，对使用者具有了强制性。

在字义方面，尽管有相当多的哥巴文借用汉字的意义，但应该注意的是，这些汉字字符进入哥巴文系统后并不是以表意的方式存在的，而是作为一个记音单位来记录所有和该字读音相同的词，如：女读音为 dy，有"地、慢、追赶"三个意思，只有"地（父天母地）"一义与源汉字"女"有意义间的联系。再如：千读音为 tv，共有十五个含义，其中只有一义为数词"千"，和其源汉字"千"有意义上的联系。

在字音方面，我们可以发现哥巴文借鉴汉字读音时带有浓郁的西南官话色彩。例如：哥巴文字符介，音 kæ，借自汉字 "介" 字。现在汉语普通话读 "介" 作 jie51，但是汉语的 tɕ 是从中古音 k 中分化出来的，西南官话老派仍读 "介" 为 kai53①，哥巴文读音与之基本相似。之所以出现这种现象主要是由于地理因素。纳西族居住在川滇地区，紧邻汉族西南官话的分布区，容易受其影响，在自己的语言中留下这种方言的痕迹。

---

① 毛远明《哥巴文性质再认识》，载《玉振金声探东巴》，白庚胜、和自兴主编，社会科学文献出版社，2002 年 6 月第 1 版，第 640 页。

四、哥巴文对汉字结构方式的引进

哥巴文的产生和发展不是一蹴而就的,而是一个历史的过程,直到现在还有新的哥巴文在不断涌现,因此,从其他文字系统借字也是一个历史的过程。而借字的过程也就是借入别种文字结构方式的过程。

汉字的结构方式从商周甲骨文处一脉相承却又不断变化。与之相对应,哥巴文从汉字系统中引进的结构方式也处于渐变之中,体现出历史层次性:既采用古汉字的结构方式,也引进了现代汉字的新型造字法。

关于哥巴文的构字法,方国瑜先生在《附说标音文字的构造》[①]一文中从三个角度进行分析:第一,引进汉字、象形字;第二,派生、变更字形;第三,添加文饰符号。曹萱女士在《纳西哥巴文造字研究》中将其概括为:直接构成法、变化构成法、由借源文字或自创字派生构成、组合构成法。我们则试图从六书和现代汉语造字法的角度来分析哥巴文中借字和自造字的结构方式。原则上讲,世界上每一种表音文字系统中均不含与词义相联系的符号。其记录语言的方式仅仅有一种类型,即:记音或所谓"假借"。但是哥巴文是一种不成熟不规范的具有部分表意功能的音节文字。所以,我们认为这种尝试是有价值的。

(一)"六书"之说

众所周知,古汉字的结构方式历来有所谓的"六书"之说,即指象形、指事、会意、形声、假借、转注。然而对于汉语来说,假借虽然能记录汉语,但是用假借的方法记录语言并未产生新的字形;转注虽然产生了新的字形,但用的是形声方法,所以从造字法类型的角度看,假借和转注都不是造字的方法,而是用字的方法。因此,早在清代,戴震就把六书分为"四体二用"。但是,对于借用汉字记音的另一种少数民族文字而言,假借却是一种非常经济的手段。具体分析如下:

1. 象形

(1) 引进汉字的象形字。

序号	哥 巴 文			汉 字		
	字 形	字 音	字 义	字 形	字 音	字 义
1	犬	k'ɯ³³	狗	犬	quan²¹⁴	狗
2	弓	gu³³	身体	弓	gong⁵⁵	弓
3	宇	tsər³³	水闸	子	zi²¹⁴	孩子
4	斤	bi¹³	衣襟	斤	jin⁵⁵	斧头

(2) 引进东巴文的象形字。

序号	哥 巴 文			东 巴 文		
	字 形	字 音	字 义	字 形	字 音	字 义
1	ｱ	tɕy³¹	捕猎之活扣	ｱ	tɕy³¹	捕猎之活扣
2	坐中	li³³	法轮	坐	li³³	法轮
3	心	kv̩³³	头、面		kv̩³³	头、面

---

① 方国瑜《附说标音文字的构造》,载于《纳西象形文字谱》,云南人民出版社,2005,第73页。

（3）自造字中的象形字。

序号	哥巴文 字形	哥巴文 字音	哥巴文 字义	说 明
1		bɑ³¹	日光	日出于地平线有光芒貌
2		go³¹	臼齿	象牙之形
3		kʼə³¹	篮子	象竹篮侧面貌

2. 指事

（1）引进汉字的指事字。

序号	哥巴文 字形	哥巴文 字音	哥巴文 字义	汉字 字形	汉字 字音	汉字 字义
1		muu³³	天	天	tian⁵⁵	天
2		tv̩²¹	数词"千"	千	qian⁵⁵	数词"千"
3		bæ³³	野鸭	五	wu²¹⁴	数词"五"
4		ʂə⁵⁵	说、告诉	上	shang⁵¹	上面

（2）自造字中的指事字。

序号	哥巴文自造字 字形	哥巴文自造字 字音	哥巴文自造字 字义	说 明
1		uæ³³	左	指向左方
2		i³¹	右	指向右方

3. 会意

（1）引进汉字的会意字。

序号	哥巴文 字形	哥巴文 字音	哥巴文 字义	汉字 字形	汉字 字音	汉字 字义
1		mæ³³	尾	尾	wei²¹⁴	尾巴

（2）自造字中的会意字。

序号	哥巴文自造字 字形	哥巴文自造字 字音	哥巴文自造字 字义	说 明
1		tɕi³¹	云	从天从水
2		dər³¹	泡沫、浊水	从 从

4. 形声

引进汉字的形声字。

序号	哥巴文 字形	哥巴文 字音	哥巴文 字义	汉字 字形	汉字 字音	汉字 字义
1		tɕə³³	经书	经	jing⁵⁵	经书

5. 假借

（1）引进汉字中的假借字。

序号	哥 巴 文			汉 字		
	字 形	字 音	字 义	字 形	字 音	字 义
1		dy^{31}	地（父天母地）	女	nv^{214}	女性，借作"地"

（2）引进东巴文中的假借字。

序号	哥 巴 文			东 巴 文		
	字 形	字 音	字 义	字 形	字 音	字 义
1		ly^{33}	矛		ly^{33}	矛

（二）造字方法

从造字方法来看，现代汉字和古汉字有些不同。绝大部分汉字是由古代汉字演变而来的，也有一些是现代新造的。现代造字已基本上不用象形、指事的方法，百分之九十以上的现代字用的是形声的方法，如：咖、嗯。简化字里也有许多新形声字，如：补、迟、灯、极。会意的方法还在继续使用，不过造的字不太多，如：灭、泪、尘、孙。除了形声、会意之外，现代的造字法还有：合形、合音、合意字，如："巰"是"氢"和"硫"各取一部分相合；一些变形字，如："乒""乓"是从音近字"兵"变化而来；简化字里还有一批非音非意的符号（"×""又"等）同其他部件组合而成的字（如：区、赵、风、凤等）及草书楷化而成的字，如：专（專）、东（東）、学（學）、为（爲）、乐（樂）等。从对哥巴文字符的分析中我们得知，哥巴文引进现代汉字的同时也引进了汉字的结构方式，按照这些结构方式产生的哥巴文字符数目较多，在整个哥巴文文字系统中占有重要分量。具体分析如下：

1. 变形字

（1）借自汉字的变形字。

序号	哥 巴 文			汉 字		
	字 形	字 音	字 义	字 形	字 音	字 义
1		tʂər^{13}	这儿	這	zhe^{51}	说，言论
2		na^{55}	黑	黑	hei^{55}	黑色
3		hər^{33}	风	风	feng^{55}	风

（2）借自东巴文的变形字。

序号	哥 巴 文			东 巴 文		
	字 形	字 音	字 义	字 形	字 音	字 义
1		buɪ^{31}	裂口		p'uɪ^{55}	断裂、分开
2		k'u^{33}	接（东西）、口、嘴		k'u^{33}	口
3		tʂu^{31}	扎（针）、锥		tʂu^{31}	扎（针）

2. 派生字

大部分哥巴文字符是由源文字符派生出来的，在其基础上加以笔画的增损，一个基础字往往可以对应多个派生字。这种构字方式不仅运用于借入的汉字、东巴文字符及藏文字符，哥巴文自造字符同样适用。具体分析如下：

（1）基础字为汉字字符。

序号	哥巴文 字形	哥巴文 字音	哥巴文 字义	汉字 字形	汉字 字音	汉字 字义
1		tv̩³¹	千	千	qian⁵⁵	数词"千"
2		tv̩³¹	千			
3		dɯ³¹	一			
4		ʂɿ³¹	黄、狮子			
5		tɕ'y³³	胞族、宗族	丘	qiu⁵⁵	山丘
6		çi³¹	稻谷			
7		bu³¹	坡、堤			

（2）基础字为东巴文字符。

序号	哥巴文 字形	哥巴文 字音	哥巴文 字义	东巴文 字形	东巴文 字音	东巴文 字义
1		p'iə	喜欢、叶、竹帘		p'y³³	雄、公
2		pe³¹	吐			
3		piə⁵⁵	变化、贝			
4		p'y⁵⁵	呕吐			
5		ta³¹	支持、烤火			
6		lɯ³¹	船、倒			
7		tsæ³³	画卷、移动			

（3）基础字为藏文字符。

序号	哥巴文 字形	哥巴文 字音	哥巴文 字义	藏文 字形	藏文 字音
1		bu	猪、光		sæ
2		mə	不、墨		
3		t'i	刨、推、擦		
4		ku	姜、扔弃		
5		kuə	猎狗项圈、划刀		
6		hɯ	海、两、牙齿		
7		tʂu	珍珠、炒、插		

（4）基础字为自造字符。

序号	哥巴文派生字			哥巴文自造字		
	字 形	字 音	字 义	字 形	字 音	字 义
1		bi^{33}	水中、森林			
2		dər^{31}	泡沫、发芽			
3		lo^{31}	谷、菁		dʑi^{31}	水
4		tɕi^{55}	口水			
5		zɿ^{33}	酒			
6		k'æ^{33}	沟、渠			
7		huɯ^{55}	海、湖			

由以上四表可见：在哥巴文系统中无论是借字还是自造字都可以作为基础字根据音近形近原则或者意近形近的原则派生出新的字符，以至于派生字在整个系统中所占的比例很大。从字形上来说，派生字与基础字符之间、派生字符之间的差别不大，不容易识别，为哥巴文的实际使用带来很大麻烦。

3. 附加字

就如汉字简化字里有一批非音非意的符号（"×""又"等）同其他部件组合而成的字（如：区、赵、风、凤等）一样。哥巴文系统中也存在这种构字方式，我们把这些非音非意的符号叫做附加符号。附加符号多是哥巴文系统一个显著的特点。附加符号的存在导致哥巴文系统中存在大量附加字，即带有附加符号的字符。举例如下表：

序号	哥巴文附加字			附 加 符 号
	字 形	字 音	字 义	
1		ts'ər	热、横砍	
2		t'ɑ	瓶子、出神	ナ
3		t'ɑ	瓶子、出神	
4		k'u	口、接	

第二节　哥巴文与东巴文、藏文的关系

哥巴文是一种典型的拼盘文字，除了从汉字中借入文字之外，还从东巴文、藏文中借入文字，并有一定量的自造字符。实际上，就目前研究所得，哥巴文引进字符数最多的当属东巴文。

一、哥巴文与东巴文的关系研究

据曹萱女士统计，在方书收录的600多个哥巴文的基础上，考释出的500字符中有110个文字来源于东巴文，另有近100个文字由来自东巴文的字符作为字素组合成哥巴文，占总数的33%。而我们在本书中以《纳西标音文字简谱》《么些标音文字字典》

《纳西语英语汉语语汇》（上卷）三本字典所收录的字符加上《求取占卜经》《迎请精如神》中的部分字符所作的汇编为基础，共得出 2733 个哥巴文字符的字源，其中借自东巴文的字符有 1166 个，约占 42.66%。

哥巴文产生的基础与创造的目的就是书写简洁、便于记音。因此它在引进东巴文字符时就有选择性。就目前研究所得，哥巴文引进东巴文字符的方式有以下两种：

（一）借用笔画较少的东巴文字符

有些东巴文字形简单、易写易认，被直接借用到哥巴文当中。例如：

序号	哥巴文 字形	哥巴文 字音	哥巴文 字义	东巴文 字形	东巴文 字音	东巴文 字义
1		i^{33}	漏、山骡		i^{33}	漏
2		ts'e^{33}	十、盐、叶子		ts'e^{33}	盐
3		pe^{33}	闩、酒渣		pe^{33}	闩
4		k'o^{33}	园子、角、屠宰		k'o^{33}	角
5		di^{31}	蕨		di^{31}	蕨
6		do^{31}	见、愚、傻		do^{31}	傻
7		tɕ'ər^{33}	折断、焦烂		tɕ'ər^{55}	代
8		k'ua^{31}	坏		k'ua^{31}	坏、恶
9		p'iə^{31}	喜欢		p'v̩^{33}	雄性

（二）借用笔画较复杂的东巴文

有些东巴文字符笔画复杂，东巴们在借用这些字符时会加以简化，用简单又能体现原象形字主要特征的符号来代替原本繁复的文字。例如：

序号	哥巴文 字形	哥巴文 字音	哥巴文 字义	东巴文 字形	东巴文 字音	东巴文 字义
1		kv^{33}	头、面		kv^{33}	头、面
2		kæ^{31}	秋千		kæ^{31}	秋千
3		kæ^{31}	秋千		kæ^{31}	秋千
4		dʑu^{31}	飞石柱		dʑu^{31}	飞石柱
5		æ^{31}	斗、仇杀		æ^{31}	斗、仇杀
6		lu^{33}	来		lu^{33}	来
7		fv^{33}	毛发		fv^{33}	毛发
8		tuu^{33}	起身、起飞		tuu^{33}	起身、起飞
9		p'ər^{31}	白色		p'ər^{31}	乳汁
10		tɕ'i^{33}	刺		tɕ'i^{33}	刺

哥巴文中此类字较多，是借用东巴文数量最多的种类。这些通过省简而成的字符虽然同源文字相比差异较大，但在一定程度上仍保持了象形文字的图画性。

哥巴文和东巴文之间存在千丝万缕的关系，首先，从客观因素来说，二者记录的都是纳西族西部方言，使用者都是纳西族东巴，且两种文字使用的区域相邻或者相重。其次，通过从文字制度三方面进行考察，也能证明东巴文是哥巴文的重要来源。

二、哥巴文与藏文的关系研究

借自藏文的哥巴文相比源自汉字和东巴文的字符要少得多，目前为止仅发现11个。其中，有七个辅音字母和四个元音字母。它们的派生和构字能力比较强，借入哥巴文字系统后派生出一系列的藏文字符，我们在本书中以《纳西标音文字简谱》《么些标音文字字典》《纳西语英语汉语语汇》（上卷）三本字典所收录的字符加上《求取占卜经》《迎请精如神》中的部分字符所作的汇编为基础，共得出2733个哥巴文字符的字源，其中由藏文字母所派生的哥巴文字符201例，约占总数的7.35%。具体分析如下：

（一）借藏文辅音字母的哥巴文

序号	哥巴文				藏文	
	字形	字音	字义	变体	字形	字音
1		kæ	秋千、前、滑			kɑ
2		ŋa³¹	饿、午饭	(mu, 老、兵)		na
3		tʂ'u	珍珠、炒、插			sa
4		ka	疲累、善、好	(ha, 顶嘴、饭、夜)		khɑ
5		tv̩	千、斗、毒辣			tɑ
6		ɣo	神名	(bo, 本命、福分)		a
7		tsʼæ	衙役、钳子			tsha

由上表可见：哥巴文借入藏文辅音字母时，字形变化不大，引进后是作为一个文字存在于系统中的。有的字符引进哥巴文后派生出多个变体，形成一系列具有藏文字母色彩的哥巴文字符。

（二）借藏文元音字母的哥巴文

据木仕华《纳西东巴文与藏文的关系》[①]一文可知有四个藏文元音字母被东巴文

---
① 木仕华《纳西东巴文与藏文的关系》，载于《民族语文》，2001年第5期，第63-69页。

借用，分别是：◠ (i)、⌄ (o)、⌒ (e)、ᔕ (u)。同样，这四个字母也被借入哥巴文中，如下表：

序号	哥巴文 字形	字音	字义	藏文 字形	字音
1	⍒	ko	麦架、鹤、针	◠	i
2	⍫	ts'æ	衙役、钻子		
3	⍰	lər	尺量、喊叫		
4	⍱	pe	吐、闩、钓鱼	⌄	o
5	⍲	ɑ	集聚、鸭		
6	⍳	o	倒水、鹅、骨		
7	⍴	zer	猛兽、刀、柱	⌒	e
8	⍵	ser	木柴、肝、	ᔕ	u

由上表可见，这四个藏文元音字母借入哥巴文后不是作为一个文字存在的，而是作为构字元素与其他字素组合成字。它们在文字中的位置灵活多变，其存在进一步增强了哥巴文的符号性。

哥巴文中还有一部分字符是独创的，具有明显的符号特征或象形特征。总的数量不大，目前为止，在我们得出字源的 2733 个哥巴文字符中，自造字或疑为自造字者共计 513 个，约占总数的 18.77%。举例如下：

序号	符号性强 字形	字音	字义	象形性强 字形	字音	字义
1	⋈	uæ^{33}	左	⋏	ba^{31}	晨光
2	⋉	i^{31}	右	⊞	ho^{31}	刮粮食的小板
3	—	du^{31}	阳神	⋎	k'ə^{31}	篮子
4	——	se^{31}	阴神	⫿	go^{31}	臼齿

三、小结

哥巴文成为拼盘文字并不是偶然发生的，这种现象的出现有促其产生的必然因素，如历史因素、地理因素、文化因素。

（一）历史因素

据考证，纳西族是古代居于我国西北河湟地带的羌人，后南迁至现今分布的地域。纳西族先民与秦汉以降西南藏彝走廊的牦牛羌之间有一定的渊源关系，其主体虽为南迁的古羌人，但不乏诸多民族集团融汇其中的成分，与汉族、藏族、白族等多民族有密切联系。另外，纳西族聚居的滇、川、藏交接地自隋唐时期始，群雄竞列。唐与南诏、吐蕃之间战事不断，中原的经济文化也不断输入周边地区。军事冲突激烈的纳西族地区成了多元文化交汇的密集区域。方国瑜先生曾指出："唐初，么些民族介于吐蕃、南诏之间，其势力消长，互相攘夺，则其文化之冲突与融合，亦可想得之。"[①]纳西族尽享多元文化交流之便，吸纳了周边民族的诸多文化精粹，这为哥巴文造字之初得以借鉴多民族文字奠定了基础。

（二）地理因素

纳西族居住的横断山区地处青藏高原、四川盆地和滇中高原间的过渡、交会地带，自远古至两汉以来一直是诸种民族势力北伐、南征、迁徙流寓的通道，远古时期的氐羌文化与濮越文化间的交流即以此为中介。此后，西北古羌人支派的南迁，吐蕃王朝东向、南向的扩张，忽必烈亲征大理及近代史上红军北上抗日都以横断山脉为出入地。这样的地理位置为纳西族能够接触多民族文化提供了得天独厚的优势。

（三）纳西族的文化精神和价值观

纳西族在上千年的发展历程中创造了灿烂的民族文化，形成了积极的文化精神和价值观，对周边民族的多元文化采取兼收并蓄的态度，善于对本民族文化去粗取精。这种精神为哥巴文借入丰富的多民族文字提供了主观条件。

综上所述，我们认为拼盘文字的出现不是偶然的，这种现象的背后有历史、地理、民族文化心理等多方面的原因。因此我们主张在研究这种拼盘文字时应该充分了解该民族的历史与文化。

---

① 方国瑜《么些民族考》，载于《西南民族研究论文选》，1991年，第262-280页。

第五章　关于哥巴文中 $g\Lambda^{31}ba^{31}ku^{33}tur^{55}tur^{33}$ 的一些看法

在哥巴文系统中有一种特殊的文字现象，纳西族东巴称其为"$g\Lambda^{31}ba^{31}ku^{33}tur^{55}tur^{33}$"。到目前为止，以方国瑜先生的《纳西标音文字简谱》为基础，我们能够辨识的这种符号仅有 12 个，但是带有这种符号的哥巴文字符却有 70 余个，约占方书所收字数的 11%。这是值得关注的一种文字现象，分析探讨这种文字现象的形成原因、特点和存在意义对于解决部分哥巴文字源考释的问题及分析哥巴文异体字的问题有很大意义。目前尚未见到关于这种文字现象的专门论述，前人只在分析哥巴文之构字法时顺带提及，并且各家给以不同的名称，出现名异实同的混乱现象，不利于同一领域的学术交流。本章在逐个分析这种符号的基础上，总结其特点、类型，推论其形成原因，分析其存在意义，并整理、审定各家所出之名，争取找到一个符合科学性、理据性、简明性和系统性原则的名称。

第一节　哥巴文中 $g\Lambda^{31}ba^{31}ku^{33}tur^{55}tur^{33}$ 的特点、形成原因和存在意义之浅见

关于哥巴文的 $g\Lambda^{31}ba^{31}ku^{33}tur^{55}tur^{33}$ 问题，各家文章中偶有提到，但到目前为止，并没有学者就此作专门的研究。

李霖灿先生把它们根据所受影响的不同分为两类：一类是受汉字的影响，另一类是受藏文的影响，并认为"它实在是一无用处的，大约'多巴'们初由形字变音字，便觉得音字的面貌太朴素了点，因此正如他们所说的这是'为音字增加一点花草'，所以我们只要知道这许多装饰符号是毫无用处就够了，在这本字典内亦一概都不写进去。"[①]曹萱女士在《纳西哥巴文造字研究》一文中继承了李霖灿的观点[②]。而实际上，李霖灿先生在《么些标音文字字典》中收入的这种符号并不少。是李先生对这种符号的认识不够，不足以完全剔除这种符号呢？还是这从另一方面告诉我们，这种符号并不是"一无用处"的，现将这类符号逐个举例分析如下：

1. 加 ナ 或 ㇏

※、㷝：音 tsʼər，"横砍、热"，字形演变过程可拟为：※→㷝。隼、𡿧：音 tʼa，"瓶、出神"。㕫、㗓：音 kʼu，"口、接东西"，字形演变过程可拟为：口→㕫→㗓。卂、𫝀：音 tsʼe，"盐、叶子"，字形演变过程可拟为：⊠（东巴文，$tsʼe^{33}$，盐）→𫝀

---

① 李霖灿编著，和才读音，张琨记音《么些标音文字字典》，台湾文史哲出版社，1972 年版，序言第 4 页。
② 曹萱《纳西哥巴文造字研究》，华东师范大学硕士学位论文，2004 年，第 49 页。

第五章 关于哥巴文中 gʌ³¹bɑ³¹ku³³tur⁵⁵tur³³ 的一些看法 153

一䇶。㝵：音 ȵi，"日"，字形演变过程可拟为：☉—㝵。方、䇶、㐄：音 dɯ，"一、得"，字形演变过程可拟为：夕（东巴文，tʂʰər⁵⁵）—方、㐄—䇶。䒑：音 ʂər，"汗垢、七、事情"，字形演变过程可拟为：言（汉字）—亠—丁—䒑。岙、㟄：lv，"石头、石桥"，石（汉字）—岙—㟄。㟄：ho，"肋骨"，𦜌（东巴文，ho³¹ "肋骨"）—㟄。岩：tse，"用、砌墙"，字形演变过程可拟为：石（汉字）—岩。

符号㇇、㇂所附字符数目较大，一定程度上起到规范哥巴文符号形态的作用；在整个字符中的位置自由，可左可右，而且李霖灿先生书中收有该符号倒立后处在整个字符的下方者；该符号与所附字符发生粘连现象，如：䒑、䇶、㟄、岩等，这种现象为字源考释增加了难度。

2. 加口

𒀭①：音 iə³¹，"情死"。𠂉、合：音 tʼo，"模子、松、塞"，哥巴文自造字符𠂉加上口构成合。否、盃：音 ʂu，"斧子、铁"，哥巴文自造字符ク加口构成。

符号口所附字符较少，目前所见三个字符中口的位置皆在整个字符的下方。哥巴文系统中加口分化新字这种情况可能受东巴文"字缀"②的影响。在东巴文中，各种块状符号是东巴文构字时不可缺少的部分，尤其是"口"。"一切带有方框性质的事物，都可以用该形表示。"③

当然，甲骨文中也有类似现象，见朱歧祥《甲骨文一字异形研究》④一文。另外，方块白文中也有这种情况，"在汉字上加一个偏旁或符号，以示和原有汉字相区别"⑤又"通常加'口'旁，汉字则取其音"⑥。历史上，纳西族与汉族、白族都有密切的关系，哥巴文中在已有字符上加口的现象也可能受其影响。

3. 加点

丷：音 pe，"吐、闩、钓鱼"，藏文字母ㄥ加点。𣎴：yin zər，"柱子、刀"。刈、刎：音 by，"粉、面粉"，字形演变过程可拟为：北（东巴文）—刈—刎。干、千：音 tv̩，"千、斗"，字形演变过程可拟为：千（汉字）—干—千。𠂇：音 tər，"砧、结"，哥巴文自造字符乙加点构成。夕：音 tɯ³³，"起身"，字形演变过程可拟为：言（东巴文，tɯ³³）—丰—方—勹—夕。条、𣎳：音 de，"交媾、灌"，字形演变过程可拟为：条（汉字）—条—𣎳。𩰫：音 no，"绒毛、家畜神"，字形演变过程可拟为：◡—◉—𩰫。丫：音 gv，"熊、打雷"，ㄥ（藏文符号）加点构成丫。夂：音 tɕʰər，"折断"，字形演变过程可拟为：夕（东巴文，tɕʰər）—夂。禾：音 dʐ̩³³，"吃、围墙"，字形演变过程可拟为：⊃（东巴文，dʐ̩³³）—八—禾。乐，音 sæ，"神名、泻"，字形演变过

---

① 该字符收于方国瑜《纳西象形文字谱》之序言"附说标音文字的构造"，第 78 页。
② 郑飞洲著《纳西东巴文字字素研究》，民族出版社，2005 年 10 月第一版，第 44 页。
③ 郑飞洲著《纳西东巴文字字素研究》，民族出版社，2005 年 10 月第一版，第 52 页。
④ 朱歧祥《甲骨文一字异形研究》，载于《甲骨学论丛》，台湾学生书局印，1992，第 53-148 页。
⑤ 王峰《从白文古籍看白文书写系统的历史发展》，载于《白族研究百年》，2008，第 61 页。
⑥ 朱歧祥《甲骨文一字异形研究》，载于《甲骨学论丛》，台湾学生书局印，1992，第 53-148 页。

程可拟为：斤（汉字）—斤—乐。

通过分析以上各例，我们可以发现：哥巴文中以点的形式存在的该类符号并不限于一个点，还有4个点、5个点的；这些点在整个字符中的位置并不固定；点不仅有圆点，还有顿点。

4. 加 O

☐、☐：音 mi，"名字、火"，字形演变过程可拟为：☐（东巴文）—☐—☐、☐。☐、☐、☐：音 fv，"毛、发"，字形演变过程可拟为：☐（东巴文，fv³³，"毛发"）—☐—☐—☐。☐、☐：音 kv，"（床）上"，字形演变过程可拟为：☐—☐。☐：音 ʂɿ，"黄"，字形演变过程可拟为：☐（哥巴文自造字，hæ³¹，"金"）—☐。☐：音 dʑɪ，"冰、围墙"，字形演变过程可拟为：☐（东巴文，dʑɪ³³）—☐—☐。☐：音 zɿ，"仇敌、草"，哥巴文自造字符☐加O构成☐。☐：音 zy，"星名、钮子、小孩"，字形演变过程可拟为：☐（东巴文，pʼv，"雄、公"）—☐。☐：音 ɑ，"鸭、集聚"，字形演变过程可拟为：☐（藏文字母）—☐。

仔细观察以上字例可以发现：O在不同字符中的位置是不固定的，多为在上或在下。大部分O只是起到构建与引进字形相区别的新字符的作用，意义上延续原来的，并不改变；小部分O有别义的作用，如：☐与☐。哥巴文的这种符号可能是受东巴文系统中圆圈状字缀的影响产生的，在东巴文中"O可以表示一切具体和抽象的物"①。

5. 加 ∨

☐、☐、☐：音 pv，"干枯、渴、蒸"，由☐加上∨组合而成。☐：音 o，"倒水、骨"。☐：音 bæ³¹，"扫谷板"，字形演变轨迹为：☐（东巴文，bæ³³kv³¹，扫帚）—☐—☐。☐：音 tʂɿ，"讥笑、衣破"，字形演变轨迹：☐（藏文字母）—☐—☐。

据曹萱女士考证，∨是一个借自藏文字母的变形符号。∨在所处字符中的位置可见的有上、下、右上、右，不固定。

6. 加 —

☐、☐：音 ko，"针、高原、鹤"，☐由☐加—构成。☐、☐：音 mu，"兵、牲、老、杜鹃树"，字形演变过程可拟为：☐（东巴文，mu³¹，杜鹃树）—☐—☐—☐。☐：音 kæ³¹，"秋千"，藏文字母☐借入后加—而成。☐、☐：音 u，"奴隶、肿"，☐由☐侧立加—构成。☐、☐：音 pʼər，"白、一扎（线）"，字形演变过程可拟为：占（汉字）—☐—☐。☐：音 bi，"搓纺线、太阳"，字形演变过程可拟为：☐（藏文字母）—☐—☐。☐、☐、☐：音 ba³¹，"日光、晒太阳"，字形演变过程可拟为：光（汉字）—☐—☐。☐、☐：音 mu，"兵、老"，字形演变过程可拟为：☐（藏文字母）—☐—☐。☐：音 tər，"砧、结"，哥巴文自造字符☐加—构成。☐、☐：音 dy，"地、慢、追赶"，哥巴文自造字符☐加一横构成☐。☐：音 do³¹，"傻、愚"，字形演变

---

① 郑飞洲著《纳西东巴文字字素研究》，民族出版社，2005年10月第一版，第52页。

第五章 关于哥巴文中 gʌ³¹bɑ³¹ku³³ʈur⁵⁵ʈur³³ 的一些看法

过程可拟为：🜛（东巴文，do³¹ "傻鬼"）—🜛—🜛。🜚、🜚：音 do，"见、登、爬"，字形演变轨迹：🜚（哥巴文自造符号）—🜚—🜚。🜚、🜚：音 du³¹，"善神"，字形演变过程可拟为：🜚（东巴文，du³¹）—🜚—🜚。🜚：音 kv³¹，"下（蛋）"，字形演变过程可拟为：下（汉字）—🜚。

由这些例子来看，带有这种符号的字符最多；符号 一 和其他符号组合成字时其位置是不固定的，有的在上面，有的在中间或者整个字符的下面；这一横的长短粗细也随所在字符的大小、宽窄而变；符号 一 和其他符号发生粘连现象，如：🜚、🜚、🜚、🜚等。

7. 加 ǁ

🜚、🜚：音 nɯ，"你、心、缠绕"，字形演变轨迹为：🜚—🜚。

对于该例，方国瑜先生认为：ǁ 在这里有区别声调的作用，🜚记 nɯ³³，🜚记 nɯ³¹；字义上也有所不同，🜚表"心"，🜚表"家畜"。

8. 加竖曲线 🜚

🜚、🜚：音 tsʅ，"鬼、犁"，🜚由哥巴文自造符号🜚加曲线🜚组成。

这种竖曲线在东巴文中常见，李霖灿先生将东巴文字所加线的类型分为单线、交互线和闪折线三种，郑飞洲女士用"闪折线"之名来指称🜚。方国瑜先生认为🜚在哥巴文字中有区别同音不同调的作用，🜚记 tsʅ³¹，🜚记 tsʅ³³；所表意义也有所不同，前者为"鬼"，后者为"吊死"①。实际上，李霖灿先生的《么些标音文字字典》是将其分列于两个声调之下的②。

9. 加 🜚、🜚、🜚 或 🜚

🜚：音 kv³³，"头、蒜"，哥巴文字符🜚加🜚构成。🜚：音 kv³³，"头、蒜"，由🜚、🜚、🜚三部分组成。🜚：音 ko³³，"灌溉、浇水"。🜚：音 tsʼæ⁵⁵，"钻子"，字形演变过程可拟为：🜚（东巴文，tsʼæ⁵⁵，"钻子"）—🜚—🜚。🜚：音 zʅ，"仇敌、草"，哥巴文字符🜚加上🜚构成🜚。另，《通神经》③中有一句经文"🜚 🜚 🜚 🜚 🜚 🜚 🜚"，其中"🜚"和"🜚"这两个哥巴文字符都用来标记 kv³³ 音，分别表示（刀）尖、（矛）尖，当为一字之异体，故第一个字符🜚所加🜚为缀余符号。

不管是🜚、🜚、🜚还是🜚都是藏文字母借入后的变体来充当哥巴文字的缀余符号；其在字体中的位置不固定，多位于字体上部或字体下部；所附加的符号有的来自东巴文，有的是哥巴文自造字符。

10. 加 △

🜚：音 mɯ，"下、万、天"，字形演变过程可拟为：天—🜚—🜚。🜚：音 zʅ，"仇敌、草"，哥巴文自造字符🜚加上△构成🜚。

---

① 方国瑜《附说标音文字的构造》，载于《纳西象形文字谱》，第 78 页。
② 李霖灿《么些标音文字字典》，原国立中央博物院筹备处刊印，1945 年初版，第 32 页。
③ 转引自《哥巴文应用举例》，载于《纳西象形文字谱》，第 575 页。

符号❍所附着的字不多，就所举两例来看，其位置多于字体上部；且该符号常常与◯混用。

11. 加 ⅋

⅋：音 ȵi，"二、鱼、鼻涕"，字形演变过程可拟为：⊕（东巴文，ȵi³³，"日"）—◯—⅋，"⅋是一个比较常见的缀饰字素"①。⅋：音 bɯ，"多、要去"，字形演变过程可拟为：⅋（东巴文 bɯ³³，腰带）—⅋—⅋。⅋：音 gɯ，"落、下（雨）"，哥巴文自造符号⅋加⅋构成⅋。

12. 加 丨

⅋：音 py，"巫师、升子"，该字符的形体演变过程可拟为：⅋（东巴文，音 py³³）—⅋—⅋—⅋。言、亨：音 bər，"绳、客、偏斜"，该组字符的形体演变过程可拟为：言（汉字）—言—亨。⅋：音 tər，"砧、结"，哥巴文自造字符⅋加上丨构成。⅋、⅋、⅋：音 ne，"和、与、谁"，该组字符的形体演变过程可拟为：⅋（藏文字母）—⅋—⅋、⅋。⅋、⅋、⅋：音 le，"翻书、月"，该组字符的字源及字形演变轨迹可拟为：⅋（东巴文，tʂʌ⁵⁵）—⅋—⅋—⅋。

至此，我们将哥巴文中的 gʌ³¹bɑ³¹ku³³tur⁵⁵tur³³ 及所附着的字形做了全面的梳理，根据以上分析我们可以发现 gʌ³¹bɑ³¹ku³³tur⁵⁵tur³³ 的特点非常鲜明：

（1）它是附在哥巴文上的符号，一般不作为一个文字独立存在；它往往不为某个文字所特有，而是附于一批字上。

（2）书写比较随意，可改变方位。

（3）笔画简洁，有一至三画（加点符号有 1~5 点）；这种字缀往往各具形态，点、线、块皆有。

（4）有的一个字符不止带有一个这种符号，如：⅋：to，"板、坡"，是在自造字符⅋上加一横一圈。

（5）有些哥巴文异体字是在同一个符号上加上不同的字缀构成的，如：⅋、⅋都读 tər，表示"砧、结"等词义，二者是在哥巴文自造字符⅋的基础上分别加 ⎯ 和 ▪ 构成的。再如：⅋、⅋、⅋、⅋这组字符都可以标记 tɕy³¹，表示"捕猎之活扣"的意义，但所加的该类符号的形体、数目不同。该组哥巴文字符的字源及字形演变轨迹可拟为：⅋（东巴文，tɕy³¹kʼɯ³¹）—⅋—⅋—⅋及⅋—⅋—⅋。可见，其基本符号相同，由于所加该类符号不同，而形成不同的形体。

（6）大部分这种符号在与其他符号组合成字时只能起到区别字形的作用，少有别音别义者。

（7）通过对哥巴文字形的梳理，我们发现哥巴文中的横、圈等符号并不是"随意地增添或删除"的，它存在一个字形演变的过程。例如：⅋、⅋（tʼɑ，"瓶"）二字音义相同，是异体字关系，但不能认为⅋是在⅋的基础上增加该类符号"⎯"，因为这个字形的演变轨迹是：⅋（东巴文，tʼɑ³¹）—⅋—⅋。另外，正如邓章应先生在《哥巴

---

① 曹萱《纳西哥巴文造字研究》，华东师范大学硕士学位论文，2004 年，第 24 页。

文造字机制研究》一文中提出的那样，"不能据此比附相关字形"。[①]我们认为这一观点是对哥巴文中此类符号的正确认识。如：♀（dər，"骡、发芽"）中的〇就不是这种符号，因为♀是由汉字"子"变化而来的。只是由于哥巴文现有字典、字谱中并未梳理所收字符字体形态的演变过程，才致使误解产生。

（8）这些符号与所附着的符号之间经常发生粘连现象，如：▨（ts'e）。

根据以上字例分析和特点分析，我们可以把哥巴文中的 $g\Lambda^{31}ba^{31}ku^{33}tur^{55}tur^{33}$ 定义为：一种哥巴文造字过程中的缀加成分，不具备形与音义相统一的特点，基本上不能够单独构字。大多数此类符号以点、线、块的简单形态附加于其他符号上，起区别字形装饰或者区别音义的作用。

下面，我们以此为基础分别从类型学、发生学和功用三个方面对 $g\Lambda^{31}ba^{31}ku^{33}tur^{55}tur^{33}$ 加以分析。

一、类型学方面

从符号来源上讲，$g\Lambda^{31}ba^{31}ku^{33}tur^{55}tur^{33}$ 可以分为两类：

（1）受其他文字造字方式的影响，借用其他文字的缀余符号。从上面的例子分析中，我们可以看出哥巴文该类符号受东巴文的影响最深。例如：加囗、加〇、加一、加ϟ、加点等明显是受东巴文中类似符号的影响。这些符号中也有受汉字影响产生的，如：十、㐅。从藏文中借入的符号产生一系列变体，也在哥巴文中充当字缀，如：⌒、⌢、⌣、⌒等。

（2）仿照其他文字符号自造的符号成为缀余符号，例如：‖、ƺ。

其次，从符号的存在形态上讲，可以将其分为点、线、块三类。线又分：单线，如一、⌒、⌢、⌣、⌒；交互线，如十、㐅；双竖线：‖；闪折线：ϟ；折线：⌒、ƺ。块的形态分三类：囗、〇、△。

二、发生学方面

第一，就现在所知的各种文字而言，并非每种文字都有缀余符号。只有比较复杂的文字才有这种符号，如：古汉字"甲骨文中有增口，或示文饰，或与口语有关"[②]。再如白文"在汉字上加上一个偏旁或符号，以示和原有汉字相区别"[③]。一些处于初期阶段的文字没有发展到这种程度，也就不存在这种特殊的文字现象，例如：坡芽歌书、景颇文和它留文。因此，在哥巴文中这种符号的产生有其必然因素，即其产生与哥巴文的性质有关。哥巴文是一种不成熟的标音文字，王元鹿先生讲到"这个音节文字系统刚来自某种或几种表词—意音文字系统或接近于这一发展阶段的早期文字系统。由于它刚脱胎于这样的一个或一些文字体系，所以还保留着其前身的某一些特征"[④]。例如"同一个音节可以用不同的字记录"这样的文字特征就为哥巴文缀余符号的产生提供了条件。

[①] 邓章应《哥巴文造字机制研究》，载《中国文字研究》，2008年第二辑，第221页。
[②] 朱歧祥《甲骨文一字异形研究》，载于《甲骨学论丛》，台湾学生书局印，1992，第53-148页。
[③] 王峰《从白文古籍看白文书写系统的历史发展》，载于《白族研究百年》，2008，第61页。
[④] 王元鹿《普通文字学概论》，贵州人民出版社，1996年5月第一版，第164页。

第二，通过之前的文字分析，我们可以发现哥巴文中的缀余符号既可以附着在借字、借字简化字上，又可以附着在自造字符上。有时，未加缀余符号的字符和加上缀余符号的字符并存于字典经书中，所表示的读音、意义完全相同，这似乎与一种文字系统发展的主流趋势是简化相悖。实际上，这种现象的出现是有原因的：在借字、借字简化字上加缀余符号是源于造字者和使用者要求与借字相区别的造字心理；在自造字符上加上缀余符号应是一种文字类推现象。

第三，造字者对文字美观的心理需求使得他们或引进、或仿造符号附加在已有字符上，诸如 ∨、～、～ 之类的缀余符号使得哥巴文字符更加美观，缀余符号的批量使用也在一定程度上使得哥巴文字符号体态趋于规范化。

三、功用

正如之前所分析的那样，哥巴文中的这种缀余符号在造字者的意图里至少有以下三种功用：

第一种，借入其他文字中的字符后，为了加以区别使之变成自己的文字符号。通过具体分析，我们发现几乎所有的缀余符号都具有这一功能。

第二种，区别同音不同调的字符。同时也区别了意义。这一类的缀余符号数目很少，目前所知方书中收有 ≛（tsʼ）中的 ∮、Ỵ（nw³¹）中的 ‖ 等了了几个。

第三种，受其藏文字头符号的影响，起装饰作用，与音义无关。几乎所有的哥巴文字缀都具备这一功能，尤其是 ∨、～、～ 等体态优美者。

但是其功用是随哥巴文的发展过程而演变的，刚开始确实可以起到区别字形、字音、帮助记忆、规范形态，甚至只是装饰的作用，后来则由于没有及时加以规范整理，致使异体字过多，反而增加了记忆的难度。

在对哥巴文中 gʌ³¹bɑ³¹ku³³tur⁵⁵tur³³ 逐个分析的基础上，我们归纳出其特点：一种哥巴文造字过程中的缀加成分，不具备形与音义相统一的特点，基本上不能够单独构字。大多数此类符号以点、线、块的简单形态附加于其他符号上，起区别字形或装饰或区别音义的作用。并从类型学、发生学、功用三方面加以具体分析；从符号体态、来源两方面加以归类；推论其形成原因有：受文字性质的制约、造字心理和美观要求三方面；从造字者的造字心理和文字发展两方面分析其存在意义既有初时的别形、别音、美观的积极作用，也有后来的异体字过多造成记忆和使用不便的消极作用。

第二节 关于哥巴文中 gʌ³¹bɑ³¹ku³³tur⁵⁵tur³³ 命名为"字缀"的探讨[①]

在哥巴文系统中有一种特殊的文字现象，纳西族东巴称为 gʌ³¹bɑ³¹ku³³tur⁵⁵ tur³³，这是一种哥巴文造字过程中出现的缀余符号。

---

① 李晓兰《关于哥巴文中 gʌ³¹bɑ³¹ku³³tur⁵⁵tur³³ 命名为字缀的探讨》，淄博师专学报，2012 年第 4 期，第 54 页。

第五章 关于哥巴文中 $g\Lambda^{31}ba^{31}ku^{33}tur^{55}tur^{33}$ 的一些看法

在此之前，共有四位学者提及这种缀余符号：方国瑜、李霖灿、邓章应、曹萱。各家给以不同的名称，出现名异实同的混乱现象，不利于同一领域的学术交流。究其原因，是各家对哥巴文中缀余符号的特点和功用认识不清。故本节内容重在第一节对这种符号逐个分析所总结出的特点、类型及其存在意义的基础上，整理、审定各家所出之名，认为"字缀"是一个符合科学性、理据性、简明性和系统性原则的名称。

一、关于各位学者对哥巴文中$g\Lambda^{31}ba^{31}ku^{33}tur^{55}tur^{33}$的命名的梳理

关于这种文字现象，李霖灿先生并没有赋予一个特定的名称，只称为"一种附加的装饰符号"。[1]方国瑜先生称之为"文饰""文饰符号""附加符号"[2]。邓章应先生称之为"缀加标示符号"[3]。曹萱女士称为"缀饰字素"。[4]各家名称不同，对初学者来说是一种考验，同时也不利于同一领域的学术交流。因此，对这些概念进行整理和审定，并对这一文字现象给出一个准确的名称是必要的。下面，我们对各位学者的意见逐一梳理，争取为$g\Lambda^{31}ba^{31}ku^{33}tur^{55}tur^{33}$找到一个合适的对译名称。

在对这些概念进行梳理时，我们本着如下原则：既综合考虑哥巴文中该类符号的特点和功用，又要符合文字学术语规范的原则[5]：科学性原则、理据性原则、系统性原则和简明性原则。

（一）缀饰字素

在梳理"缀饰字素"这个概念之前，先来了解有关"字素"的理论。目前，关于"字素"有两种代表性意见：

李玲璞先生《说字素》（1993）首次针对汉字提出了"字素"的概念，他指出"汉字的字素是构成汉字的结构要素，是形与音义结合的最小造字单位。"[6]另，在他的《字素理论与汉字分析问题》（2001）中将其总括为一句话："构成汉字的形与音义相统一的最小的结构要素。"[7]

张玉金、夏中华《汉字学概论》（2001）："字素是构成汉字的最基本的材料。现代汉字中的字素就是笔画。汉字字素的发展主要经历了两个阶段，一是线条化阶段，一是笔画化阶段。"[8]

沙宗元先生在他的《文字学术语规范研究》（2008）一书中将"字素"归入"非基本术语"的第二类"尚不够成熟稳定的术语"，[9]而不予深入讨论。

---

[1] 李霖灿编著，和才读音，张琨记音《么些标音文字字典》，原国立中央博物院专刊，1945年8月版，序言第4页。
[2] 方国瑜《附说标音文字的构造》，载于《纳西象形文字谱》，云南人民出版社，2005，第78页。
[3] 邓章应《哥巴文造字机制研究》，载于《中国文字研究》，2008年第二辑，第220页。
[4] 曹萱《纳西哥巴文造字研究》，华东师范大学硕士学位论文，2004，第48页。
[5] 沙宗元《文字学术语规范研究》，安徽大学出版社，2008年10月第一版，第11页。
[6] 李玲璞《说字素》，载于《语文研究》，1993年第1期，第12页。
[7] 李圃《字素理论与汉字分析问题》，载于《中国文字研究》，广西教育出版社，2001年第2辑，第14页。
[8] 张玉金、夏中华《汉字学概论》，广西教育出版社，2001年1月第一版，第180页。
[9] 沙宗元《文字学术语规范研究》，安徽大学出版社，2008年10月第一版，第35页。

曹萱女士是把李圃先生的字素理论引入对哥巴文的分析中，认为："从字素的表音表意作用来考察：可以分为表音字素，表意字素，既不表音也不表意的字素。"其中，"既不表音又不表意的字素又分为两类，一类是作为文字不可分割的一部分的构字字素，另一类是可有可无的起装饰作用的缀饰字素。"而何为缀饰字素？"它是哥巴文中的一种特殊现象，东巴们叫它 $g\Lambda^{31}ba^{31}ku^{33}\underline{t}ur^{55}\underline{t}ur^{33}$。"[①]

第一，我们认为："缀饰字素"这个概念本身是有问题的，"字素"是指"形与音义相结合"的结构要素，但是哥巴文中的这种符号绝大部分并不与音义相结合，用来指称哥巴文中的 $g\Lambda^{31}ba^{31}ku^{33}\underline{t}ur^{55}\underline{t}ur^{33}$ 不合适。

第二，通过第一部分的分析可以发现，哥巴文中的 $g\Lambda^{31}ba^{31}ku^{33}\underline{t}ur^{55}\underline{t}ur^{33}$ 也不是"可有可无"只起"装饰作用"的。曹萱女士如此归类当是受李霖灿先生的影响。

第三，曹萱女士认为"在哥巴文系统中，有随意添加和省略圈和横的传统"[②]，这一观点我们也不敢苟同。因为通过对哥巴文字形的梳理，我们发现哥巴文中的横、圈等符号并不是"随意地增添或删除"的，而是存在一个字形演变的过程。例如：彡、乂（t'a，"瓶"）二字音义相同，是异体字关系，但我们不能说彡是在乂的基础上增加该类符号"━"，因为这个字形的演变轨迹是：♀（东巴文，t'ɑ³¹）—彡—乂。正如邓章应先生在《哥巴文造字机制研究》一文中提出的那样，"不能据此比附相关字形"。[③]我们认为这一观点是对哥巴文中此类符号的正确认识。例如：♀（dər，"骡、发芽"）中的○就不是这种符号，因为♀是由汉字"子"变化而来的。只是由于哥巴文现有字典和字谱中并未梳理所收字形的演变过程，才致使误解产生。

（二）"文饰""文饰符号""附加符号""附加的装饰符号"

第一，"文饰"一词多用于指花纹和图案，例如古陶器上的装饰图，当文饰具有意义之后就成了"符号"。"文饰"和"文饰符号"这两个名称更侧重于哥巴文缀余符号的装饰性，不足以概括这种缀余符号所起的其他作用，例如区别字形的作用等。

第二，"附加符号"只是从这种符号不能独立存在，需附着在其他字符上而言的，用于指称 $g\Lambda^{31}ba^{31}ku^{33}\underline{t}ur^{55}\underline{t}ur^{33}$ 过于笼统，且不能直观、全面地表达这种符号的存在意义。

第三，"附加的装饰符号"把这种符号的装饰作用和不独立构字的特点概括了，但是通过第一部分的分析，我们知道其作用并非只有装饰。

故"文饰""文饰符号""附加符号""附加的装饰符号"这四个名称用于命名该种符号都略显不足，不符合术语制定的科学性原则。

（三）缀加标示符号

邓章应先生在对五个哥巴文缀余符号举例分析的基础上，把它命名为"缀加标识符号"[④]。这个名称与前人所给出的名称相比有其合理性，注意到了这种符号的标示作

[①] 曹萱《纳西哥巴文造字研究》，华东师范大学硕士学位论文，2004，第48页。
[②] 曹萱《纳西哥巴文造字研究》，华东师范大学硕士学位论文，2004，第15页。
[③] 邓章应《哥巴文造字机制研究》，载《中国文字研究》，2008年第2辑，第221页。
[④] 邓章应《哥巴文造字机制研究》，载《中国文字研究》，2008年第2辑，第220页。

用，既概括了该符号的不独立成字的特征，又把它能够区别字形的意义包括在内，是相对合理的。但仍存在一点不足之处：没能涵盖这种符号所有的特点和功用，且不符合术语规范的简明性原则，略缺术语系统内部的关联性。

(四) 区别符号

姚孝遂先生在《甲骨文形体结构分析》中针对甲骨文字提出："区别形式中最主要、最经常采用的手段和方式，是在基本形体上附加各种区别符号。"[①]

沙宗元先生把它定义为"古汉字中为区别字形和分化新字而附加在某些字上，形体简单且一般没有实际含义的区别性符号"。[②]

根据目前学者对于"区别符号"这个概念的理解和使用情况看，"区别符号"实际上包括了两种情况：一种是只有纯粹的区别意义的区别符号，另一种是不仅作为文字符号之间的一种区别方式，同时也是文字分化的一种重要手段。

从定义中，我们发现"区别字形"的作用该种符号具有，但是它一般不区别意义。所以，用"区别符号"来做 $g_\Lambda^{31}ba^{31}ku^{33}tur^{55}tur^{33}$ 的汉语对译名称也是不合适的，违背术语制定的科学性原则和理据性原则。

二、把哥巴文中 $g_\Lambda^{31}ba^{31}ku^{33}tur^{55}tur^{33}$ 命名为"字缀"的可行性研究

"字缀"理论是李圃璞先生针对甲骨文提出的，他指出："字缀指造字过程中用以别音别义的缀加成分"[③]且"字缀不具备形与音、义相统一的特性，更不能单独构成新字，而只是缀加在字素之上，改变原字素的音、义创造新字"。[④]

郑飞洲女士在分析东巴文时引进李玲璞先生的"字缀"理论，认为"较之汉古文字，东巴文字的字缀系统更为复杂且更为原始，其形态、加缀方式和表意功能各不相同"。[⑤]第一，在形态方面，东巴文字字缀与汉古文字字缀相比更加具体，点、线、块各具形态，而且其用法有"似漫画之风格"[⑥]。第二，与汉古文字字缀相比，东巴文字字缀的表义特点更加突出，在协助字素构字时可以表示各种事物、动作及事物之间的联系。东巴文字字缀的这种灵活多变也说明东巴文处于从早期原始文字向表词文字发展过程中没有固定形制、缺乏规范的特点。当然，东巴文字缀与汉古文字字缀之间虽存在以上诸多不同之处，但其本质特征是一样的，都是造字过程中的缀加成分，都不具备形与音义相统一的特点。故，郑飞洲女士把东巴文中的缀余符号称之为"字缀"是合理的。她对"字缀"的定义也是在李玲璞先生字缀理论的基础上，针对东巴文的自身特点做出的："字缀是造字过程中的缀加成分。字缀不具备形与音义相统一的特点，基本上不能单独构字。大多数字缀附加在字素之上，成为字素表示音义时不可缺少的

---

① 姚孝遂《甲骨文形体结构分析》，载《古文字研究》，2000年第20辑，第271页。
② 沙宗元《文字学术语规范研究》，安徽大学出版社，2008年10月第一版，第326页。
③ 李圃著《甲骨文文字学》，学林出版社，1995年1月第一版，第24页。
④ 李圃著《甲骨文文字学》，学林出版社，1995年1月第一版，第24页。
⑤ 郑飞洲《纳西东巴文字字素研究》，民族出版社，2005年10月第一版，第46页。
⑥ 李霖灿《纳西族象形标音文字字典》，云南民族出版社，2001年版，引言第50页。

一部分，起着辅助表意的作用。"①

受此启发，我们通过对东巴文中所谓"字缀"和哥巴文缀余符号间进行比对，发现这两种文字系统中的该类符号在形态和加缀方式方面相似度很大；在功用方面由于受各自文字性质的影响，于区别字形和区别音义之间各有侧重。具体分析如下：

首先，从形态方面来说，东巴文和哥巴文中的该类符号往往各具形态，点、线、块皆有，且在具体字形中的长短粗细不定，灵活多样，变化多端。

其次，从缀加方式来说，这两种文字系统中的该类符号都不能独立成字，需附加在其他字素上，且二者在具体字形中的位置并不固定。

最后，从功用方面讲，无论是东巴文还是哥巴文，此类符号都具有区别音义和仅仅区别字形两种作用，但又有不同之处：东巴文中"几乎所有字缀都可以起到与基本字素区别音义的作用"②，"有些字素加缀后构成的新的字素形体与基本字素表示完全相同的音义"③，只不过这种加缀现象并不多见。而通过本章前面的分析，我们发现哥巴文系统中，只有一小部分的缀余符号具有区别音义的作用，几乎所有的这种符号都仅仅起区别字形的作用。

由以上分析来看，二者相似点很多，但又存在差别，那么还能不能用同一个术语来命名呢？

我们认为可以用"字缀"来做哥巴文中 $g\Lambda^{31}ba^{31}ku^{33}tur^{55}tur^{33}$ 的汉语对译名称。正如汉古文字字缀与东巴文字缀存在的差异一般，东巴文字缀与哥巴文 $g\Lambda^{31}ba^{31}ku^{33}tur^{55}tur^{33}$ 的本质特征也是相同的，都是造字过程中的缀加成分，都不具备形与音义相统一的特点。二者之间之所以存在差异，其根本原因是受两种文字系统不同性质的影响。东巴文是"一种处于初级阶段的意音文字"④，其"字缀"具有辅助表意的功能。而哥巴文是一种不成熟的标音文字，正如王元鹿先生所讲："这个音节文字系统刚来自某种或几种表词-意音文字系统或接近于这一发展阶段的早期文字系统。由于它刚脱胎于这样的一个或一些文字体系，所以还保留着其前身的某一些特征。"⑤这反映在缀余符号上就是存在一小部分能够别音义者，这也正体现了哥巴文处于标音文字早期发展阶段的不规范性。

所以，东巴文字缀和哥巴文中 $g\Lambda^{31}ba^{31}ku^{33}tur^{55}tur^{33}$ 存在的差异并不妨碍我们用"字缀"作为哥巴文中该类符号的汉语名称。

经过以上分析，我们可以发现，"字缀"这一名称能够准确表达 $g\Lambda^{31}ba^{31}ku^{33}tur^{55}tur^{33}$ 这一概念的科学内涵和本质属性，符合术语制定的科学性原则；从术语发展的理据性角度出发，我们选择"字缀"这一合理的名词作为表示 $g\Lambda^{31}ba^{31}ku^{33}tur^{55}tur^{33}$ 这个概念的正名，便于人们正确理解这一概念的内涵；"字缀"这一名称易懂、易记、易读、简

---

① 郑飞洲著《纳西东巴文字字素研究》，民族出版社，2005年10月第一版，第45页。
② 郑飞洲著《纳西东巴文字字素研究》，民族出版社，2005年10月第一版，第54页。
③ 郑飞洲著《纳西东巴文字字素研究》，民族出版社，2005年10月第一版，第54页。
④ 王元鹿，邓章应等合著《中国文字家族》，大象出版社，2007年12月第一版，第26页。
⑤ 王元鹿《普通文字学概论》，贵州人民出版社，1996年5月第一版，第164页。

洁，使用方便，符合术语规范的简明性原则。

综上所述，我们认为"字缀"是一个既符合哥巴文 $gʌ^{31}bɑ^{31}ku^{33}tur^{55}tur^{33}$ 实际使用情况，又符合术语制定的科学性原则、理据性原则和简明性原则的对译名称。

三、小结

我们在李玲璞先生和郑飞洲女士的字缀理论的基础上，结合本章的分析，把"哥巴文字缀"的定义归纳为：一种哥巴文造字过程中的缀加成分；它不具备形与音、义相统一的特点，基本上不能够单独构字；大多数此类符号以点、线、块的简单形态附加于其他符号上，起或区别字形或装饰或区别音义的作用。

附 录

《纳西标音文字字典》《纳西标音文字简谱》和
《纳西语英语百科辞典》所收哥巴文字符对照表

说明：

（1）本表是在李晓亮先生《洛克<纳西语英语百科辞典>研究》（后简称"辞典"）所附"《纳西语英语百科辞典》哥巴文字表"的基础上加以补充订正而成。

（2）该表收录的哥巴文字符三书各 789 个（李晓亮先生统计《辞典》所收哥巴文字符为 800 个，实际上据笔者统计仅 789 个），计 223 个音节。

（3）本表除对李晓亮先生的表格加以补充外，对其不当之处也加以订正。另外，笔者对原表格做出以下调整：

①洛克《辞典》所收字符之页码与序号合为一格；
②国瑜《简谱》与李霖灿《字典》页码后也增添相应的排列序号；
③巴文后加出处和释义，便于查检。

音节数	页码-序号	标音	辞典	页码-序号	标音	简谱	页码-序号	标音	字典	对应的东巴文、出处及释义
1	3-1	¹ʻa		473-239	æ		81-238	æ		方-292；鸡也。
	3-2	¹ʻa		473-239	æ		81-238	æ		
2	7-3	¹ʻa		474-240	a		81-237	a		方-686；聚也。
3	9-4	²ä		476-244	ə		78-230	ʔɛ		李-597；啊！之声音也。
	9-5	²ä		476-244	ə		78-230	ʔɛ		
	9-6	²ä		476-244	ə		78-230	ʔɛ		
4	16-7	¹ba		379-28	ba		6-17	ba		方-178；花也，象花冠。
	16-8	¹ba		379-28	ba		6-17	ba		
	16-9	¹ba		379-28	ba		6-17	ba		
5	17-10	¹bʻa		378-27	bæ					方-860；扫谷板也。
	17-11	¹bʻa								

续表

音节数	页码-序号	标音	辞典	页码-序号	标音	简谱	页码-序号	标音	字典	对应的东巴文、出处及释义
6	18-12	¹baw		377-26	be		6-19	bɛ		方-178；花，象花冠。
	18-13	¹baw		380-30	bv		8-24	bu		
7	19-14	²bä		377-26	be		6-19	bɛ		方-614、841；做，从锄挖地。
	19-15	²bä		377-26	be		6-19	bɛ		
	19-16	²bä		377-26	be		6-19	bɛ		
	19-17	²bä		377-26	be		6-19	bɛ		
	19-18	²bä		370-3	pe		1-2	pɛ		
	19-19	²bä		370-3	pe		1-2	pɛ		
8	23-20	²bber		380-30	bv		9-25	bur		方-463；孙子。
	22-21	³bber		372-10	pər		3-6	pur		方-838；梳子。
	22-22	³bber		372-10	pər		3-6	pur		
9	24-23	¹bbū		371-6	po		2-4	po		方-604；带也，送也。
	27-24	³bbū								
	24-25	³bbū								
10	24-26	²bbŭ		380-30	bv		8-24	bu		方-882；锅也。
	25-27	²bbŭ		380-30	bv		8-24	bu		方-738；肠子。
11	27-28	¹bbue		382-33	buɯ		8-22	buɯ		洛 p26；带子。
	27-29	¹bbue								
	27-30	³bbue								
	27-31	²bbue		372-11	puɯ		2-3	puɯ		方-232；艾蒿。

续表

音节数	页码-序号	标音	辞典	页码-序号	标音	简谱	页码-序号	标音	字典	对应的东巴文、出处及释义
12	29-32	¹bi		376-24	bi		7-20	bi		方-611；纺，搓。
	30-33	²bi		376-24	bi		7-20	bi		方-171；林。
	30-34	²bi		437-161	ŋi		60-187	ŋi		
	30-35	²bi		437-161	ŋi		60-187	ŋi		方-2；日也，日体实有光也。
	30-36	²bi		437-161	ŋi		60-187	ŋi		
	30-37	²bi		376-24	bi		7-20	bi		
13	31-38	²boa		381-31	bə		7-21	bʌ		方-729；足底。
	31-39	¹boa		381-31	bə		7-21	bʌ		
14	34-40	¹bö		377-25	by		9-26	by		方-929；面也。
	34-41	²bö		377-25	by		11-35	mby		
15	36-42	²bpa		370-5	pɑ		1-1	pɑ	无	
	36-43	²bpa		370-5	pɑ		1-1	pɑ		方-439；蛙也。
	36-44	²bpa		370-5	pɑ		1-1	pɑ		
16	40-45	²bpä		374-15	p'e		3-10	p'ɛ		
	40-46	²bpä		370-3	pe		1-2	pɛ		方-1009；冃也。
	40-47	²bpä、³bpä		370-3	pe		1-2	pɛ		
17	41-48	¹bpi		369-1	pi		4-11	p'i		方-971；胶也。
18	41-49	²bpiu		373-12	piə		17-45	pjʌ		方 438、1241；贝。
19	43-50	¹bpo		369-2	py		3-7	py		方-1211；祭，木偶。
	43-51	¹bpo		369-2	py		3-7	py		
	43-52	¹bpo		369-2	py		3-7	py		

续表

音节数	页码-序号	标音	辞典	页码-序号	标音	简谱	页码-序号	标音	字典	对应的东巴文、出处及释义
20	45-53	³bpŭ		371-8	pv̩		2-5	pu		方-885；甑也。
	46-54	³bpŭ								
	46-55	²bpŭ								方-255；胃。
21	47-56	¹bu		379-29	bu		8-23	bo		
	47-57	¹bu		379-29	bu		8-23	bo		方-324；猪也。
	47-58	¹bu		379-29	bu		8-23	bo		
22	52-59	³cher		443-175	tʂər		43-133	tʂʌr		方-744；骨节。
23	53-60	¹ch'er		445-180	tʂ'ər		45-139	tʂ'ʌr		方-936；干肉块。
24	53-61	²ch'er		445-180	tʂ'ər		45-139	tʂ'ʌr		方-458；代，辈。
	53-62	³ch'er		445-180	tʂ'ər		46-143	tʂ'ur		方-732；肺。
	53-63	³ch'er		445-180	tʂ'ər		45-139	tʂ'ʌr		方-458；代也，辈也。
	53-64	³ch'er		445-180	tʂ'ər		45-139	tʂ'ʌr		
25	55-65	²ch'i		443-177	tʂ'ɿ		45-140	tʂ'ɯ		方-1177，吊也，悬。
	55-66	³ch'i		443-177	tʂ'ɿ					
26	57-67	³ch'ou		444-179	tʂ'ə		45-138	tʂ'ʌ		方-781；秽气也。
	57-68	³ch'ou		444-179	tʂ'ə		45-138	tʂ'ʌ		

续表

音节数	页码-序号	标音	辞典	页码-序号	标音	简谱	页码-序号	标音	字典	对应的东巴文、出处及释义
26	57-69	³ch'ou		444-179	tʂʼə		45-138	tʂʼʌ		方-781；秽气也。
27	60-70	³chung		442-173	tʂu		44-135	tʂo		方-959；锥也。
	60-71	³chung		442-173	tʂu		44-135	tʂo		
	61-72	¹ch'ung		444-178	tʂu		45-141	tʂʼo		方-137；珠也。
	61-73	¹ch'ung		444-178	tʂu		45-141	tʂʼo		
28	63-74	¹chwua		443-176	tʂua		55-170	tʂwa		洛p63；男人。
	63-75	²chwua		443-176	tʂua	无	55-170	tʂwa	无	方-1025；床。
	63-76	²chwua		443-176	tʂua		55-170	tʂwa		
29	64-77	³ch'wua		445-181	tʂua		55-171	tʂʼwa		方-1199；六。
	64-78	³ch'wua		445-181	tʂua		55-171	tʂʼwa		
	64-79	³ch'wua		445-181-76	tʂua		55-171	tʂʼwa		
	64-80	³ch'wua		445-181-76	tʂua		55-171	tʂʼwa		
	64-81	³ch'wua		445-181	tʂua		55-171	tʂʼwa		方-395；鹿。
30	68-82	¹d'a		396-74	dæ		42-124	dæ		方-522；将也，能干也。
	68-83	¹d'a		396-74	dæ		42-124	dæ		

续表

音节数	页码-序号	标音	辞典	页码-序号	标音	简谱	页码-序号	标音	字典	对应的东巴文、出处及释义
30	68-84	¹dʼa		396-74	dæ	无	42-124	dʑæ	无	方-522；将也，能干也。
31	69-85	¹ddaw		397-75	dɑ		21-59	dɑ		方-613；织也。
	69-86	¹ddaw		397-75	dɑ		21-59	dɑ		
32	69-87	¹ddo		397-76	do		22-61	do		方-754；见也，从目有所见。
	69-88	¹ddo		397-76	do		23-67	ndo		
	69-89	¹ddo		397-76	do		22-61	do		
	69-90	¹ddo		397-76	do		22-61	do		
	70-91	¹ddo		399-80	dər		42-125	dʌr		方-120；泡沫。
33	72-92	²ddu		398-77	du		42-127	dʑo		方-1335；善神。
34	73-93	¹ddü		399-81	dɯ		42-126	dʑɯ		方-1194；一也。
	73-94	¹ddü		399-81	dɯ		42-126	dʑɯ		
	73-95	¹ddü		399-81	dɯ		42-126	dʑɯ		
	73-96	¹ddü		399-81	dɯ		42-126	dʑɯ		
	73-97	¹ddü、²ddü		399-81	dɯ	无	42-126	dʑɯ		方-1161；大也。
	73-98	¹ddü		399-81	dɯ		42-126	dʑɯ		
	73-99	¹ddü		399-81	dɯ		42-126	dʑɯ		

续表

音节数	页码-序号	标音	辞典	页码-序号	标音	简谱	页码-序号	标音	字典	对应的东巴文、出处及释义
35	77-100	¹ddv		398-78	dv̩		22-62	du		方-794；纺。
	78-101	¹ddv		398-78	dv̩		22-62	du		方-1313；"毒"鬼也。
	78-102	¹ddv		398-78	dv̩		22-62	du		
	78-103	¹ddv		398-78	dv̩		22-62	du		
	80-104	¹ddv		398-78	dv̩		22-62	du		方-436；白海螺也。
36	82-105	²de		396-73	de		23-65	ndɛ		
	82-106	²de		396-74	dæ		42-124	dæ		
	82-107	²de		396-73	de		23-65	ndɛ		洛克-82。
	82-108	²de								
	82-109	²de		441-172	tʂɿ		44-134	tʂɯ		
37	84-110	¹dgyü		436-157	dʑy		60-186	dʑo		方-835；手镯。
	84-111	¹dgyü		430-143	tɕy		57-178	tɕo		
	84-112	¹dgyü		430-143	tɕy		57-178	tɕo		方-273；啼也，鸣也。
38	88-113	³dsaw					76-228	kʰɑ		方-840；锄也。

附录 171

续表

音节数	页码-序号	标音	辞典	页码-序号	标音	简谱	页码-序号	标音	字典	对应的东巴文、出处及释义
38	88-114	¹dsaw								方-840；锄也。
	88-115	¹dsaw								
39	89-116	¹dsä		454-200	tse		30-83	tsɛ		方-1314；"争"鬼也。
	89-117	¹dsä		454-200	tse		30-83	tsɛ		
	89-118	¹dsä		454-200	tse		30-83	tsɛ		
40	91-119	¹dshi		398-78	dʏ		30-83	tsɛ		方-347；爪也。
	91-120	¹dshi		441-172	tʂʅ		44-134	tʂɯ		
	91-121	²dshi		441-172	tʂʅ		44-134	tʂɯ		
	91-122	²dshi		441-172	tʂʅ		44-134	tʂɯ		方-127；土也。
	91-123	²dshi		441-172	tʂʅ		44-134	tʂɯ		
	91-124	²dshi		454-200	tse		30-83	tsɛ		
41	93-125	²dsho		442-174	tʂə		43-132	tʂʌ		方-325；秧鸡。
42	94-126	³dsɿ		454-198	tsi		30-84	tsi		方-737；脐。
	95-127	¹dsɿ		453-197	tʂʅ		31-86	tsɯ		方-575；缢。
	96-128	³dsɿ								
	96-129	³dsɿ		454-198	tsi	无	30-84	tsi		方-363；山羊。
43	99-130	¹dso		455-203	tso		31-87	tso		方-409；壁虎。
	99-131	¹dso		455-203	tso		31-87	tso		
44	101-132	³dsu		453-197	tʂʅ		31-86	tsɯ		方-324；水葫芦也。
	101-133	³dsu								
	101-134	³dsu								
	101-135	³dsu		399-80	dər		43-128	dur		

续表

音节数	页码-序号	标音	辞典	页码-序号	标音	简谱	页码-序号	标音	字典	对应的东巴文、出处及释义
44	101-136	³dsu								方-324；水葫芦也。
	101-137	³dsu		442-174	tʂə		43-132	tʂʌ		
	101-138	³dsu								
	101-139	¹dsu								洛克-101；铃。
45	103-140	³dta		390-55	tɑ		17-47	tɑ	无	方-1030；匣也。
	103-141	²dta		390-55	tɑ		17-47	tɑ		
	103-142	³dta		390-55	tɑ		17-47	tɑ		
46	107-143	¹dtan		390-54	tæ		40-117	tʂæ		方-689；拉。
47	107-144	¹dter		392-59	tər		41-119	tʌr		方-1319；恶鬼也，无头。
	107-145	¹dter		392-59	tər		41-119	tʌr		
	107-146	¹dter		392-59	tər		41-119	tʌr		
	108-147	³dter		392-59	tər		41-121	tur		方-1119，结也。
	108-148	³dter		392-59	tər		41-121	tur		
48	109-149	³dto		391-56	to		18-50	to		方-1014；板也。
	109-150	³dto		391-56	to		18-50	to		
	110-151	²dto		397-76			43-128	dur		洛p109；一种搅拌酥油的容器。
	110-152	²dto		397-76			43-128	dur		
	110-153	²dto		397-76			43-128	dur		
49	118-154	³dtü		389-52	ty		19-52	ty		方-951；击也，从锤击物。
	118-155	³dtü		389-52	ty		19-52	ty		
	118-156	²dtü		389-52	ty		19-52	ty		
	118-157	²dtü		389-52	ty		19-52	ty		

续表

音节数	页码-序号	标音	辞典	页码-序号	标音	简谱	页码-序号	标音	字典	对应的东巴文、出处及释义
49	117-158	¹dtü		392-60	tɯ		41-120	ʈɯ		方-564；起。
50	121-159	³dtv		391-57	tv̩		19-51	tu		方-1170；抵也，从木椿撑蛋。
	121-160	³dtv		398-78	dv̩		22-62	du		
	121-161	³dtv		391-57	tv̩		19-51	tu		
	122-162	¹dtv		391-57	tv̩		19-51	tu		
	122-163	¹dtv		391-57	tv̩		19-51	tu		方-1205；千也。百十为千。
	122-164	¹dtv		397-76	do		22-61	do		
	122-165	¹dtv		397-76	do		22-61	do		
51	125-166	³dtyu		431-147	tɕɵ		57-177	tɕʌ		方-913；煮也。
52	129-167	¹dz'a				无	46-144	dzæ		洛 p129；城。
53	129-168	²dze		459-212	tsʼər		32-90	ʌʐ		方-246；小麦也。
	129-169	²dze		462-216	dze		33-94	ʒʐ		
54	130-170	²dzhi		446-182	dʑɿ		46-145	dʑɯ		方-64；时间。
	130-171	¹dzhi		446-182	dʑɿ		46-145	dʑɯ		
	131-172	¹dzhi		446-182	dʑɿ		46-145	dʑɯ		
	131-173	¹dzhi		446-182	dʑɿ		46-145	dʑɯ		
	131-174	¹dzhi		446-182	dʑɿ		46-145	dʑɯ		方-64；时也，日光照临，以日光移动定时也。
	131-175	¹dzhi		446-182	dʑɿ		46-145	dʑɯ		
	131-176	¹dzhi		446-182	dʑɿ		46-145	dʑɯ		
	131-177	¹dzhi		446-182	dʑɿ		46-145	dʑɯ		
55	132-178	²dzhu		446-183	dʑu		47-146	dʑo		方-1012；飞石柱也，从柱从飞石也。

续表

音节数	页码-序号	标音	辞典	页码-序号	标音	简谱	页码-序号	标音	字典	对应的东巴文、出处及释义
55	132-179	²dzhu		446-183	dʑu		47-146	dʑo	无	方-1012；飞石柱也，从柱从飞石也。
	132-180	²dzhu					32-91	tsʰɯ		
	132-181	²dzhu					32-91	tsʰɯ		
56	133-182	³dzī		453-197	tsɿ		31-86	tsɯ		洛-133；塞口物。
	134-183	²dzī		456-205	tsʰɿ		32-91	tsʰɯ		
	134-184	²dzī		456-205	tsʰɿ		32-91	tsʰɯ		方-1122；束也，从绳束物。
	134-185	²dzī		453-197	tsɿ		31-86	tsɯ		
	134-186	²dzī		453-197	tsɿ		31-86	tsɯ		
	134-187	³dzī		453-197	tsɿ		31-86	tsɯ		
57	135-188	²dzī		461-214	dʑi		33-95	dʑi		洛 p135；豺狼。
	135-189	²dzī		461-214	dʑi		33-95	dʑi		
	135-190	²dzī		461-214	dʑi		33-95	dʑi		
58	141-191	¹dzŏ		463-219	dʑo		34-98	dʑo		方-1004；槽也。
	141-192	¹dzŏ		446-183	dʑu	无	47-151	ndʑo		
	141-193	¹dzŏ		446-183	dʑu	无	47-151	ndʑo		
59	142-194	¹dzu		460-213	dʑŋ		33-97	dzɯ		方-993；围墙也。
	142-195	¹dzu		460-213	dʑŋ		33-97	dzɯ		
	142-196	¹dzu		460-213	dʑŋ		33-97	dzɯ		
	142-197	¹dzu		460-213	dʑŋ		33-97	dzɯ		
	142-198	¹dzu		460-213	dʑŋ		33-97	dzɯ		
60	145-199	²erh		478-245	ər				无	方-138；铜也。
	145-200	²erh		473-239	æ		81-238	æ		

续表

音节数	页码-序号	标音	辞典	页码-序号	标音	简谱	页码-序号	标音	字典	对应的东巴文、出处及释义
61	147-201	²fa	[字]	388-50	fv̩	[字]	16-43	fu	无	[字] 方-720；发也，毛也。
	147-202	²fa	[字]	388-50	fv̩	[字]	16-43	fu	[字]	
62	148-203	³ffṳ	[字]	388-50	fv̩	[字]	16-43	fu	[字]	[字] 方-376；鼠，尖嘴有毛，尖耳。
	148-204	³ffṳ	[字]	388-50	fv̩	无	16-43	fu	[字]	
	148-205	¹ffṳ	[字]	388-50	fv̩	[字]	16-43	fu	无	
	148-206	¹ffṳ	[字]	388-50	fv̩	[字]	16-43	fu	[字]	
63	151-207	¹ggǒ	[字]	421-123	gə	[字]	70-207	gʌ	[字]	[字] 方-164；上也，隆起在上，又高处也。
	151-208	²ggǒ	[字]	421-123	gə	[字]	70-207	gʌ	[字]	
	151-209	²ggǒ	[字]	421-123	gə	[字]	70-207	gʌ	[字]	
	151-210	²ggǒ	[字]	421-123	gə	[字]	70-207	gʌ	[字]	
	151-211	²ggǒ	[字]	421-123	gə	[字]	70-207	gʌ	[字]	
	151-212	¹ggǒ	[字]	421-123	gə	[字]	70-207	gʌ	[字]	
64	154-213	²ggü	[字]	420-122	gv̩	[字]	70-210	gu	[字]	[字] 方-655；饱也。
	154-214	²ggü	[字]	420-122	gv̩	无	70-210	gu	[字]	
65	155-215	¹ghügh	[字]	429-141	ɣɯ	[字]	82-240	ɯ	[字]	[字] 方-358；牛也，钩角。
	155-216	¹ghügh	[字]	429-141	ɣɯ	[字]	82-240	ɯ	[字]	
	155-217	¹ghügh	[字]	429-141	ɣɯ	[字]	82-240	ɯ	[字]	
	155-218	²ghügh	[字]							
66	163-219	²gkan	[字]	410-101	kæ	[字]	63-194	kæ	[字]	[字] 方-1020；秋千也。
	163-220	²gkan	[字]	410-101	kæ	[字]	63-194	kæ	[字]	

续表

音节数	页码-序号	标音	辞典	页码-序号	标音	简谱	页码-序号	标音	字典	对应的东巴文、出处及释义
66	163-221	²gkan		410-101	kæ		63-194	kæ		方-1020；秋千也。
	163-222	¹gkan		410-101	kæ		63-194	kæ		
67	164-223	²gkaw		410-102	kɑ		62-193 76-226	kɑ、kwɑ		方-1163；好，善。借自藏文。
	164-224	²gkaw		410-102	kɑ		62-193	kɑ		
68	167-225	¹gko		411-103	ko		65-198	ko		方-790；针也，象针有孔。
	168-226	²gko		411-103	ko		65-198	ko		
	168-227	³gko		413-106	kə		64-196	kʌ		方-322；白鹤。
	168-228	³gko		413-106	kə		64-196	kʌ		方-326；灰鹰。
69	176-229	³gkü		414-107	kɯ		64-197	kɯ		方-405；穿山甲。
	176-230	¹gkü		414-107	kɯ		64-197	kɯ		方-4；星，散布于天。
	176-231	¹gkü		414-107	kɯ		64-197	kɯ		
70	178-232	²gkv		412-105	kʏ		65-199	ku		方-263；蒜也。
	178-233	³gkv		412-105	kʏ		65-199	ku		
	178-234	²gkv		412-105	kʏ		65-199	ku		
	178-235	²gkv								
71	184-236	¹gkwua		414-108	kuɑ		76-227	kwɛ		方-877；灶也。
72	184-237	²gkwùa		415-109	kuə		76-227	kwɛ		方-970；划刀。
73	185-238	¹gkyi		429-142	tɕi		57-176	tɕi		方-11；云。
	185-239	¹gkyi		429-142	tɕi	无	57-176	tɕi		
	185-240	³gkyi		429-142	tɕi		57-176	tɕi		

续表

音节数	页码-序号	标音	辞典	页码-序号	标音	简谱	页码-序号	标音	字典	对应的东巴文、出处及释义
73	185-241	³gkyi	大	429-142	tçi	入	56-176	tçi	人	方-1162；小也。
	185-242	³gkyi	主	429-142	tçi	云	56-176	tçi	云	
	185-243	³gkyi	欠							洛-185；马鞍。
74	194-244	¹gu	己	420-121	gu	乞	70-209 70-210 72-216	go、gu、ŋgo	号	方-593；负也，从人背负而前。
	194-245	³gu	弓	420-121	gu	乞	70-209 70-210 72-216	go、gu、ŋgo	弓	
	194-246	³gu	弓	420-121	gu	弓	70-209 70-210 72-216	go、gu、ŋgo	尸	
	194-247	¹gu	ఏ	420-122	gv	夕	70-210	gu	夕	
75	195-248	²gv	匂	420-122	gv	匂	72-217	ŋgu	匂	
	195-249	²gv	そ	420-122	gv	Y	72-217	ŋgu	そ	
	195-250	²gv	半	420-121	gu	半	70-210	gu	无	方-279；蛋也。
	195-251	²gv	来	420-121	gu	来	70-210	gu	无	
	195-252	¹gv	匀	420-122	gv	夕	70-210	gu	夕	方-384；熊也，双耳黑。
76	201-253	¹gyi	沙	435-156	dʑi	沙	58-182	dʑi	ツ	方-112；水也。
	201-254	¹gyi	ツ	435-156	dʑi	ツ	58-182	dʑi	ツ	
	201-255	¹gyi	乞	435-156	dʑi	乞	58-182	dʑi	乞	
77	209-256	¹gyu	叭	436-159	dʑə	叭	59-183	dʑʌ	叭	方-1100；秤锤也。

续表

音节数	页码-序号	标音	辞典	页码-序号	标音	简谱	页码-序号	标音	字典	对应的东巴文、出处及释义
77	209-257	¹gyu		436-159	dʑɔ		59-183	dʑʌ		方-1100；秤锤也。
	209-258	¹gyu		436-157	dʑy		59-184	dʑo		
78	213-259	¹ha		425-132	hæ		74-221	hæ		方-135；金也。
79	217-260	²hăr		427-137	hər		73-221	hæ		方-23；风也。
	217-261	²hăr、¹hăr		427-137	hər		73-221	hæ		
80	219-262	²haw		425-133	hɑ		73-220	hɑ		方-922；饭也。
	219-263	³haw		425-133	hɑ		73-220	hɑ		
	219-264	³haw		424-131	he		74-222	he		方-69；夜也，从月倒形无光。
81	224-265	¹hä		424-131	he		74-222	he		方-1290；恒神也。
	224-266	¹hä		424-131	he		74-222	he	无	
	224-267	¹hä		424-131	he		74-222	he	无	
	224-268	²hä		424-131	he		74-222	he		方-710；耳也。
	224-269	²hä		424-131	he		74-222	he		方-3；月也。
82	229-270	¹ho、²ho、³ho		426-134	ho		75-224	ho		方-746；肋也，象肋骨
	229-271	¹ho		426-134	ho		75-224	ho		
	229-272	¹ho		426-134	ho		75-224	ho		
	229-273	¹ho		426-134	ho		75-224	ho		
	229-274	¹ho		426-134	ho		75-224	ho		
	230-275	³ho		426-134	ho		75-224	ho		方-1201；八也。
	230-276	³ho		426-134	ho		75-224	ho		

续表

音节数	页码-序号	标音	辞典	页码0序号	标音	简谱	页码-序号	标音	字典	对应的东巴文、出处及释义
82	230-277	²ho		426-134	ho		75-224	ho		方-160；北方。
83	232-278	¹hö		424-130	hy		75-225	hy		方-1183；红也，本火字。
	232-279	¹hö		424-130	hy		75-225	hy		
	232-280	¹hö		424-130	hy		75-225	hy		
	232-281	¹hö		416-112	k'o	无	77-228	k'wa		
84	233-282	²hoa		428-139	hua		77-229	hwa		方-298；白鹇。
	233-283	²hoa		428-139	hua		77-229	hwa		
85	237-284	³hu		426-135	hu		75-224	ho		方-736；胃。
86	238-285	²k'a		415-110	k'æ		67-201	k'æ		方-124；沟渠。
	238-286	²k'a		415-110	k'æ		67-201	k'æ		方-124 渠道。
	239-287	³k'a		415-110	k'æ		67-201	k'æ		方-1070；射。
87	242-288	²k'aw		416-111	k'a		66-200	k'a		方-772；味苦。
	242-289	²k'aw		416-111	k'a		66-200	k'a		
	242-290	¹k'aw		438-			-191	ɕʌ		方-695；争吵。
88	244-291	¹khi		439-166	çi		61-190	çi		方-250；稻谷。
	244-292	²khi		439-166	çi		61-190	çi		方-1204；百。
	244-293	²khi		439-166	çi	无	61-190	çi	无	
	244-294	²khi		439-166	çi		61-190	çi		方-447，人也。
89	249-295	²khü		428-138	huɯ		75-223	huɯ		方-715；牙齿。
	249-296	²khü		428-138	huɯ		75-223	huɯ		

续表

音节数	页码-序号	标音	辞典	页码-序号	标音	简谱	页码-序号	标音	字典	对应的东巴文、出处及释义
89	249-297	¹khü		428-138	hu		75-223	hu		方-715；牙齿。
	249-298	¹khü		428-138	hu		75-223	hu		方-14；大雨。
	249-299	³khü		428-138	hu		74-223	hu		方-125；海、湖。
	249-300	¹khü		428-138	hu	无	75-223	hu	无	方-867；富也。
	249-301	¹khü		428-138	hu		75-223	hu		
90	247-302	¹khu		426-135	hu	无	75-224	ho	无	方-69；晚，夜。
	248-303	³khu		426-135	hu		75-224	ho		方-736；胃也。
91	257-304	³khyü		440-167	cy		62-192	co		方-194；柏也。
	257-305	³khyü		440-167	cy	无	62-192	co		
92	262-306	¹k'o、²k'o		416-112	k'o		69-205 77-228	k'o、k'wa		方-968；春。
	263-307	¹k'o		416-112	k'o		69-205 77-228	k'o、k'wa		方-485；母族。
	263-308	¹k'o		416-112	k'o		69-205 77-228	k'o、k'wa		方-997；栅，篱，园子。
	263-309	¹k'o		416-112	k'o		69-205 77-228	k'o、k'wa		
	264-310	²k'o		416-112	k'o		69-205 77-228	k'o、k'wa		
	264-311	²k'o		416-112	k'o		69-205	k'o		方-343；角。
	264-312	²k'o		416-112	k'o		69-205 77-228	k'o、k'wa		
	264-313	²k'o		416-112	k'o		69-205 77-228	k'o、k'wa		
	264-314	²k'o		416-112	k'o		69-205 77-228	k'o、k'wa		

续表

音节数	页码—序号	标音	辞典	页码—序号	标音	简谱	页码—序号	标音	字典	对应的东巴文、出处及释义
92	264-315	²k'o		416-112	k'o		77-228	k'wa		方-343；角。
	264-316	³k'o		417-114	k'ə		67-203	k'ʌ		
	264-317	³k'o		417-114	k'ə		67-203	k'ʌ		方-1037；篮子。
93	269-318	²k'ö		418-115	k'ɯ		68-204	k'ɯ		
	269-319	²k'ö		418-115	k'ɯ	无	68-204	k'ɯ		方-365；狗。
	269-320	²k'ö		418-115	k'ɯ		68-204	k'ɯ		方-728；足也。
94	274-321	²k'u		417-113	k'u		69-205	k'o		
	274-322	²k'u		417-113	k'u		69-205	k'o		方-1005；门。
95	276-323	¹k'v			无		69-206	k'u		方-1104；口弦也。
	276-324	²k'v					69-206	k'u		
	276-325	²k'v					69-206	k'u		方-854；获也。
	277-326	³k'v					69-206	k'u		
	277-327	³k'v					69-206	k'u		方-376；鼠也。
	277-328	³k'v					69-206	k'u		
96	278-329	³k'wua		418-116	k'ua		76-228	k'wa	无	
	278-330	³k'wua		418-116	k'ua	无	76-228	k'wa		方-901；大碗。
	279-331	¹k'wua		418-116	k'ua		76-228	k'wa		
	279-332	²k'wua		418-116	k'ua		77-228	k'wa		方-1164；坏，恶也。
97	281-333	²k'wua		412-104	ku		65-198	ko		
	281-334	¹k'wua		412-104	ku		65-198	ko		

续表

音节数	页码-序号	标音	辞典	页码-序号	标音	简谱	页码-序号	标音	字典	对应的东巴文、出处及释义
98	282-335	¹la		405-94	la		26-77	la		方-722；手。
	282-336	¹la		405-94	la		26-77	la		
	282-337	³la		405-94	la	无	26-77	la	无	
	283-338	¹la		405-94	la		26-77	la		方-377；虎也。
99	295-339	²lä		404-92	le		28-78	lɛ		方-399；獐子。
	295-340	²lä		404-92	le		28-78	lɛ		
	295-341	²lä		404-92	le		28-78	lɛ		
	285-342	³lä		404-92	le		28-78	lɛ		方-939；茶。
	295-343	¹lä		404-92	le		28-78	lɛ		方-3；月。
100	299-344	¹ler		408-99	lər		52-166	rʌr		方-363；山羊。
	300-345	¹ler		408-99	lər		52-166	rʌr		方-760；唤也，张口出声。
	300-346	³ler		408-99	lər		52-166	rʌr		
	300-347	¹ler		408-99	lər		52-166	rʌr		
101	302-348	¹li		403-90	li		29-79	li		方-1155；法轮。
	302-349	¹li		403-90	li		29-79	li		
	302-350	¹li		403-90	li		29-79	li		
	302-351	³li		403-90	li		29-79	li		
102	302-352	¹llü		409-100	lɯ		52-167	rɯ		方-623、845；耕田。
	303-353	³llü		409-100	lɯ		52-167	rɯ		方-429；牛蝇。
	303-354	³llü		409-100	lɯ		52-167	rɯ		

续表

音节数	页码-序号	标音	辞典	页码-序号	标音	简谱	页码-序号	标音	字典	对应的东巴文、出处及释义
102	303-355	¹llü		409-100	luu		52-167	ru		
	303-356	³llü		409-100	luu	无	52-167	ru		方-429；牛蝇。
	306-357	²llü		409-100	luu		52-167	ru		方-197；杉树。
103	309-358	¹lo		406-95	lo		29-80	lo		方-103；山谷也。
	310-359	¹lo		406-95	lo		29-80	lo		
	310-360	¹lo		406-95	lo		29-80	lo		方-397；黑麂。
	310-361	²lo		406-95	lo		29-80	lo		
	310-362	¹lo		406-95	lo		56-175	rwa		
	310-363	¹lo		406-95	lo		56-175	rwa		
	310-364	²lo		406-95	lo		56-175	rwa		方-849；犁轭也，象二牛抬杠之木轭。
	310-365	¹lo		406-95	lo		56-175	rwa		
	310-366	¹lo		406-95	lo		56-175	rwa		
	310-367	¹lo		406-95	lo		56-175	rwa		
104	314-368	¹lu		407-96	lu		53-169	ro		
	314-369	²lu		407-96	lu		53-169	ro		方-584；来。
	314-370	²lu		407-96	lu	无	53-169	ro	无	
105	316-371	³lü		404-91	ly		29-81	ly		
	316-372	³lü		404-91	ly		29-81	ly		
	316-373	²lü		404-91	ly		29-81	ly		方-1071；矛。
	316-374	²lü		404-91	ly		29-81	ly		
106	317-375	¹lv、³lv		407-97	lv		53-168	ru		
	317-376	³lv		407-97	lv		53-168	ru		洛克-317；犬吠。
	319-377	²lv		407-97	lv		53-168	ru		
	319-378	²lv		407-97	lv		53-168	ru		
	319-379	²lv		407-97	lv		53-168	ru		方-132；石头
	319-380	²lv		407-97	lv		53-168	ru		
	319-381	²lv		407-97	lv		53-168	ru		
	319-382	³lv		407-97	lv		53-168	ru		
	319-383	³lv		407-97	lv		53-168	ru		方-1117；绕也

续表

音节数	页码-序号	标音	辞典	页码-序号	标音	简谱	页码—序号	标音	字典	对应的东巴文、出处及释义
107	324-384	¹ma		384-39	mɑ		11-36	ma	无	方-932；油。
	324-385	¹ma		384-39	mɑ		11-36	ma		
108	326-386	¹man		383-38	mæ		12-37	mæ		方-346；尾。
109	327-387	²mä		383-37	me		13-38	mε		方-460；母。
	328-388	²mä		383-37	me		13-38	mε		
	328-389	²mä		383-37	me		13-38	mε		方-350；雌也。
	328-390	²mä		383-37	me	无	13-38	mε		
	328-391	²mä		383-37	me		13-38	mε		
110	331-392	²mba		379-28	ba		9-27	mba		方-668；大脖子。
	331-393	²mba		379-28	ba		9-27	mba		
	331-394	²mba		379-28	ba		9-27	mba		
	331-395	²mba		379-28	ba		9-27	mba		
111	332-396	²mb'a		378-27	bæ		9-28	mbæ		方-416；蜜蜂。
	332-397	²mb'a		378-27	bæ		9-28	mbæ		
	332-398	²mb'a		378-27	bæ		9-28	mbæ		方-318；野鸭。
112	334-399	¹mbaw		379-28	ba		9-27	mba		方-354；吼也，象牛吼。
113	335-400	¹mbbǔ		379-29	bu		11-33	mbu		方-586；匍匐。
114	335-401	¹mbbǔe		376-22	p'ɯ		4-12	p'ɯ		方-681；绝后。
	335-402	²mbbǔe		382-33	bɯ		10-31	mbɯ		
	335-403	²mbbǔe		382-33	bɯ		10-31	mbɯ		
115	337-404	²mbe		377-26	be		10-29	mbe		方-17；雪。
	337-405	²mbe								
116	339-406	²mběr		381-32	bər	无	9-25	bur		方-494；客也。
	339-407	¹mběr		381-32	bər		11-34	mbur		
	339-408	¹mběr		381-32	bər		11-34	mbur		方-360；牦牛。
	339-409	¹mběr		381-32	bər	无	11-34	mbur		

续表

音节数	页码-序号	标音	辞典	页码-序号	标音	简谱	页码-序号	标音	字典	对应的东巴文、出处及释义
117	344-410	²mbö		377-25	by		11-35	mby		方-1178；分。
	344-411	²mbö		377-25	by	无	11-35	mby	无	
	344-412	²mbö		377-25	by		11-35	mby		
	344-413	²mbö		377-25	by		11-35	mby		
118	345-414	¹mbu								方-92；坡。
119	347-415	²mi		382-35	mi		13-39	mi		方-143；火。
	347-416	²mi		382-35	mi		13-39	mi		
	347-417	²mi		382-35	mi		13-39	mi		
	347-418	³mi		382-35	mi		13-39	mi		
	347-419	³mi		382-35	mi		13-39	mi		
	347-420	³mi		382-35	mi		13-39	mi		李-527；女。
120	355-421	¹miu		385-41	mu		15-42	mo		方-711；目也，象张目。
	355-422	¹miu		385-41	mu		16-42	mo		
	355-423	¹miu		387-46	miə		17-46	mjʌ		
	355-424	¹miu		387-46	miə		17-46	mjʌ		
	355-425	¹miu		387-46	miə		17-46	mjʌ		
121	355-426	²mùan		386-45	mɯ		14-41	mu		方-1；天也。
	355-427	²mùan		386-45	mɯ		14-41	mu		
	371-428	²mùan		385-43	mə		14-40	mʌ		方-56；不，暮也。
122	375-429	³mùen		386-45	mɯ		14-41	mu		方-226；竹子。
	375-430	³mùen		386-45	mɯ		14-41	mu		
123	379-431	¹mun		385-41	mu		16-42	mo		方-1039；簸箕也。
	379-432	²mun		385-41	mu		15-42	mo		
	379-433	²mun		385-41	mu		16-42	mo		
	379-434	²mun		385-41	mu		16-42	mo		
	379-435	¹mun		385-41	mu		16-42	mo		
	379-436	¹mun		385-41	mu		16-42	mo		
	379-437	¹mun		385-41	mu		16-42	mo		
124	387-438	¹na		401-85	na		24-70	nɑ		方-1187、1188；黑、大。
	387-439	¹na		401-85	na		24-70	nɑ		
	387-440	¹na		401-85	na		24-70	nɑ		

续表

音节数	页码-序号	标音	辞典	页码-序号	标音	简谱	页码-序号	标音	字典	对应的东巴文、出处及释义
124	388-441	³na		401-85	nɑ	无	24-70	nɑ		方-748；瘦肉。
125	392-442	²nä		401-84	næ		25-72	nʌr		方-252，苋米也。
	392-443	¹nä		400-83	ne		25-71	nɛ		
	392-444	¹nä		400-83	ne		25-71	nɛ		
	392-445	¹nä		400-83	ne		25-71	nɛ		洛-392，谁，藏。
	392-446	¹nä		400-83	ne		25-71	nɛ		
126	393-447	²ndaw		397-75	da		23-64	nda		方-948、1083；砍也。
	393-448	²ndaw		397-75	da		23-64	nda		
	393-449	²ndaw		397-75	da		23-64	nda		
	393-450	²ndaw		397-75	da		23-64	nda		
	393-451	²ndaw		397-75	da		23-64	nda		
127	396-452	²nďa		396-74	dæ		42-12443-129	dæ、ndæ		方-387；狐狸。
	396-453	¹nďa		396-74	dæ		43-129	ndæ		
128	398-454	²nddü		396-71	di	无	23-66	ndi		方-236；蕨。
	398-455	²nddü		396-71	di	无	23-66	ndi		
	398-456	¹nddü		396-71	di		23-66	ndi		
	398-457	¹nddü		396-71	di		23-66	ndi		
129	399-458	¹nděr		399-80	dər		42-125	dʌr		方-126；池也，潭也。象水积。
	399-459	¹nděr		399-80	dər		43-128	dur		
	401-460	²nděr		399-80	dər		43-128	dur		方-80；良田也。
	401-461	²nděr		399-80	dər		42-125	dʌr		
	401-462	²nděr		399-80	dər		42-125	dʌr		
	401-463	²nděr		399-80	dər	无	42-125	dʌr	无	
130	401-464	¹ndi		396-71	di		23-66	ndi		方-236；蕨也。
131	402-465	¹ndo		397-76	do		23-67	ndo		方-601；愚，傻。
	402-466	²ndo		397-76	do		23-67	ndo		方-634；爬坡。

续表

音节数	页码-序号	标音	辞典	页码-序号	标音	简谱	页码-序号	标音	字典	对应的东巴文、出处及释义
132	403-467	¹ndsa		462-217	dzæ		47-148	ndzæ		方-717；獠牙。
133	403-468	¹ndsà		462-217	dzæ		47-148	ndzæ		方-137；珠也。
	404-469	¹ndsà		462-217	dzæ		47-148	ndzæ		
134	404-470	¹ndshěr		447-185	dzər		47-149	ndzʌr		方-1288；威灵也，字源难解。
	405-471	¹ndshěr		447-185	dzər	无	47-152	ndzur		
	405-472	²ndshěr		447-185	dzər		47-149	ndzʌr		
	405-473	¹ndshěr		464-221	sɿ		37-107	sɯ		方-583；怕也，惊也。
135	406-474	²ndshi		446-182	dʑ		47-150	ndzu		方-380；豹子。
136	407-475	¹ndso		463-219	dzo		34-98	dzo		方1139；桥也。
	407-476	¹ndso		463-219	dzo		35-102	ndzo		
	407-477	¹ndso		463-219	dzo	无	35-102	ndzo		
137	407-478	¹ndsu		398-77	du		42-127	do	无	
	407-479	¹ndsu								方-560；象人坐。
	407-480	¹ndsu								
	407-481	¹ndsu								
	408-482	¹ndsu								方-361；犏牛。
138	409-483	¹ndu		398-77	du		42-127	do	无	方-1291；男神
	409-484	¹ndu		398-77	du		42-127	do		
	409-485	²ndu		398-78	dy		23-68	ndu		方-275；翅也。
	409-486	¹ndu		398-78	dy	无	23-68	ndu	无	
139	415-487	²ndū		396-71	di	无	23-66	ndi		方-236；蕨。
	415-488	²ndū		396-71	di	无	23-66	ndi		
	415-489	¹ndū		396-71	di		23-66	ndi		

续表

音节数	页码-序号	标音	辞典	页码-序号	标音	简谱	页码-序号	标音	字典	对应的东巴文、出处及释义
139	415-490	¹ndū		396-71	di		23-66	ndi		方-1094；棍也。
	415-491	³ndū								
	415-492	³ndū								
	415-493	¹ndū		396-72	dy		24-69	ndy		
	415-494	¹ndū		396-72	dy		24-69	ndy		
140	416-495	¹ndv		398-78	dv		23-68	ndu		方-794；纺也。
	416-496	¹ndv		398-78	dv		23-68	ndu		方-235；毒草也，毒也。
	416-497	¹ndv		398-78	dv		23-68	ndu		
141	418-498	²ndza		462-217	dzæ		47-148	ndzæ		方-1157；骑也。
	418-499	²ndza		462-217	dzæ		47-148	ndzæ		
142	418-500	¹ndz'a		462-217	dzæ		47-148	ndzæ		方-137；珠也。
	418-501	¹ndz'a		462-217	dzæ		47-148	ndzæ		
143	420-502	¹ndzěr		463-220	dzər		34-100	ndzʌ		方-170；树也。
	420-503	¹ndzěr		463-220	dzər		34-100	ndzʌ		
	420-504	¹ndzěr		460-213	dz		35-101	ndzɯ		
	420-505	²ndzěr		463-220	dzər		34-100	ndzʌ		方-647、763；唱也。
	420-506	²ndzěr		463-220	dzər		34-100	ndzʌ		
144	422-507	²ndzhěr		435-156	dzi		58-182	dzi		洛-404；露水。
	422-508	²ndzhěr		435-156	dzi		58-182	dzi		
145	422-509	¹ndzī		461-214	dzi		33-95	dzi		方-271；飞也。
	422-510	¹ndzī		461-214	dzi		33-95	dzi		
	422-511	¹ndzī		461-214	dzi	无	33-95	dzi	无	
146	423-512	²ndzī		460-213	dz		35-101	ndzɯ		方-764；吃。
	423-513	²ndzī		460-213	dz		35-101	ndzɯ		

续表

音节数	页码-序号	标音	辞典	页码-序号	标音	简谱	页码-序号	标音	字典	对应的东巴文、出处及释义
146	423-514	²ndzī		460-213	dʐŋ	无	35-101	ndʐu		方-764；吃。
	423-515	²ndzī		460-213	dʐŋ		35-101	ndʐu		
147	425-516	²ngaw		419-119	gɑ		71-211	ŋgɑ		方-516；帅也，常胜也。
	425-517	²ngaw		419-119	gɑ		71-211	ŋgɑ		
148	428-518	²ng'a		419-118	gæ		71-212	ŋgæ		方-788；夹也，从钳夹物。
	428-519	¹ng'a		419-118	gæ		71-212	ŋgæ		
	428-520	¹ng'a		437-160	dʐər	无	71-213	ŋgɜ		
149	431-521	¹nggü		422-124	gɯ		72-215	ŋgɯ		方-1015；裂也。
	431-522	²nggü		422-124	gɯ		72-215	ŋgɯ		
150	431-523	¹ngõ		424-129	ŋɔ		72-218	ŋʌ		方-553；我。
151	433-524	¹ngu		420-121	gu		72-216	ŋgo		方-866；仓也，架木仓房。
	433-525	¹ngu		420-121	gu		72-216	ŋgo		
	434-526	¹ngu		420-121	gu		72-216	ŋgo		
	434-527	¹ngu		423-128	ŋʏ		72-219	ŋu		方-367；马也。
	434-528	¹ngu		423-128	ŋʏ		72-219	ŋu		
152	437-529	²ngv		420-122	gʏ		72-217	ŋgu		方-1202；九也。
	437-530	²ngv		420-122	gʏ		72-217	ŋgu		
	437-531	²ngv		420-122	gʏ		72-217	ŋgu		
153	439-532	³ngye		435-156	dʑi		60-185	ndʑi		
154	440-533	²ngyi		435-156	dʑi		60-185	ndʑi		方-920；酒药。
	440-534	²ngyi		435-156	dʑi		60-185	ndʑi		
	440-535	²ngyi		435-156	dʑi		60-185	ndʑi		
	440-536	³ngyi		435-156	dʑi		60-185	ndʑi		
155	441-537	¹ngyu		436-157	dʑy		60-186	ndʑo		方-91；山。
	441-538	¹ngyu		436-157	dʑy		60-186	ndʑo		
156	443-539	²ngyü		410-101	kæ		63-194	kæ		方-262；芫箐也。
157	444-540	²nnü		403-89	nɯ		25-73	nɯ		方-731；心。
	444-541	²nnü		403-89	nɯ		25-73	nɯ		
	444-542	²nnü		403-89	nɯ		25-73	nɯ		

续表

音节数	页码-序号	标音	辞典	页码-序号	标音	简谱	页码-序号	标音	字典	对应的东巴文、出处及释义
158	447-543	¹non		401-86	no		25-74	no		方-276；毛也，绒也。
	447-544	¹non		401-86	no		25-74	no		
	447-545	²non		401-86	no		26-76	nur		方-930；乳也。
	447-546	³non		401-86	no		25-74	no		
159	450-547	¹nun		402-87	nv		25-75	nu		方-257；黄豆。
	450-548	¹nun		402-87	nv	无	25-75	nu	无	
	450-549	¹nun		402-87	nv	无	25-75	nu	无	
160	453-550	²nv		423-128	ŋv		72-219	ŋu		方-454；祖先，神主，木偶。
161	453-551	¹nyi		437-161	ȵi		60-187	ȵi		方-1195；二。
	456-552	¹nyi		437-161	ȵi		60-187	ȵi		
	456-553	²nyi		437-161	ȵi		60-187	ȵi		方-2；太阳。
	457-554	²nyi		437-161	ȵi		60-187	ȵi		
	457-555	²nyi		437-161	ȵi		60-187	ȵi		
162	468-556	²nyu		433-149	tɕʻi	无	57-179	tɕʻi		方-599；冷。
	468-557	²nyu		433-149	tɕʻi	无	57-179	tɕʻi		
163	469-558	²ð		475-242	u		83-241	o		方-1289，神也。
	469-559	²ð		475-242	u	无	83-241	o	无	
	469-560	²ð		475-241	o		83-241	o	无	
	470-561	²ð		475-241	o		82-241	o		
	470-562	²ð		475-241	o		82-241	o		方-742；骨也。
	470-563	²ð		475-241	o	无	82-241	o	无	
	470-564	²ð		475-241	o	无	82-241	o	无	
	470-565	¹ð		475-241	o		82-241	o		
	471-566	¹ð		475-241	o		82-241	o		
	471-567	¹ð		475-241	o		82-241	o		方-136；绿松石。
	471-568	¹ð		475-241	o		82-241	o		
	472-569	¹ð		475-241	o		82-241	o		方-831；玉镶绿松石。
164	481-570	¹pʻa		374-17	pʻa	无	3-8	pʻa		方-526；卜师也，女巫。
	481-571	¹pʻa		374-17	pʻa	无	3-8	pʻa		

续表

音节数	页码-序号	标音	辞典	页码-序号	标音	简谱	页码-序号	标音	对应的东巴文、出处及释义
164	481-572	¹p'a		374-17	p'a	无	3-8	p'a	
	481-573	¹p'a		374-17	p'a		3-8	p'a	方-526;卜师也,女巫。
	482-574	¹p'a		374-17	p'a		3-8	p'a	方-709;脸。
	482-575	²p'a		374-16	p'æ		3-9	p'æ	
	482-576	²p'a		374-16	p'æ		3-9	p'æ	方-1123;拴。
165	483-577	¹p'ä		374-15	p'e		2-3	pɯ	
	483-578	²p'ä		372-10	pər		3-6	pur	方-839;篦子。
166	484-579	¹p'ěr		375-21	p'ər		5-15	p'ur	
	484-580	¹p'ěr		375-21	p'ər		5-15	p'ur	
	484-581	¹p'ěr							方-1186;白。
	484-582	¹p'ěr		375-21	p'ər		5-15	p'ur	
	484-583	¹p'ěr		375-21	p'ər	无	5-15	p'ur	无
167	485-584	¹p'i		373-13	p'i		4-11	p'i	
	485-585	¹p'i		373-13	p'i		4-11	p'i	
	485-586	³p'i		373-13	p'i		4-11	p'i	
168	486-587	²p'ö		373-14	p'y		5-16	p'y	方-1252;降魔杵也。
169	487-588	²p'u		375-20	p'y		5-14	p'u	
	487-589	²p'u		375-20	p'y		5-14	p'u	方-452;祖父。
	487-590	²p'u		375-20	p'y		5-14	p'u	方-1210;只,从一只眼。
	488-591	³p'u		375-19	p'u		4-13	p'o	
	488-592	²p'u		375-19	p'u		4-13	p'o	方-905;倒也,从碗倒水
	488-593	²p'u		375-19	p'u	无	4-13	p'o	无
	488-594	²p'u		375-19	p'u		4-13	p'o	
	488-595	³p'u							方-1210;只,从一只眼。
170	494-596	²p'ü		373-14	p'y		8-24	bu	方-769;呕吐。
171	495-597	¹shěr		449-190	ʂər		48-155	ʂʌr	
	495-598	¹shěr		449-190	ʂər		48-155	ʂʌr	方-1200;七。

续表

音节数	页码-序号	标音	辞典	页码-序号	标音	简谱	页码-序号	标音	字典	对应的东巴文、出处及释义
171	495-599	³shěr		449-190	ʂər		50-159	ʂur		方-1200；七。
	495-600	²shěr		449-190	ʂər		48-155	ʂʌr		
	495-601	²shěr		449-190	ʂər		48-155	ʂʌr		
	495-602	³shěr		449-190	ʂər	无	50-159	ʂur	无	方-903；满。
172	497-603	²shi		448-187	ʂɿ		49-156	ʂɯ		方-747；肉。
	497-604	²shi		448-187	ʂɿ		49-156	ʂɯ		
	497-605	²shi		448-187	ʂɿ		49-156	ʂɯ		
	497-606	²shi		448-187	ʂɿ		49-156	ʂɯ		
	497-607	¹shi		448-187	ʂɿ		49-156	ʂɯ		
	497-608	¹shi		448-187	ʂɿ		49-156	ʂɯ		
	497-609	³shi		448-187	ʂɿ		49-156	ʂɯ		
	497-610	³shi		448-187	ʂɿ		49-156	ʂɯ		
173	503-611	¹shu		448-188	ʂu		49-157	ʂo		方-139；铁。
	503-612	¹shu		448-188	ʂu		49-157	ʂo		
	503-613	³shu		448-188	ʂu		49-157	ʂo		方-287；鸡冠。
174	505-614	¹shwua		450-191	ʂua		55-173	ʂwɑ		方-1159；高。
	505-615	¹shwua		450-191	ʂua		55-173	ʂwɑ	无	
	505-616	¹shwua		450-191	ʂua		55-173	ʂwɑ		
175	506-617	²ss		464-221	sɿ		38-107	sɯ		方-229；茅草。
	506-618	²ss		464-221	sɿ		38-107	sɯ		
	506-619	²ss		464-221	sɿ		37-107	sɯ		
	506-620	²ss		464-221	sɿ		37-107	sɯ		
	506-621	³ss		464-221	sɿ		37-107	sɯ		
176	510-622	ssan		466-225	sæ		48-153	sæ		方-749；血。
	510-623	ssan		466-225	sæ	无	48-153	sæ	无	
177	513-624	¹ssaw		467-226	sa		35-103	sɑ		方-228；草也。
	513-625	¹ssaw		467-226	sa		35-103	sɑ		
178	516-626	¹ssä		465-224	se		36-104	sɛ		方-1292；女神（阴）也。
	516-627	¹ssä		465-224	se	无	36-104	sɛ	无	

续表

音节数	页码-序号	标音	辞典	页码-序号	标音	简谱	页码-序号	标音	字典	对应的东巴文、出处及释义
178	516-628	¹ssä		465-224	se		36-104	sɛ		方-1292；女神（阴）也。
	516-629	¹ssä		465-224	se		36-104	sɛ		
	516-630	¹ssä		465-224	se		36-104	sɛ		方-398；岩羊。
	520-631	¹ssä		465-224	se		36-104	sɛ		
179	520-632	²ssī								方-172；木。
	520-633	²ssī		468-228	sər		37-106	sʌ		
	520-634	¹ssī		465-222	si		37-105	si		方-459；父也。
	523-635	¹ssī		465-222	si		37-105	si		
180	523-636	²ssī		465-222	si		37-105	si		方-528；贫穷，从散发。
	523-637	²ssī		465-222	si		37-105	si		
	523-638	²ssī		465-222	si		37-105	si		
	523-639	²ssī		465-222	si		37-105	si		
181	527-640	²sso		467-227	so		38-108	so		方-97；巅也。
	527-641	²sso		467-227	so		38-108	so		
182	530-642	²ssu		464-221	sʅ		38-107	sɯ		方-341；羊毛。
	530-643	²ssu		464-221	sʅ		37-107	sɯ		
	531-644	¹ssu		464-221	sʅ		37-107	sɯ		方-1196；三。
	532-645	¹ssu、²ssu		464-221	sʅ		50-158	ʂu		方-1129；骰子
	532-646	²ssu		464-221	sʅ		50-158	ʂu		
	532-647	³ssu		464-221	sʅ		37-107	sɯ		
	532-648	³ssu		464-221	sʅ		50-158	ʂu		方-229；茅草
	530-649	³ssu		464-221	sʅ		50-158	ʂu		方-1304；家神，象祭碗。
183	546-650	³ssü		465-223	sy		38-109	sy		方-140；锡也，又铅也。
	546-651	³ssü		465-223	sy	无	38-109	sy		
	546-652	³ssü		465-223	sy	无	38-109	sy		
	546-653	¹ssü		465-223	sy		38-109	sy		
	547-654	³ssü		465-223	sy	无	38-109	sy		方-696；杀。

续表

音节数	页码-序号	标音	辞典	页码-序号	标音	简谱	页码-序号	标音	字典	对应的东巴文、出处及释义
184	549-655	¹szěr		471-236	zɿr		40-113、51-164	zʌ、zu		方-719、1175；压。
185	549-656	¹szɿ								方-570；长寿。
	549-657	²szɿ		469-229	zɿ		40-114	zu		
	549-658	²szɿ		469-229	zɿ		40-114	zu		
	549-659	²szɿ		469-229	zɿ		40-114	zu		方-228；草也，象束草。
	549-660	²szɿ		469-229	zɿ		40-114	zu		
	549-661	²szɿ		468-228	sər		40-114	zu		
186	551-662	¹szǔ		469-229	zɿ		40-114	zu		
	551-663	¹szǔ		469-229	zɿ		40-114	zu		方-213；山柳，象其叶。
	551-664	¹szǔ		469-229	zɿ		40-114	zu		
	553-665	¹szǔ		471-235	zo		40-115	zo		方-450；男、子。
187	554-666	³tʼa		393-65	tʼa		19-53	tʼa		
	554-667	³tʼa		393-65	tʼa		19-53	tʼa		
	554-668	³tʼa		393-65	tʼa		无	19-53	tʼa	无	方-1019；塔也。
	554-669	³tʼa		393-65	tʼa		19-53	tʼa		
	554-670	³tʼa		394-67	tʼv		20-57	tʼu		
188	556-671	²tʼan		393-64	tʼæ		41-122	tʼæ		方-1254；法杖。
189	556-672	²tʼä		393-63	tʼe	无	20-54	tʼɛ	无	方-1051；经书，书信。
	556-673	¹tʼä		393-63	tʼe		20-54	tʼɛ		方-1091；旗子。
190	557-674	²tgkye		434-155	tɕʼər		67-202	kʼɛ		方-980；杯也。
	557-675	²tgkye		434-155	tɕʼər	无	67-202	kʼɛ		
191	558-676	²tʼi		393-61	tʼi		20-55	tʼi		方-958；刨。
192	560-677	¹tʼkhi		433-149	tɕʼi		57-179	tɕʼi		方-181；刺也。
	560-678	³tʼkhi		433-149	tɕʼi		57-179	tɕʼi		

续表

音节数	页码-序号	标音	辞典	页码-序号	标音	简谱	页码-序号	标音	字典	对应的东巴文、出处及释义
192	560-679	²t'khi		433-149	tɕ'i		57-179	tɕ'i		方-181；刺也。
	560-680	²t'khi		434-154	tɕ'ə	无	58-180	tɕ'ʌ		
193	573-681	²t'khye		461-215	dzy		无对应者。			方-458；代。
194	574-682	²t'khyu		433-150	tɕ'y		58-181	tɕ'o		方-962、963；钻,刺入。
	574-683	²t'khyu		433-150	tɕ'y		58-181	tɕ'o		
	574-684	²t'khyu					58-181	tɕ'o		方-961；刺穿。
195	575-685	¹t'o		394-66	t'o		20-56	t'o		方-1102；拓模也。
	575-686	¹t'o		394-66	t'o		20-56	t'o		
	575-687	¹t'o		394-66	t'o		20-56	t'o		
	575-688	²t'o		394-66	t'o		20-56	t'o		
	575-689	²t'o		394-66	t'o		20-56	t'o		
	575-690	²t'o		394-66	t'o		20-56	t'o		方-191；松。
	575-691	²t'o								
196	580-692	³ts'a		454-201	tsæ		43-131	tʂæ		方-1058；画卷。
	580-693	³ts'a								
	580-694	³ts'a		458-209	ts'æ		44-137	tʂ'æ		
197	581-695	²ts'an		458-209	ts'æ		44-137	tʂ'æ		方-964；钻子。
	581-696	²ts'an		458-209	ts'æ	无	44-137	tʂ'æ	无	
198	582-697	¹ts'aw		458-210	ts'a		31-88	ts'a		方-663；咬也。
	582-698	³ts'aw		458-210	ts'a		31-88	ts'a		
199	583-699	³ts'ä		457-206	ts'i		31-89	ts'ɛ		方-77；叶子。
	583-700	²ts'ä		458-208	ts'e		31-89	ts'ɛ		方-133；盐。
	584-701	¹ts'ä		458-208	ts'e		31-89	ts'ɛ		
	584-702	¹ts'ä		458-208	ts'e		31-89	ts'ɛ		
	584-703	¹ts'ä		458-208	ts'e		31-89	ts'ɛ		方-1203；十也。
	584-704	¹ts'ä		458-208	ts'e		31-89	ts'ɛ		
200	583-705	¹ts'ěr		459-212	ts'ər		32-90	ts'ʌ		
	583-706	¹ts'ěr		458-208	ts'e		31-89	ts'ɛ		方-133；盐。
	588-707	¹ts'ěr		459-212	ts'ər		32-90	ts'ʌ		方-1203；十也。

续表

音节数	页码-序号	标音	辞典	页码-序号	标音	简谱	页码-序号	标音	字典	对应的东巴文、出处及释义
200	588-708	¹ts'ër		458-208	ts'e		31-89	ts'ɛ		方-1203；十也。
	580-709	²ts'ër		433-149	tɕ'i		57-179	tɕ'i		方-855；切也。
201	588-710	¹ts'o		459-211	ts'o		33-92	ts'o		方-382；象也。
	588-711	²ts'o		459-211	ts'o	无	33-92	ts'o	无	方-637；跳。
202	593-712	¹ts'u					46-142	tʂ'u		方-64；时也。
	593-713	¹ts'u					46-142	tʂ'u		
	594-714	¹ts'u		456-205	ts'ɿ		32-91	ts'ɯ		方-574、1310；鬼也。
	594-715	¹ts'u		456-205	ts'ɿ		32-91	ts'ɯ		
	594-716	¹ts'u		456-205	ts'ɿ	无	32-91、46-142	ts'ɯ、tʂ'u		
	594-717	¹ts'u、²ts'u		456-205	ts'ɿ		32-91	ts'ɯ		方-1321；吊死鬼。
	595-718	²ts'u		456-205	ts'ɿ		32-91、46-142	ts'ɯ、tʂ'u		
	595-719	³ts'u		456-205	ts'ɿ		46-142	tʂ'u		
	595-720	³ts'u		456-205	ts'ɿ		46-142	tʂ'u		方-846；犁铧。
	595-721	²ts'u		456-205	ts'ɿ		46-142	tʂ'u		
	595-722	²ts'u		456-205	ts'ɿ		32-91	ts'ɯ		
203	605-723	³ts'u		456-205	ts'ɿ		32-91	ts'ɯ		方-253；黍也，小米。
	605-724	³ts'u		457-207	ts'y		33-93	ts'y		
	605-725	³ts'u		457-207	ts'y		33-93	ts'y		
204	606-726	²t'y		394-67	t'y		20-57	t'u		方-889；桶也。
	606-727	²t'y		394-67	t'y		20-57	t'u		
	606-728	²t'y		394-67	t'y	无	20-57	t'u		
	606-729	²t'y		394-67	t'y		20-57	t'u		
	606-730	²t'y		394-67	t'y	无	20-57	t'u		
	607-731	³t'y		394-67	t'y		20-57	t'u		方-933；奶渣。
	607-732	³t'y		394-67	t'y	无	20-57	t'u		
205	609-733	¹t'u		395-70	t'ɯ		41-123	t'ɯ		方-657；饮，饮酒也。
	609-734	¹t'u		395-70	t'ɯ		41-123	t'ɯ		
	609-735	²t'u		395-70	t'ɯ		41-123	t'ɯ		
	609-736	²t'u		395-70	t'ɯ		41-123	t'ɯ		

续表

音节数	页码-序号	标音	辞典	页码-序号	标音	简谱	页码-序号	标音	字典	对应的东巴文、出处及释义
206	610-737	²tz		456-204	tsər		31-85	tsʌ		洛克-610；借"子"。
207	611-738	¹vu		404-92	le		28-78	lɛ		方-602；举也。
	611-739	¹vu		404-92	le	无	28-78	lɛ	无	
208	612-740	²wan		480-249	uæ		80-234	wæ		方-166；左也。
	612-741	²wan		480-249	uæ		80-234	wæ		
209	613-742	¹wu		475-242	u		82-242	o		方-517；臣，军师。
	613-743	¹wu		475-242	u		82-242	o		
	614-744	¹wu		475-242	u		82-242	o		李-459；奴隶。
210	616-745	²wuà		480-250	uɑ		79-233	wɑ		方-1198；五。
	616-746	²wuà		480-250	uɑ	无	79-233	wɑ		
	616-747	²wuà		480-250	uɑ		79-233	wɑ		
211	616-748	²wuà		480-251	uə		80-235	wɛ		方-992；村寨。
	616-749	²wuà		480-251	uə		80-235	wɛ		
212	620-750	¹yi		472-237	i		82-237	i		方-167；右也。
	620-751	¹yi		472-237	i		82-237	i		
	620-752	¹yi		472-237	i		81-237	i		
	620-753	¹yi		472-237	i		81-237	i		
	621-754	²yi		472-237	i		81-237	i		
	621-755	²yi		472-237	i		81-237	i		
	621-756	²yi		472-237	i	无	81-237	i		方-385；山骡。
	621-757	¹yi		472-237	i		81-237	i		
	621-758	²yi		472-237	i		81-237	i		
	621-759	¹yi		472-237	i	无	81-237	i		
	621-760	²yi		472-237	i		81-237	i		
213	630-761	¹yu		479-247	iə		78-232	jʌ		方-233；烟草。
214	637-762	¹yū		473-238	y		80-236	ɣo		
	637-763	¹yū		473-238	y		80-236	ɣo		方-362；绵羊。
	637-764	¹yū		473-238	y		80-236	ɣo		
	637-765	¹yū		473-238	y		80-236	ɣo		方-407；猴子。

续表

音节数	页码-序号	标音	辞典	页码-序号	标音	简谱	页码-序号	标音	字典	对应的东巴文、出处及释义
215	643-766	¹z'a		470-233	zæ		50-160	zæ		方-648、762；笑。
216	643-767	²z'aw		471-234	zɑ		39-110	zɑ		方-827；鞋。
	644-768	¹z'aw		471-234	zɑ		39-110	zɑ		
	644-769	¹z'aw		471-234	zɑ		39-110	zɑ		方-5；彗星。
217	645-770	¹zä		470-232	ze		39-111	zɛ		
	645-771	¹zä		470-232	ze	无	39-111	zɛ		方-1315；飞鬼。
	645-772	¹zä		470-232	ze	无	39-111	zɛ		
218	646-773	¹zhěr		452-195	zər		50-161	zʌr		方-380；豹。
	646-774	¹zhěr		452-195	zər		50-161	zʌr		方-1011；柱子。
219	647-775	¹zhi		450-192	zŋ		51-162	zɯ		
	647-776	¹zhi		450-192	zŋ		51-162	zɯ		方-440；蛇也。
	647-777	¹zhi		450-192	zŋ	无	51-162	zɯ		
	648-778	²zhi		450-192	zŋ		51-162	zɯ		方-937；酒也。
	648-779	¹zhi		470-230	zi	无	39-112	zi		方-123；大水。
	648-780	¹zhi		450-192	zŋ		51-162	zɯ		
220	651-781	¹zhou		451-194	zə̣		51-162	zɯ		方-228；草。
221	652-782	¹zhu		451-193	zu		51-163	zo		
	652-783	¹zhu		451-193	zu		51-163	zo		方-61；夏天。
222	653-784	¹zhwua		452-196	zu̯a		55-174	zwɑ		
	653-785	²zhwua		452-196	zu̯a		55-174	zwɑ		方-367；马也。
	653-786	²zhwua		452-196	zu̯a	无	55-174	zwɑ	无	
	653-787	¹zhwua		452-196	zu̯a		55-174	zwɑ		方-1098；量粟。
223	655-788	²zo		471-235	zo		40-115	zo		方-450；子，男。
	655-789	²zo		471-235	zo		40-115	zo		

参 考 文 献

[1] 方国瑜．纳西象形文字谱[M]．昆明：云南人民出版社，2005．
[2] J.F.洛克．纳西语英语汉语语汇（第一卷）[M]．和匠宇，译．昆明：云南教育出版社，2004．
[3] 李霖灿．纳西族象形标音文字字典[M]．昆明：云南民族出版社，2001．
[4] 李霖灿．么些标音文字字典[M]．台北：台湾文史哲出版社，1972．
[5] 郭大烈，杨世光．东巴文化论集[M]．昆明：云南人民出版社，1985．
[6] 邓章应．纳西东巴文分域与断代研究[M]．北京：人民出版社，2013．
[7] 王元鹿．王元鹿普通文字学与比较文字学论集[M]．上海：上海古籍出版社，2012．
[8] 傅懋勣．傅懋勣民族语文论集[M]．北京：民族出版社，2011．
[9] 黄思贤．纳西东巴文献用字研究[M]．北京：民族出版社，2010．
[10] 于省吾．甲骨文字释林[M]．中华书局出版社，2009．
[11] 李静生．纳西东巴文字概论[M]．昆明：云南民族出版社，2009．
[12] 杨福泉．杨福泉纳西学论集[M]．北京：民族出版社，2009．
[13] 和发源．和发源纳西学论集[M]．北京：民族出版社，2009．
[14] 习煜华．习煜华纳西学论集[M]．北京：民族出版社，2009．
[15] 覃小航．侗台语语源探索[M]．北京：民族出版社，2009．
[16] 沙宗元．文字学术语规范研究[M]．合肥：安徽大学出版社，2008．
[17] 王元鹿，邓章应，朱建军，等．中国文字家族[M]．郑州：大象出版社，2007．
[18] 喻遂生．纳西东巴文研究丛稿（第二辑）[M]．成都：巴蜀书社，2007．
[19] 李国文．李国文纳西学论集[M]．北京：民族出版社，2007．
[20] 和志武．和志武纳西学论集[M]．北京：民族出版社，2007．
[21] 郭大烈．郭大烈纳西学论集[M]．北京：民族出版社，2007．
[22] 方国瑜．方国瑜纳西学论集[M]．北京：民族出版社，2007．
[23] 张纯德，李昆．彝学探微[M]．昆明：云南大学出版社，2007．
[24] 杨福泉．纳西族与藏族历史关系研究[M]．北京：民族出版社，2005．
[25] 郑飞洲．纳西东巴文字字素研究[M]．北京：民族出版社，2005．
[26] 曾晓渝．汉语水语关系论[M]．北京：商务印书馆，2004．
[27] 周有光．世界文字发展史[M]．上海：上海教育出版社，2003．
[28] 喻遂生．纳西东巴文研究丛稿[M]．成都：巴蜀书社，2003．
[29] 木仕华．东巴教与纳西文化[M]．北京：中央民族大学出版社，2002．
[30] B.A.伊斯特林．文字的产生和发展[M]．左少兴，译．北京：北京教育出版社，2002．
[31] 陆锡兴．汉字传播史[M]．北京：语文出版社，2002．
[32] 王元鹿．比较文字学[M]．南宁：广西教育出版社，2001．
[33] 张玉金，夏中华．汉字学概论[M]．南宁：广西教育出版社，2001．
[34] 东巴文化研究所．纳西东巴古籍译注全集[M]．昆明：云南人民出版社，2000．

[35] 郭大烈,和志武.纳西族史[M].成都:四川民族出版社,1999.
[36] 周有光.比较文字学初探[M].北京:语文出版社,1998.
[37] 裘锡圭.文字学概要[M].上海:商务印书馆,1998.
[38] 王元鹿.普通文字学概论[M].贵阳:贵州人民出版社,1996.
[39] 李圃.甲骨文文字学[M].上海:学林出版社,1995.
[40] 和志武.纳西东巴文化[M].长春:吉林教育出版社,1989.
[41] 王元鹿.汉古文字与纳西东巴文比较研究[M].上海:华东师范大学出版社,1988.
[42] 李霖灿.么些研究论文集[M].台北:台北故宫博物院,1985.
[43] 和即仁,姜竹仪.纳西语简志[M].昆明:云南民族出版社,1985.
[44] 郭大烈,杨世光.东巴文化论集[M].昆明:云南人民出版社,1985.
[45] 唐兰.中国文字学[M].上海:古籍出版社,1979.
[46] 王元鹿,朱建军."坡芽歌书"的性质及其在文字学领域中的认识价值[J].华东师范大学学报,2009,5:78-81.
[47] 赵丽明."坡芽歌书"的符号是文字吗?[J].文史知识,2009,7:52-58.
[48] 王元鹿.关于民族文字发展研究若干问题的思考[J].中国文字研究,2008,11:206-209.
[49] 黄思贤,余淑芬.从同义比较看纳西族多文种间的关系与发展[J].中国文字研究,2008,1:220-226.
[50] 喻遂生.关于哥巴文字源考证的几点看法——读《纳西族哥巴文字源流考》[J].中国文字研究,2008,6:240-245.
[51] 邓章应.哥巴文造字机制研究[J].中国文字研究,2008,2:217-223.
[52] 王峰.白族研究百年[M].北京:民族出版社,2008:56-66.
[53] 周有光.人类文字的历史分期和发展规律[J].群言,2007,6:38-41.
[54] 王元鹿.东巴文与哥巴文、玛丽玛莎文、达巴文的关系之初步研究[J].中国文字研究,2006,7:215-218.
[55] 高慧宜.傈僳族竹书文字考释方法研究[J].中文自学指导.2006,1:15-18.
[56] 王元鹿.水文中的数目字和干支字研究[J].华东师范大学学报,2003,35(4):70-71,78.
[57] 宋兆麟.摩梭人的象形文字[J].东南文化,2003,4:86-93.
[58] 甘露.纳西哥巴文信息处理初探[J].中国文字研究,2002,3:81-86.
[59] 木仕华.纳西东巴文与藏文的关系[J].民族语文,2001,5:63-69.
[60] 李圃.字素理论与汉字分析问题[J].中国文字研究,2001,2:13-28.
[61] 黄振华.纳西族哥巴文字源流考[J].燕京学报,2000,9:237-277.
[62] 姚孝遂.甲骨文形体结构分析[J].古文字研究,2000,20:271-282.
[63] 赵丽明.汉字在传播中的变异研究[J].清华大学学报:哲学社会科学版,1999,1:47-54.
[64] 李玲璞.说字素[J].语文研究.1993,1:12-15.
[65] 西田龙雄.日本纳西学论集[M].白庚胜,译.北京:民族出版社,2011.
[66] 朱歧祥.甲骨文一字异形研究[C]//.朱歧祥.甲骨学论丛.台北:台湾学生书局,1992.
[67] 李静生.论纳西哥巴文的性质[C]//.郭大烈,杨世光.东巴文化论.昆明:云南人民出版社,

1991.

[68] 王元鹿. 异体字的辨识和查检[J]. 中文自学指导, 1988, 12: 26-27.

[69] 和志武. 纳西族的古文字和东巴经类别 [C]//. 郭大烈, 杨世光. 东巴文化论集. 昆明: 云南人民出版社, 1985.

[70] 李霖灿. 么些族文字的发生与演变[C]//. 昌彼德. 么些研究论文集. 台北: 台北故宫博物院, 1984.

[71] 李霖灿. 论么些族音字之发生和汉文的关系[C]//. 昌彼德. 么些研究论文集. 台北: 台北故宫博物院, 1984.

[72] 李霖灿. 与洛克博士论么些族象形字、音字之先后[C]. 昌彼德. 么些研究论文集. 台北: 台北故宫博物院, 1984（35-50）.

[73] 汪宁生. 从原始记事到文字发明[J]. 考古学报, 1981, 1:1-44.

[74] 裘锡圭. 汉字形成问题的初步探索[J]. 中国语文, 1978, 3:162-171.

[75] 闻宥. 么些象形文之初步研究[J]. 人类学集刊. 1940, 2: 97-124.

[76] 李晓兰. 关于哥巴文中 $gʌ^{31}bɑ^{31}ku^{33}tur^{55}tur^{33}$ 命名为"字缀"的探讨[J]. 淄博师专学报, 2012, 4: 54-58.

[77] 刘红妤. 傈僳竹书与纳西哥巴文造字机制比较研究[D]. 重庆: 西南大学, 2011.

[78] 李晓亮. 洛克《纳西语英语百科辞典》研究[D]. 重庆: 西南大学, 2011.

[79] 邱子燕. 民族文字中的汉字借用类型研究[D]. 上海: 华东师范大学, 2009.

[80] 卓婷. 纳西哥巴文字符体系研究[D]. 重庆: 西南大学, 2009.

[81] 李子涵. 纳西族四种文字比较研究[D]. 上海: 华东师范大学, 2008.

[82] 邓章应. 西南少数民族原始文字的产生与发展[D]. 上海: 华东师范大学, 2007.

[83] 高慧宜. 傈僳族竹书文字研究[D]. 上海: 华东师范大学, 2005.

[84] 曹萱. 纳西哥巴文造字研究[D]. 上海: 华东师范大学, 2004.

[85] 白庚胜. 玉振金声探东巴——国际东巴艺术节研讨会论文集[M]. 北京: 社会科学文献出版社, 2005.

[86] 郭大烈, 杨世光. 东巴文化论[M]. 昆明: 云南人民出版社, 1991.